云南大学"一带一路"沿线国家综合数据库建设项目
中国周边外交研究省部共建协同创新中心 联合推出

"一带一路"沿线国家综合数据库建设丛书 | 林文勋 主编

企聚丝路
海外中国企业高质量发展调查
新加坡

李涛 等 著

Overseas Chinese Enterprise and
Employee Survey in B&R Countries
SINGAPORE

中国社会科学出版社

图书在版编目（CIP）数据

企聚丝路：海外中国企业高质量发展调查. 新加坡／李涛等著 . —北京：
中国社会科学出版社，2020.10

（"一带一路"沿线国家综合数据库建设丛书）

ISBN 978 - 7 - 5203 - 7270 - 1

Ⅰ. ①企…　Ⅱ. ①李…　Ⅲ. ①海外企业—企业发展—研究—中国

Ⅳ. ①F279. 247

中国版本图书馆 CIP 数据核字（2020）第 180233 号

出 版 人　赵剑英
责任编辑　马　明
责任校对　王佳萌
责任印制　王　超

出　　版　中国社会科学出版社
社　　址　北京鼓楼西大街甲 158 号
邮　　编　100720
网　　址　http：//www.csspw.cn
发 行 部　010 - 84083685
门 市 部　010 - 84029450
经　　销　新华书店及其他书店

印　　刷　北京明恒达印务有限公司
装　　订　廊坊市广阳区广增装订厂
版　　次　2020 年 10 月第 1 版
印　　次　2020 年 10 月第 1 次印刷

开　　本　710 × 1000　1/16
印　　张　19.5
字　　数　270 千字
定　　价　89.00 元

总　　序

党的十八大以来，以习近平同志为核心的党中央准确把握时代发展大势和国内国际两个大局，以高瞻远瞩的视野和总揽全局的魄力，提出一系列富有中国特色、体现时代精神、引领人类社会进步的新理念新思想新战略。在全球化时代，从"人类命运共同体"的提出到"构建人类命运共同体"的理念写入联合国决议，中华民族为世界和平与发展贡献了中国智慧、中国方案和中国力量。2013 年秋，习近平主席在访问哈萨克斯坦和印度尼西亚时先后提出共建"丝绸之路经济带"和"21 世纪海上丝绸之路"的重大倡议。这是实现中华民族伟大复兴的重大举措，更是中国与"一带一路"沿线国家乃至世界打造政治互信、经济融合、文化包容的利益共同体、命运共同体和责任共同体的探索和实践。

大国之路，始于周边，周边国家是中国特色大国外交启航之地。党的十九大报告强调，中国要按照亲诚惠容理念和与邻为善、以邻为伴周边外交方针深化同周边国家关系，秉持正确义利观和真实亲诚理念加强同发展中国家团结合作。[1] 当前，"一带一路"倡议已从谋篇布局的"大写意"转入精耕细作的"工笔画"阶段，人类命运共同体建设开始结硕果。

---

[1] 习近平：《决胜全面建成小康社会　夺取新时代中国特色社会主义伟大胜利——在中国共产党第十九次全国代表大会上的报告》（2017 年 10 月 18 日），人民出版社 2017 年版，第 60 页。

在推进"一带一路"建设中，云南具有肩挑"两洋"（太平洋和印度洋）、面向"三亚"（东南亚、南亚和西亚）的独特区位优势，是"一带一路"建设的重要节点。云南大学紧紧围绕"一带一路"倡议和习近平总书记对云南发展的"三个定位"，努力把学校建设成为立足于祖国西南边疆，面向南亚、东南亚的综合性、国际性、研究型一流大学。2017年9月，学校入选全国42所世界一流大学建设高校行列，校党委书记林文勋教授（时任校长）提出以"'一带一路'沿线国家综合数据库建设"作为学校哲学社会科学的重大项目之一。2018年3月，学校正式启动"'一带一路'沿线国家综合数据库建设"项目。

一是主动服务和融入国家发展战略。该项目旨在通过开展"一带一路"沿线国家中资企业与东道国员工综合调查，建成具有唯一性、创新性和实用性的"'一带一路'沿线国家综合调查数据库"和数据发布平台，形成一系列学术和决策咨询研究成果，更好地满足国家重大战略和周边外交等现实需求，全面服务于"一带一路"倡议和习近平总书记对云南发展的"三个定位"。

二是促进学校的一流大学建设。该项目的实施，有助于提升学校民族学、政治学、历史学、经济学、社会学等学科的建设和发展；调动学校非通用语（尤其是南亚、东南亚语种）的师生参与调查研究，提高非通用语人才队伍的科研能力和水平；撰写基于数据分析的决策咨询报告，推动学校新型智库建设；积极开展与对象国合作高校师生、中资企业当地员工的交流，促进学校国际合作与人文交流。

项目启动以来，学校在组织机构、项目经费、政策措施和人力资源等方面给予了全力保障。经过两年多的努力，汇聚众多师生辛勤汗水的第一波"海外中国企业与员工调查"顺利完成。该调查有如下特点：

一是群策群力，高度重视项目研究。学校成立以林文勋书记任组长，杨泽宇、张力、丁中涛、赵琦华、李晨阳副校长任副组长，各职能部门领导作为成员的项目领导小组。领导小组办公室设在社科处，由社科处处长任办公室主任，孔建勋任专职副主任，陈瑛、许庆红任技术骨干，聘请西南财经大学甘犁教授、北京大学邱泽奇教授、北京大学赵耀辉教授、北京大学翟崑教授为特聘专家，对项目筹备、调研与成果产出等各个环节做好协调和指导。

二是内外联合，汇聚各方力量推进。在国别研究综合调查数据库建设上，我校专家拥有丰富的实践经验，曾依托国别研究综合调查获得多项与"一带一路"相关的国家社科基金重大招标项目和教育部重大攻关项目，为本项目调查研究奠定了基础。国际关系研究院·南亚东南亚研究院、经济学院、民族学与社会学学院、外国语学院、政府管理学院等学院、研究院在问卷调查、非通用语人才、国内外资料搜集等方面给予大力支持。同时，北京大学、中国社会科学院、西南财经大学、广西民族大学等相关单位的专家，中国驻各国使领馆经商处、中资企业协会、企业代表处以及诸多海外中央企业、地方国有企业和民营企业都提供了无私的支持与帮助。

三是勇于探索，创新海外调研模式。调查前期，一些国内著名调查专家在接受咨询时指出，海外大型调查数据库建设在国内并不多见，而赴境外多国开展规模空前的综合调查更是一项艰巨的任务。一方面，在初期的筹备阶段，项目办面临着跨国调研质量控制、跨国数据网络回传、多语言问卷设计、多国货币度量统一以及多国教育体系和民族、宗教差异性等技术难题和现实问题；另一方面，在出国调查前后，众师生不仅面临对外联络、签证申请、实地调研等难题，还在调查期间遭遇地震、疟疾、恐怖袭击等突发事件的威胁。但是，项目组克服各种困难，创新跨国调研的管理和实践模式，参与调查的数百名师生经过两年多的踏实工作，顺利完成了这项兼具开源性、创新性和唯一性的调查任务。

四是注重质量，保障调查研究价值。项目办对各国调研组进行了多轮培训，强调调查人员对在线调查操作系统、调查问卷内容以及调查访问技巧的熟练掌握；针对回传的数据，配备熟悉东道国语言或英语的后台质控人员，形成"调查前、调查中和调查后"三位一体的质量控制体系，确保海外调查数据真实可靠。数据搜集完成之后，各国调研组立即开展数据分析与研究，形成《企聚丝路：海外中国企业高质量发展调查》报告，真实展现海外中国企业经营与发展、融资与竞争、企业形象与企业社会责任履行状况等情况，以及东道国员工工作环境、就业与收入、对中国企业与中国国家形象的认知等丰富内容。整个调查凝聚了700多名国内外师生（其中300多名为云南大学师生）的智慧与汗水。

《企聚丝路：海外中国企业高质量发展调查》是"'一带一路'沿线国家综合数据库建设"的标志性成果之一。本项目首批由20个国别调研组组成，分为4个片区由专人负责协调，其中孔建勋负责东南亚片区，毕世鸿负责南亚片区，张永宏负责非洲片区，吴磊负责中东片区。20个国别调研组负责人分别为邹春萌（泰国）、毕世鸿（越南）、方芸（老挝）、孔建勋和何林（缅甸）、陈瑛（柬埔寨）、李涛（新加坡）、刘鹏（菲律宾）、杨晓强（印度尼西亚）、许庆红（马来西亚）、柳树（印度）、叶海林（巴基斯坦）、冯立冰（尼泊尔）、胡潇文（斯里兰卡）、邹应猛（孟加拉国）、刘学军（土耳其）、朱雄关（沙特阿拉伯）、李湘云（坦桑尼亚）、林泉喜（吉布提）、赵冬（南非）和张佳梅（肯尼亚）。国别调研组负责人同时也是各国别调查报告的封面署名作者。

今后，我们将继续推动"'一带一路'沿线国家综合数据库建设"不断向深度、广度和高度拓展，竭力将其打造成为国内外综合社会调查的知名品牌。项目实施以来，尽管项目办和各国调研组竭尽全力来完成调查和撰稿任务，但由于主、客观条件限制，疏漏、错误和遗憾之处在所难免，恳请专家和读者批评指正！

《"一带一路"沿线国家综合数据库
建设丛书》编委会
2020 年 3 月

目　　录

第 一 章

新加坡宏观政治经济形势分析

新加坡全称新加坡共和国（Republic of Singapore），是东南亚的一个城邦岛国、城市国家，政治体制实行议会制共和制。该国位于马来半岛南端，扼守马六甲海峡最南端出口，其南面有新加坡海峡与印度尼西亚相隔，北面有柔佛海峡与马来西亚相隔，并以新柔长堤与第二通道这两座桥梁相连于新马两岸之间。自 1965 年独立以来，新加坡从一个穷困潦倒的第三世界国家，依靠着国际贸易和人力资本的操作，迅速转变成为富裕的"亚洲四小龙"之一。根据 2019 年的全球金融中心指数（GFCI）排名报告，新加坡是继伦敦、香港之后的第三大国际金融中心。[1] 由全球化与世界城市（GaWC）研究网络编制的全球城市分级排名——《世界城市名册 2018》，新加坡也是亚洲重要的服务和航运中心之一，被GaWC 评为世界一线城市第五位。[2] 新加坡是东南亚国家联盟（ASEAN）成员国之一，也是世界贸易组织（WTO）、英联邦（The Commonwealth）以及亚洲太平洋经济合作组织（APEC）成员经济体之一。[3]

---

[1] *Top 20 Financial Cities - 2019*，the Financial Street，https：//www. thefinancial-street. com/top - 20 - financial - cities - 2019，最后浏览日期：2019 年 9 月 24 日。

[2] *GaWC City Link Classification 2018*，Loughborough University，https：//www. lbo-ro. ac. uk/gawc/images/GaWCLinks2018_alphabeta. pdf，最后浏览日期：2019 年 9 月 24 日。

[3] 《新加坡国家概况》，中华人民共和国外交部，https：//www. fmprc. gov. cn/web/gjhdq_676201/gj_676203/yz_676205/1206_677076/1206x0_677078，最后浏览日期：2019 年 9 月 24 日。

由于中新两国地缘相近、人文相亲，以及共同的发展理念和相通的文化渊源，中新两国合作不断加深加快。当前，中国已连续 5 年成为新加坡第一大贸易伙伴，新加坡也连续 5 年成为中国第一大新增外资来源国，中新两国在文教、科技、环保、人才培训等领域的合作全方位发展。凭借其得天独厚的区位优势，宽松健康的投资环境，健全完善的基础设施，教育素质良好的国民，新加坡吸引了诸多中国企业投资设厂，大大刺激了地区经济发展，也带动了当地就业市场发展。

本章在基于 2013 年"一带一路"倡议提出以来，新加坡的政治、经济、外交等形势的分析基础上，重点探讨中国和新加坡政治、经济、外交等关系的未来发展态势，侧重考察"一带一路"在新加坡的整体推进情况。

第一节　2013 年以来新加坡政治形势评估

新加坡是城市国家，自 1959 年人民行动党开始执政，至今已历经 60 年，政治上始终保持一党独大的长期执政地位。其政治体制融合了东西方共同价值观优势，构建了符合新加坡国情的政治发展道路，造就了种族和谐、社会稳定、文化多元的新加坡。自 2013 年以来，先后经历 2015 年国会大选，2017 年新总统上台，2020 年国会大选。在威权政治的治理下，至今已历经三代领导人，政局平稳发展。

一　新加坡独特的政治体制

新加坡自 1819 年英国人史丹福·莱佛士（Stamford Raffles）登陆以后，借助其优越的地理位置，设立贸易站，开埠自由港，1824 年沦为英国殖民地。二战中被日本占领，日本战败后英国重新对新加坡进行殖民统治。受战后世界民族独立运动的影响，1956 年，新加坡爆发了大规模的民族独立运动，1959 年新加坡成为自治邦，并举行了第一次大选，人民行动党（People's Action Party）赢得立法议会 51 个议席中的 43 个，李光耀（Lee Kuan Yew）出任新加坡首任总理。1963 年 9 月与马来亚、沙捞越、沙巴合并成立马来西亚联邦，1965 年 8 月 9 日，脱离马来西亚联邦，独立为新加坡共和国。

　　新加坡是一个种族多元化、文化多样性的国家，既受到英国殖民统治时期威斯敏斯特体制的影响，也受到华族占主体的东方文化的浸染。走上独立发展道路的新加坡兼容并蓄，融合其自身传统文化和西方政治体制，传统与现代结合成具有新加坡特色的政治体制。李光耀认为"西方民主不一定是经济发展的先决条件，不要迎合政治潮流，要奉行务实主义，走适合于新加坡的发展道路"①。新加坡按照立法、司法和行政三权分立的原则组成国家机构，国家政体为议会共和制。总统是国家元首，总统和国会议员均由选举产生，总理是政府首脑，政府由拥有国会议席多数的政党或政党联盟组成。由于新加坡国土狭小，是城邦国家，因而只设有一级政府，没有地方政府机构，由中央政府直接处理国内外事务。

　　总统由选民投票产生，是虚位国家元首。新加坡总统是国家象征，拥有国家储备使用的监督权，委任国会议员多数党领袖为总理，召开或解散国会，担任武装部队最高统帅，以及拥有重要人事任命的否决权，总统和国会共同行使立法权，没有连任限制。总统涉及国家储备金事务和任命主要公务员职权时，必须征询总统顾问理事会的意见。原经国会任命产生，任期 4 年。1991 年修订宪法设立民选总统制，规定总统由全民选举产生，任期为 6 年，1993 年举行第一次民选总统选举，王鼎昌（Ong Teng Cheong）获胜。2016 年国会修订新加坡宪法规定的民选总统制度，确保少数种族有机会定期获选为总统；② 提高了民

―――――――――

　　①　乔贵平：《新加坡执政党处理党群关系的经验及其启示》，《湖湘论坛》2014 年第 5 期。

　　②　如果连续 5 届总统选举中，某个族群代表没有当选总统，下一届选举只保留给这个族群竞选。新加坡建国以来，只有第一任总统尤索夫·宾·伊萨克（Encik Yusof Bin Ishak）是马来族，此后 40 多年都未出现过马来族总统，根据《宪法》规定，2017 年总统选举保留给马来族。

选总统参选资格标准；① 把总统顾问理事会成员从 6 人扩大至 8 人，强化了理事会职能，并赋予更大权力。其中三名理事由总统直接委任，三名由总理提名，大法官和公共服务委员会主席也各提名一个人选。② 2017 年是宪法修订后总统选举首次采用"保留选举"制度，让符合资格的马来族群候选人参选。5 名总统准候选人中，只有 1 人通过资格审核，9 月 13 日，作为唯一候选人的哈莉玛·雅各布（Halimah Yacob）自动当选为新加坡第八位总统。哈莉玛总统是新加坡首位女性总统。

国会实行一院制，人民行动党一家独大。新加坡宪法规定"任何年满 21 周岁的公民，均有资格参加选举"。国会具有制定、修改和废止法律的立法权和监督权，国会通过的各项法案，经总统批准后即成为法律，自公布之日起生效实施。总统需在政府公报中发布解散国会的通告，国会方可解散，但大选必须在国会解散后 3 个月内举行。议长、副议长由国会议员选举产生。国会议员由民选议员、非选区议员③和官委议员④组成，民选和非选区议员任期 5 年、可以连选连任，官委

①　法案规定出身私企准候选人的参选资格是：第五附表所列的法定机构及政联公司企业股东权益从原来 1 亿新元提高至 5 亿新元；公职人员参选的要求是：应在特定主要公职任职至少三年，或在第五附表所列的法定机构及政联公司（fifth schedule entities），如中央公积金局、新加坡金融管理局、建屋发展局、新加坡政府投资公司和淡马锡控股担任最高执行级职务至少三年等。

②　［新加坡］陈可扬：《总统顾问理事会新成员宣誓就职 蔡淑君是首位女性成员》，［新加坡］《联合早报》2019 年 1 月 3 日，https：//www.zaobao.com.sg/news/singapore/story20190103 - 920643，最后浏览日期：2019 年 9 月 24 日。

③　根据《新加坡共和国宪法》和《国会选举法令》，在国会选举中，如果当选国会议员的反对派候选人少于三名，选举官就可以按照得票率的高低，邀请若干名得票率超过 15%，却在大选中落败的反对党候选人加入新加坡国会，即非选区议员（Non-constituency Member of Parliament）。

④　官委议员（Nominated Member of Parliament）是由总统委任的非民选议员，以反映独立和无党派人士意见，官委议员候选人通过国会特别遴选委员会（Special Select Committee）提名，民众推荐产生，被提名人必须在公共服务领域做出突出贡献，或在艺术、文化、商业、劳工组织、社区服务等领域有杰出表现。总统根据特别遴选委员会提名，官委议员不代表任何选区利益。

议员任期 2.5 年。现有议席 101 名，其中包含直选议员 89 名，可有最多 9 名非选区议员，以及最多 9 名官委议员。每届大选前划分各选区界线，选区被分为单选区和集选区，每个集选区设 4—6 个议席，角逐集选区议席者其中至少一人为马来族、印度族或其他少数族群。人民行动党自 1959 年 5 月在第一次议会大选中获胜执政以来，在至今为止的历次大选中都获得了胜利，实现了长期执政。虽然执政党人民行动党在所有选区都面临以工人党（Workers' Party）为主的反对派的挑战，但是在 2015 年 9 月 11 日的国会大选中，人民行动党夺得 89 席中的 83 席，工人党获得 6 席，取得压倒性胜利，实现连续执政，再次巩固了执政地位。为更好地发挥在野党参与国家事务和监督职能，2016 年新加坡国会修改了非选区议员制，修正法案把国会非选区议员人数从 9 名扩大至 12 名，并与民选议员享有同等投票权，减少每个集选区的平均议席，增加单议席选区。依据正常情况，国会须在 2020 年举行大选，现有 42 个政党，以及人民行动党前国会议员陈清木（Tan Cheng Bock）医生于 2019 年 4 月成立的新加坡前进党（Progress Singapore Party）将在 2020 年角逐国会大选。

总理掌握行政实权，内阁集体对国会负责。国会选举议席多数的政党提名，总统任命总理，总理是政府首脑，并根据总理的建议委任部长，组成政府内阁，成员由副总理、部长以及政务长等构成，内阁成员必须从执政党当选的议员中选出。政府与国会的这种权力结构，决定了国家以总理统领政治事务，真正握有实权，国会辅助政府施政，没有任期限制，保障了政府政策的连贯性。在政府中，总理、副总理、部长、政务长、政务次长等内阁成员属政治领导人，其下为独立于党派之外的公务员系统，公务员的选聘和晋升由一个相对独立的公共服务委员会决定，而本部门的上级公务员或者该部门的政治领导人并没有决定权，这被称为行政中立。① 其行政机构由通讯及新闻部，文化、

---

① 国防大学课题组：《新加坡发展之路》，国防大学出版社 2016 年版，第 46 页。

社区与青年部，国防部，内政部，律政部，人力部，国家发展部，社会和家庭发展部，总理公署，环境与水资源部，贸易与工业部等 16 个政府部门组成。并依照法律程序设立具有特殊功能的半官方管理机构，以完善国家治理与发展。新加坡政府经过几十年的改革与发展，形成了以李光耀为首的第一代领导人，1990 年以吴作栋（Goh Chok Tong）为首的第二代领导人，2004 年接棒至现任总理李显龙（Lee Hsien Loong）为首的第三代领导人。为保障政府平稳过渡，辅助政府决策，转聘前任总理担任国务或内阁资政。2018 年 11 月，执政党人民行动党公布了新一届中央执行委员会名单，现任财政部部长王瑞杰（Heng Swee Keat）担任第一助理秘书长，预计将在未来接班李显龙成为下一任总理，总理李显龙、副总理张志贤（Teo Chee Hean）等新加坡政界高层均对其当选公开表示支持，并表达了对第四代领导团队的信心。①

　　新加坡司法体系沿用了英美法，强调法官的专业性和从业经历，体现了许多普通法传统的共性。宪法规定司法机构独立行使司法权，司法系统由两级法院组成，即：最高法院与初级法院。涉及三个审判层级，最高法院作为概念存在，包括上诉法庭和高等法庭负责具体司法实务，最高法院上诉法庭为终审法庭。初级法院则分为地方法庭、推事法庭、家事法庭、少年法庭、小额债务索偿法庭和死因调查法庭等。② 初级法院在特殊案件中可不做出判决结论而由高等法庭进行裁决，高等法庭对下级法庭有司法监管和管辖权。最高法院由首席大法官、上诉法庭法官、高等法庭法官和司法委员组成，首席大法官由总理提名，总统任命，其他法官由总理依据大法官的征询意见提名，由总统任命，现任首席大法官为梅达顺（Sundaresh Menon）。新加坡虽然

① 《新加坡第四代领导人出炉　王瑞杰预计将出任下届总理》，中国驻新加坡大使馆经参处，2018 年 11 月 26 日，http：//sg. mofcom. gov. cn/article/dtxx/201811/20181102810236. shtml，最后浏览日期：2019 年 9 月 24 日。

② 黄赟琴：《1990 年以来的新加坡司法改革介评》，《人民法院报》2012 年 11 月 16 日第 8 版。

未对大法官任期采用终身制，但是《宪法》第 98 条规定，最高法院法官任职到 65 岁，法官任免机制在一定程度上保障了司法独立，但若法官行为失当或渎职则可能被免职，这就为政治干预留出了空间。宪法赋予司法系统作为独立的国家机关，为司法独立提供了法理性。新加坡有着法治传统，法治观念已深入人心，这是历时不短的英殖民统治和建国后以李光耀为代表的一代领导人从不间断推行依法治国的结果。①

二　新加坡政治的稳定性

人民行动党维持长期执政局面，创造了稳定的政治环境。人民行动党的组织结构非常严密，党纪严明，党员挑选和选拔标准严格，没有庞大的党员队伍，党支部设在社区且没有专职人员。政治与行政分离，人民行动党不直接领导企事业单位和各个社区。该党最初在 1959 年赢得议会选举就是在群众运动支持下的结果，执政后的人民行动党不断加强自身建设，提高执政能力，以选民为中心，倾听民意，重视民众的利益诉求。在新加坡实行多党竞争的民主体制下，人民行动党通过民主选举、获取民众支持而走上执政地位，毫无疑问，要想长期执掌国家政权，必须不断根据民众的变化而调整自己的竞选纲领和执政理念。② 其结果是人民行动党赢得所有国会大选，平稳完成三代领导人的更迭，实现长期执政，正是人民对其执政党地位和效率的认可。吴作栋曾将新加坡的政治发展模式总结为"托管式"民主，"政府像人民的信托人，一旦在选举中受委托以负责看管人民的长期福利时，它就以独立的判断力来决定人民的长远利益，并以此作

---

① 王江雨：《"威权"体制下的"司法独立"——新加坡司法体制对中国的启示》，《中国法律评论》2014 年第 1 期。

② 刘琳琳：《政党适应性视角下新加坡人民行动党长期执政的经验及启示》，《宁夏党校学报》2017 年第 1 期。

为它的政治行动的根据"。① 经过多年发展，在人民行动党内部，已形成价值共识，增强了党的凝聚力。人民行动党培育现代的、统一的意识形态，创造出独特的文化和价值系统，从新儒家理论到"共同价值观"，再到"亚洲价值观"，坚持独有的政治文化价值观的指导，从而从容地应对西方和邻国民主化浪潮的挑战，维系政党成员对党的忠诚，维持政党的团结和稳定。② 同时，重视人才培养，鼓励机会面前人人平等，注重培养政党接班人，形成政党组织人才的良性发展局面。为了保证一党长期执政可持续发展，人民行动党主动创设了领导人自我更新机制，历次大选前后都有部分高层领导人自动请辞和引退，同时引进一批新的中青年人才，为人民行动党领导层注入新血液，为新加坡政治选举的有效性和竞争性奠定了良好的基础。③

主动推进政治民主化，发挥反对党参政和监督功能。新加坡在人民行动党领导下走上高速发展道路，获得民众信任，形成政治认同，致使国会在相当长时间内没有反对党议员。"自国家独立以来，行动党长期执政，在国会拥有多数议席，人们自然希望国会能出现监督行动党的力量。"④ 人民行动党立足于长期执政，但总是要通过有竞争性的选举来取得执政的合法性，⑤ 因而放松管制，融洽反对党关系，为其发展提供了更为宽松的环境。1984 年李光耀提出非选区国会议员宪法修正案获国会通过，1988 年又实行集选区制度。既保障了国会反对党议员的存在，反对党活动被规制在可控范围内，又实现了反对党参政和监督作用，维护了新加坡政治和社会稳定，也巩固了人民

① 赵虎吉、毛翔：《新加坡：托管式民主之路》，《理论视野》2012 年第 12 期。

② 冷波：《新加坡人民行动党稳定执政的经验及启示》，《江西社会科学》2013 年第 5 期。

③ 孙景峰、刘佳宝：《新加坡政治选举视域下的东西方文化融合》，《深圳大学学报》（人文社会科学版）2015 年第 5 期。

④ ［新加坡］黄伟曼：《尚达曼：行动党要维持一党执政，但不完全主导各个领域》，［新加坡］《联合早报》2013 年 4 月 20 日。

⑤ 李路曲：《新加坡政治发展模式比较研究》，《社会主义研究》2008 年第 1 期。

行动党的政权基础。这表明李光耀和人民行动党对新加坡的选举制度的设计不仅吸收了西方民主文化的精髓，更是基于东方文化中权威主义和多元种族主义的考量。① 随着政治多元化、民主化的不断发展，人民行动党修订出巧妙的选举制度，使其对自己更加有利，以此保障其执政地位不受威胁。新增官委议员，并且在每届大选前重新划定选区，这种由执政党制定选举规则制度，为人民行动党创造了有利条件。使得民主政治生态向好发展，执政党与反对党关系更具包容性，反对党逐渐成为重要制衡力量。尤其是李显龙所领导的现任政府倡导任人唯才、实干的民主制、效率、贪污零容忍、诚信、建立公正与公平的社会以及近年推出的惠及民生的优惠政策，对选民仍有一定的说服力与吸引力，对反对党仍是较大的挑战。② 目前，以选民的理性参与为主要标志的公民社会基本形成，选民也日益成熟和多元化。③

政府实行高薪养廉制度，以法治国并且严格执法。精英治理是任何国家的政治常态，从普罗大众中识别精英，满足他们的参政需求，有可能为执政争取更稳固的政治支持。④ 人民行动党执政过程中逐渐意识到优秀人才的重要性，实行精英政治。既从基层党组织和工会中挑选优秀人才，也延揽党外专业精英，遴选进入政府，人尽其用，为人民服务。这种吸纳人才的办法，为行动党提供了源源不断的优秀人才，不断优化党组织人才储备，也近乎切断了反对党的智力来源，使其无法威胁执政党地位。为了预防出现贪腐情况，人民行动党出台了明确预防腐败和财产申报制度，政府制定守则，一旦贪腐，则会被开

---

① 孙景峰、刘佳宝：《新加坡政治选举视域下的东西方文化融合》，《深圳大学学报》（人文社会科学版）2015 年第 5 期。

② 胡安琪：《2014 年新加坡政治、经济与外交》，《东南亚研究》2015 年第 2 期。

③ 范磊：《新加坡政治新生态与选举政治——基于 2013 年榜鹅东选区补选分析》，《当代世界社会主义问题》2013 年第 2 期。

④ 余帅军：《新加坡人民行动党一党长期执政原因探析——基于新加坡选举的视角》，《中共济南市委党校学报》2018 年第 5 期。

除公职，国会通过了《反贪污法》等法律制度。李光耀在1993年开始推行以俸养廉制度，一方面保证大多数的普通公职人员工资处于社会的中上水平，且要与私营企业员工的收入基本持平，一旦发现后者的工资比公务员的工资高，那么政府会适当增加公务员工资；另一方面对于高层公职人员则实行高薪养廉，也是与私营部门薪金挂钩，但是这种高薪是透明的、公开的，有利于权力行使者形成廉政作风。[①]再者，新加坡是城市国家，没有多级政府结构，政府制度化水平较高，其结果是行政效率也非常高。新加坡虽然地方狭小，但是法律严苛，法律体系非常健全，且各种法律规定非常细致，一旦触犯，则会遭受重罚，直至现在仍旧保留死刑和鞭刑惩罚制度。建国以后，政府注重法制建设，国家的大政方针，国民的行为规范，社会的公共管理都做到有法可依、有法必依、执法必严、违法必究。[②]

新加坡虽然资源匮乏，但是地理位置优越，处在国际航道的"咽喉"处，具备发展自由贸易港的条件。政府始终将经济建设放在首位，实行市场经济，早期进行转口贸易，取得了巨大的经济成就。当然，政府在经济建设中占据了关键的主导地位，虽然新加坡是资本主义市场经济，主要以发展私营经济为主，但政府对经济具有宏观调控的作用，部分涉及国计民生的行业和领域则由国有企业掌握，政府设立法定机构或具有半官方背景的公司进行管理，如公共事业、电信、航空等行业，新加坡财政部100%控股的淡马锡控股公司投资经营多个关键行业和领域。所以政府在宏观决策上具有决定性作用，能及时推进经济转型，调整产业结构，推动经济向更高级发展，形成资本密集，具有高附加值的新兴产业。政府利用资本主义自由市场经济模式高速发展经济、创造社会财富，通过社会主义的公平再分配模式来分

---

① 刘琳琳：《政党适应性视角下新加坡人民行动党长期执政的经验及启示》，《宁夏党校学报》2017年第1期。

② 陆耀新、卢品慕主编：《中国—东盟商务简史》，中国商务出版社2013年版，第93页。

配财富、维护和改善社会的整体利益。① 为解决广大中低收入群体国民的住房问题，实现"居者有其屋"的目标，政府实施组屋制度，为国民提供保障性住房，由建屋发展局（Housing Development Board）兴建公共组屋，鼓励国民以分期付款的方式购买组屋。由于组屋修建成本政府兜底，所以组屋价格远低于商品房价格，如今，组屋已成为新加坡住房市场的主体，绝大部分国民居住在政府兴建的组屋中。

第二节　2013 年以来新加坡经济形势评估

面对国土狭小、资源匮乏的现实，新加坡借助其优越的地理位置，充分发挥新加坡人民的劳动智慧，发展外向型经济，经济快速发展，取得了巨大的成就，被称为"亚洲四小龙"之一。2013 年以来，经济发展速度较为平稳，对外贸易保持良好的增长态势，大量外资持续流入，政府财政政策实施预算管理，货币供应量平稳增长，保持了新元汇率稳中趋升的态势，维持了物价的稳定。

一　新加坡的经济增长情况

新加坡自然资源匮乏，国内市场狭小，政府实施"出口导向政策"，坚持国家干预下的资本主义市场经济，完善基础设施建设，优化营商环境，大力吸引外资发展工业，使得经济快速崛起，成为"亚洲四小龙"之一。

2013 年伴随美国和欧洲经济逐渐走出低谷，全球经济复苏，新加坡经济增长较快。受益于制造业、建筑业和服务业的持续增长，全年实现国内生产总值 3848.7 亿美元，同比增长 4.8%。近年来，在全球经济形势整体疲软的大背景下，新加坡经济都保持了比较平稳的发

---

① 陆耀新、卢品慕主编：《中国—东盟商务简史》，中国商务出版社 2013 年版，第 94 页。

展，经济增长比较均匀。2014 年国内生产总值 3989.48 亿美元，同比增长 3.9%；2015 年国内生产总值 4234.44 亿美元，同比增长 6.1%；2016 年实现国内生产总值 4394.12 亿美元，同比增长 3.8%；2017 年实现国内生产总值 4673.05 亿美元，同比增长 6.3%；2018 年实现国内生产总值 4911.74 亿美元，同比增长 5.1%，人均 GDP 达到 87108 美元。① 受中美贸易争端的影响，新加坡作为外向型经济国家，对外贸易依存度较大，2019 年新加坡第二季度 GDP 同比增长 0.1%，为十年来的最低增速，2020 年甚至可能出现经济衰退现象。随后，李显龙总理在建国 54 周年国庆献词中谈及，伴随贸易主义抬头，引发反全球化浪潮，导致全球经济前景充满变数，新加坡经济增长放缓，国际需求和贸易额下降，进而影响到本地制造业和服务业的发展，政府将继续积极推动企业转型，如有必要，会采取刺激经济的措施。②

二 新加坡的外贸与外资情况

（一）新加坡外贸情况

由于进出口贸易在新加坡经济发展中占有重要地位，每年贸易总额较高，为保障企业和外商合法权益，政府制定了完备的贸易法律制度，如《商品对外贸易法》《进出口管理办法》《商品服务税法》等。

由表 1-1 可知，2013—2018 年新加坡商品贸易总额较高，历年变化不大，总体上维持了出口商品大于进口商品的贸易顺差格局。由于新加坡具有自由港的优势，其对外贸易中存在再出口的情况，再出口贸易额约占出口贸易额的一半。

---

① Department of Statistics Singapore, Table Customisation and Chart Plotting, https：// www. tablebuilder. singstat. gov. sg/publicfacing/createDataTable. action？ refId = 12387，最后浏览日期：2019 年 9 月 28 日。

② ［新加坡］黄小芳：《多管齐下助国人从容应对挑战》，［新加坡］《联合早报》 2019 年 8 月 9 日第 1 版。

表1-1　　　　　　　　2013—2018 年新加坡商品贸易情况

（单位：百万美元）

年份	2013	2014	2015	2016	2017	2018
商品贸易总额	1011077.9	1004650.0	915218.7	870216.2	967102.4	1055859.1
出口商品	525507.2	526067.4	491816.1	466911.6	515000.8	555665.1
进口商品	485570.7	478582.6	423402.6	403304.6	452101.6	500194.0

资料来源：*Yearbook of Statistics Singapore 2019*，2019 年 9 月 28 日，www. singstat. gov. sg。

以新加坡 2018 年贸易数据为例（见表 1-2），我们可知，新加坡商品贸易伙伴主要集中在中国、马来西亚、欧盟、美国、中国香港和中国台湾等国家和地区，这几个主要贸易伙伴的贸易总额约占 2018 年新加坡贸易总额的 56.9%。中国是新加坡第一大货物贸易伙伴、第一大出口市场和第一大进口来源国。

表1-2　　　　　　　2018 年新加坡主要贸易伙伴进出口商品情况

（单位：百万美元）

国家	中国	马来西亚	欧盟	美国	中国香港	中国台湾	合计
贸易总额	135020.4	118329.7	114686.2	97909.5	70588.2	65301.4	601835.4
出口商品	68012.1	60582.3	49569.5	41345.5	65676.3	22886.0	308071.7
进口商品	67008.3	57747.4	65116.7	56564.0	4911.9	42415.4	293763.7

资料来源：*Yearbook of Statistics Singapore 2019*，2019 年 9 月 28 日，www. singstat. gov. sg。

（二）新加坡外资情况

新加坡投资环境较好，外资准入门槛宽松，政府也鼓励外国投资，对外资进入方式无限制。除国防相关行业及个别特殊行业外，对外资的运作基本没有限制，一些对外国投资禁止或限制的行业包括广播、印刷媒体、法律和住宅产业。① 外国企业或个人在新加坡成立公司不受最低投资金额的限制，并且给予外资国民待遇，政府对外资也没有一般性要求或义务。并且新加坡投资环境非常好，基础设施完善，社会政治稳定，商业繁荣，法律体系健全，外国投资制度性风险较小。在《2017—2018 年全球竞争力报告》中，新加坡在全球最具竞争力的137 个国家和地区中排第 3 位。2013 年外国直接投资存量是 9057. 6 亿美元，2015 年增至 12679. 8 亿美元，截至 2017 年底，外国直接投资新加坡存量达到 15679. 7 亿美元。② 以新加坡 2017 年吸引外国直接投资存量为例。

由表 1－3 可知，外资在新加坡投资领域趋于多元化，最受外资欢迎的行业是第三产业，由于新加坡是国际金融中心，因而金融及保险服务累计吸引外资最多，其他比较受外资青睐的是批发零售贸易、制造业以及科学技术等行业领域。截至 2017 年，累计对新加坡直接投资最多的是欧盟，达到 3768. 8 亿美元，欧洲也是新加坡外资第一大来源地区，其次是美国对新加坡投资，为 3392. 7 亿美元，日本累计对新加坡直接投资 999. 4 亿美元。③

表 1－3　　　　2017 年新加坡外国直接投资存量行业分布情况

（单位：百万美元）

投资行业	投资金额
制造业	181581. 9
建筑业	5297. 9
批发零售贸易	289754. 2

① 《新加坡对外国投资的市场准入相关情况》，中国驻新加坡经商参赞处，2018 年 12 月 28 日，2019 年 9 月 28 日，http://sg. mofcom. gov. cn/article/sxtz/201812/20181202821089. shtml。
② *Yearbook of Statistics Singapore 2019*, Department of Statistics Singapore，p. 88，2019 年 9 月 29 日，www. tablebuilder. singstat. gov. sg/publicfacing/createDataTable. action? refId =12645。
③ *Yearbook of Statistics Singapore 2019*, Department of Statistics Singapore，p. 89，2019 年 9 月 29 日，www. tablebuilder. singstat. gov. sg/publicfacing/createDataTable. action? refId =12641。

投资行业	投资金额
住宿及餐饮服务	6708.8
运输及储存	31322.1
信息通信	30537.9
金融及保险服务	853807.3
房地产	40420.5
科学及技术	112457.3
其他	16086.2
合　计	1567974.1

资料来源：*Yearbook of Statistics Singapore* 2019，2019 年 9 月 29 日，www. singstat. gov. sg。

三　新加坡的财政与货币政策

（一）新加坡财政政策

新加坡财政主管部门是财政部（Ministry of Finance），致力于通过稳健的财政政策来实现预算平衡，旨在通过金融手段来提高新加坡的福利和发展。宪法和法律对财政预算、总统和国会审批权、财政储备的使用以及监督权限等都有完整的法律体系，并且以制度形式进行明确规定。每年 6 月起，各部门开始对下一年的经济做出战略性评估和预测，7 月提出部门预算限额，8 月召开政府全体部门会议讨论，9月各部门提出其再投资基金预算目标，10 月各部门提出其预算限额的分解安排意见，决定并公布各部门的再投资基金安排，讨论逐个部门的预算草案，11 月各部门确定其最终安排预算草案，12 月财政部编制完成总体预算法案，次年 2 月中旬财政部将财政预算法案提交国会讨论。[①] 年度政府预算的编制以政府财政年度[②]为基础，经过国会议员讨论并三读通过后，交由总统签署批准实施，一经颁布，政府必

[①]　李健盛：《新加坡公共财政预算管理经验及其对我国的启示》，《开放导报》2008 年第4 期。

[②]　每个财政年度的起止时间是从该年的 4 月 1 日至次年的 3 月 31 日止。

须严格执行，不能随意变更。政府各部门根据当年财政预算法案力求收支平衡，并且略有结余，确保年度实际财政盈余控制在预算总额的5%以内。新加坡政府实施累进式的财政政策，并进行审慎的财政预算管理，以为本届政府任期内积累储备金应对财政赤字，并保护国家储备金。新加坡法律规定，每届政府积累的储备金结余会在五年执政到期后被纳入国家储备金中，如果现任政府不能平衡预算，则只有总统批准才能动用过去的国家储备金。财政严格实行收支管理，政府部门的法定收入直接上缴国库统一核算，支出按预算统一安排，各部门没有自己独立的银行账户，只有名义账户。2011 年以来，新加坡财政部提前规划，使得近十年的财政情况总体良好。2015 财年，政府把淡马锡控股的收益纳入国家储备净投资回报框架，并提高高收入阶层的个人所得税。2018 财年，金融管理局、新加坡政府投资公司以及淡马锡控股上缴的净投资回报是 164 亿新元，2019 财年估计是 172 亿新元。

由表 1－4 可知，新加坡政府 2013 财年政府财政收入 570.2 亿美元，2015 财年达到 648.2 亿美元，2017 财年增至 758.2 亿美元，其财政收入主要来源于企业所得税、个人所得税、商品及服务税等，这三项税收来源占整体财政收入的 50% 以上。财政支出除 2015 财年和 2016 财年略有赤字外，其余三年财政都有结余。通过近五个财年的财政支出可知，政府在教育、卫生、环境和信息等方面社会发展支出所占比例较大，接近总财政支出的 50%。再者，新加坡是小国，没有战略纵深，周围被大国环绕，使其形成天然的不安全感，因而，安全与外交方面的支出约占总支出的 1/3。新加坡政府向来以高效率著称，政府运营开支占整体支出比例较小。

表 1－4　　　　　2013—2017 财年新加坡财政收支结构情况表

（单位：百万美元）

	2013 财年	2014 财年	2015 财年	2016 财年	2017 财年
总收入	57020.3	60838.2	64823.2	68964.4	75815.7
总支出	51727.8	56648.3	67447.0	71044.9	73556.2

	2013 财年	2014 财年	2015 财年	2016 财年	2017 财年
社会发展	24179.4	27206.8	31292.6	33839.4	36468.1
安全与外交	16093.6	17196.1	18451.6	19541.0	20462.5
经济发展	9573.8	10146.8	15540.7	15300.5	13871.9
政府运营	1881.0	2098.6	2162.2	2363.9	2753.8

资料来源：*Yearbook of Statistics Singapore* 2019，2019 年 9 月 29 日，www. singstat. gov. sg。

2018 财年政府实现了整体 21 亿新元的财政盈余，约占国内生产总值的 0.4%。然而，受全球经济放缓和投资环境的变化，新加坡作为仰赖对外贸易的经济体也不免受到影响。2019 财年预计出现 35 亿新元的财政赤字，约占国内生产总值的 0.7%，本届政府自 2015 年以来，累计财政盈余约 169 亿新元，可以覆盖财政赤字，因而无须动用国家储备金填补。从 2019 财年起，政府部门实行审慎支出，其开支增幅从国内生产总值增长率的 0.4% 下调至 0.3%，2019 财年继续实行公平、累进，有助于促进新加坡增长的税收和转移支付系统，预计本财年内财政预案将推出多项短期支援措施，2020 财年财政预案将提出振兴经济政策的预期。

（二）新加坡货币政策

新加坡实行货币政策以维持有利于经济增长的环境和金融体系的稳定，而货币政策以汇率为中心，对于小型开放的新加坡而言，汇率是保持物价稳定更有效的工具。为实现其维持经济和金融体系稳定的目标，金融管理局主要以下主要的政策工具：（1）与银行存、贷款利率有关的利率政策；（2）现金储备率的变动；（3）特别存款储备率；（4）其他工具：包括道德劝告、指令、特别信贷控制和信贷分配等。[①] 新加坡金融管理局通常在每年 4 月和 10 月发布货币政策

---

① Sheng-Yi Lee, *The Monetary and Banking Development of Singapore and Malaysia*, Singapore：Singapore University Press National University of Singapore，1990，p. 136.

报告。

新加坡货币为新加坡元（Singapore Dollar），新元是可自由兑换货币，政府没有外汇管制，开放外汇市场，是自由金融货币，资金可自由进出。绝大多数国家中央银行通过利率的高低调控通胀，但新加坡金融局却不干涉利率，其货币政策的重点是管理新元汇率，主要通过改变新元名义有效率（NEER），政策区间的宽度与中间点来调整货币政策。2013 年新加坡狭义货币供应量（M1）为 1546 亿美元，2015 年 M1 为 1604.5 亿美元，2018 年 M1 为 1844.9 亿美元，总体上 M1 增速比较均匀，没有发生较大的通货膨胀情况。2017 年新加坡通胀率是 0.6%，结束此前连续两年的负通胀；截至 2017 年底，新加坡官方外汇储备 2799 亿美元。[1] 金融管理局在 2018 年 10 月发布的半年一度的货币政策声明中宣布，考虑到核心通货膨胀在短期内将小幅上升，新元 NEER 政策范围的斜率略有增长，政策范围的宽度或其中心水平没有变化，这是年内第二次收紧货币政策，此前两年金融管理局都采取新元不升值的立场。自 2018 年 10 月以来，受美元疲软以及美联储货币政策立场的变化，欧元和英镑贬值的影响，新元 NEER 在政策区间处于温和缓慢的升值通道。当前，新加坡经济增长已经放缓，由于全球石油价格下跌以及零售电力市场开放带来的更大影响，金融局将 2019 年核心通货膨胀预测范围从此前的 1.5%—2.5% 修订为 1%—2%，核心通胀可能接近修正后的预测范围的中点。[2]

---

[1] 商务部国际贸易经济合作研究院等编：《对外投资合作国别（地区）指南——新加坡》（2018 年），第 14 页，2019 年 1 月 28 日，中国一带一路网（https://www.yidaiyilu.gov.cn/wcm.files/upload/CMSydylgw/201902/201902010422052.pdf）。

[2] Monetary Authority of Singapore. MAS Monetary Policy Statement-April 2019，12 April 2019，28 – 09 – 2019，https：//www.mas.gov.sg/news/monetary – policy – statements/2019/mas – monetary – policy – statement – 12apr19.

第三节　2013 年以来新加坡对外关系形势评估

　　新加坡是人口少面积小、自然资源极度缺乏的小国，但却是世界上众多微型国家中的一个成功典范；不仅在短短近几十年内取得了举世瞩目的经济社会成就，而且在国际上充分展示了其小国多边外交的魅力。

　　新加坡的外交政策立足东盟，致力维护东盟团结与合作、推动东盟在地区事务中发挥更大作用；面向亚洲，注重发展与亚洲国家特别是中、日、韩、印度等重要国家的合作关系；奉行"大国平衡"，主张在亚太建立美、中、日、印度战略平衡格局，争取世界各大国都能融入新加坡与东南亚，从而最终成功地维护了国家的安全、稳定与繁荣；突出经济外交，积极推进贸易投资自由化，已与多国签署双边自由贸易协定。已加入"全面与进步跨太平洋伙伴关系协定"（CPT-PP）。倡议成立了亚欧会议、东亚—拉美论坛等跨洲合作机制。积极推动《亚洲地区政府间反海盗合作协定》（ReCAAP）的签署，根据协定设立的信息共享中心于 2006 年 11 月正式在新加坡成立。截至2019 年 7 月，新加坡共与 175 个国家建立了外交关系。①

一　2013 年以来新加坡与东盟的关系

　　作为东南亚地区的一员，新加坡意识到作为东南亚地区最大，也最具发展潜力的东盟，是关系到新加坡能否在东南亚地区建立好睦邻关系及发展好区域内经济的关键性环节。这是因为东盟的存在，有助于在东南亚地区推动相互依存环境的形成。

　　新加坡认为东盟是本地区安全、稳定和繁荣的基本前提，因此，

---

　　①　《新加坡国家概况》，中华人民共和国外交部，28 - 09 - 2019，https://www.fmprc. gov. cn/web/gjhdq_676201/gj_676203/yz_676205/1206_677076/1206x0_677078。

新加坡政府把发展和加强与东盟国家的关系作为其对外政策的基石和支柱，强调与东盟成员国的团结与合作，保持与东盟各国在政治、经济、军事、文化方面的密切合作，并且通过对东盟成员国政策的协调，凝聚了东盟的内聚力和自信心，提升了东盟对外部的整体抗拒力，阻挡了不利于东南亚地区和平与发展的势力的侵袭。"与东盟的关系既是新加坡对外战略的基石，也是贯彻其对外战略的基本途径。东盟不仅是连接新加坡与地区诸国的纽带，而且是与世界连接的中间阶梯。"① 东盟在国际事务上所发挥出的建设性作用，一方面为新加坡增添了安全的保障，另一方面为新加坡拓展了国际交往的空间，这使得新加坡在区域内与区域外，同时实现了"大国平衡"战略。自东盟成立 50 多年来，新加坡一贯重视与东盟国家的对话和协调一致的原则，共同维护东盟国家的利益，积极推动东盟成为一个"能避免和处理内部冲突，以及在地区性问题上以共同的外交声音说话"的机构。②

新加坡一直以来在东盟中发挥了重要作用。2018 年，新加坡担任东盟轮值主席国，承办了第 32 届和第 33 届东盟峰会及系列会议。在 2018 年 4 月 25—27 日，主题为"坚韧团结创新求变"的第 32 届东盟峰会及东盟政治—安全共同体理事会会议、经济共同体理事会会议、东盟外长会议等系列会议上，与会各国发表了主席声明。声明称，东盟国家表示对保护主义和反全球化情绪抬头的严重关切，重申东盟一贯支持多边贸易体系的立场，再度表达了支持以东盟为中心的开放地区主义原则立场。在 2018 年 11 月 13—15 日，主题为"韧性与创新"的第 33 届东盟峰会及中国—东盟（10 + 1）领导人会议、

---

① 韦民：《论新加坡与东盟关系——一个小国的地区战略实践》，《国际政治研究》2008 年第 3 期，第 37 页。

② "Bali Declaration on ASEAN Community in a Global Community of Nations Bali Concord Ⅲ", 17 November 2011, http：//www. asean. org/archive/documents/19th summit/Bali Concord Ⅲ. pdf.

东盟与中日韩（10 + 3）领导人会议和东亚峰会等东亚合作领导人会议以及《区域全面经济伙伴关系协定》（RCEP）领导人会议在新加坡举行。多边合作、共赢互惠是此系列会议的主旋律，东盟国家之间以及东盟与伙伴国之间通过多项合作文件，如东盟 10 国签署的《东盟电子商务协议》，启动东盟智慧城市网络框架；中国与东盟签署的《中国—东盟战略伙伴关系 2030 年愿景》，为双方关系发展做出长远规划。[①]

依靠东盟外交战略平台，新加坡摆脱了因弱小所导致的不安全感及孤立感，化解了与周边邻国间的矛盾与隔阂，实现了与地区相融入，并且借助于区域内的稳定环境，做到了与区域外在政治、经济及安全等方面的链接。依托东盟外交战略平台，助推新加坡"双重平衡"战略的实施：一重是区域外的大国平衡；另外一重是以印度尼西亚、马来西亚为代表的区域内大国的平衡。这使得新加坡的影响因子，由区域内绵延到区域外，并延展到整个亚太地区。[②]

二　2013 年以来新加坡与美国的关系

新加坡认为："亚太区域的和平与稳定有赖于美国、日本和中国三角关系的稳定。要是整体能有个平衡，本区域的前景将会很不错，新加坡也能积极对这个世界有所贡献。"[③] 早在 2001 年，已故新加坡总理李光耀就曾表示，"为了亚洲持续的发展，美国在地区中的作用不可替代，只有美国才能起到一个关键的平衡作用"[④]。新加坡直言："美国被

---

① 李晓渝、赵青：《第 33 届东盟峰会及东亚合作领导人系列会议闭幕　多边共赢成主旋律》，2018 年 11 月 15 日，新华网（http://www.xinhuanet.com/2018 – 11/15/c_1123720426.tm）。访问日期：2019 年 9 月 28 日。

② 王晓飞：《新加坡大国平衡外交研究（1965—2014）——基于现实主义均势理论的视角》，博士学位论文，云南大学，2015 年，第 190 页。

③ 《新加坡想成为"印度的香港"》，《参考消息》1994 年 9 月 27 日。

④ Lee Kuan Yew, "ASEAN Must Balance China in Asia", *New Perspectives Quarterly*, Vol. 18, July 2001, p. 20.

认为是一个良性的、最没有危险的国家，大多数东盟成员国仍把美国看作是一个不可替代的、积极的角色。"① 李光耀认为，"美国仍然是所有列强中最宽厚的国家，比起任何刚刚崛起的势力，美国在作风上并不至于欺人太甚。所以就算歧见再多，摩擦再大，东亚所有非共国家还是宁可让美国继续留在本区域，为区域势力的均衡扮演主要的角色"②。谈到东盟对美国在区域中的作用和希望时，新加坡驻联合国前大使许通美说："东南亚国家希望美国在亚太充当平衡者和稳定器。对于把地区和平看得至关重要的新加坡而言，东盟与美国的关系也是新加坡极力撮合和看重的关系。东盟与美国不断扩大和加深的合作将促进这个地区的稳定与繁荣，因此，我们要为促进东盟与美国这一极为重要的联系作出最大的努力。"③ 作为 2018 年东盟轮值主席国的领导人，新加坡总理李显龙在参加悉尼举行的东盟—澳大利亚周末峰会上表示，对于亚洲来说，"最关键的问题是美国在政治和战略决策上的投入，从而成为太平洋区域的一支可靠和建设性的力量"④。新加坡认为东盟与美国的合作双方受益，如果合作削弱，双方也必将受到利益损害。

自新加坡独立以来，两国一直维持长久且牢固的防务、经济和政治关系。美国重视新加坡为其在东南亚的可靠朋友和亲密战略伙伴。美国是新加坡重要的经济伙伴。2016 年 7 月底，新加坡外交部部长在

---

① 《新美联合声明》（2003 年 12 月），2019 年 9 月 28 日，新加坡外交部网站（https：//www. mfa. gov. sg）。

② 《李光耀回忆录 1965—2000》，［新加坡］联合早报出版社 2011 年版，第 555 页。

③ Goh Chok Tong, ASEAN-US Relations：Challenges, Keynote Speech at the ASEAN-United States Partnership Conference, New York, 7 September 2000, 28 – 09 – 2019, https：// asean. org/？static_post = asean – us – relations – challenges – goh – chok – tong – prime – minister – of – singapore – keynote – speech – at – the – asean – united – states – partnership – conference – new – york – 07 – september – 2000.

④ Greg Sheridan, Asean summit：US vital to Asia – Pacific's security, says Singapore PM Lee Hsien Loong, The Australian, 28 – 09 – 2019, https：//theaustralian. com. au.

《联合早报》撰文称："总部设在新加坡的美国公司超过 3700 家。在美国—新加坡自由贸易协定推动下，新加坡是美国在东南亚的最大贸易伙伴。尽管我们是个弹丸小国，在亚洲国家中，新加坡是美国第四大海外直接投资者。美国公司的投资为新加坡人提供了许多高素质工作，让我们可以获得现代科技和进入发达国家市场。新加坡因此在全球化上享有重大的起步优势。"[①] 在经济层面，"自新美自贸协定于 2004 年生效以来，双边贸易在 2018 年增长一倍以上，达到近 900 亿美元（约 1240 亿新元）。目前美国是新加坡第三大贸易伙伴国"[②]。

国防和安全是新加坡、美国伙伴关系的另一重大支柱。1990 年 11 月，新加坡建国总理李光耀与时任美国副总统奎尔签署谅解备忘录，允许美军部队使用新加坡空军和海军基地，为过境人员、军机和军舰提供后勤支援。这也为美国过去近 30 年在本区域维持安全奠定基础。在协定范围内，美国每隔一段时间会派遣战斗机到新加坡进行演习、加油和维修活动。从 2013 年和 2015 年起，美国的巡海护卫舰和 P - 8 "海神"海上巡逻机也到新加坡短期停驻。1990 年谅解备忘录是新加坡、美国双边防务安排的一个里程碑。防务合作谅解备忘录奠定了新加坡、美国的国防关系，两国在 2005 年更上层楼，达成安全战略框架协定，由李显龙总理和时任美国总统小布什签署，标志着双边防务关系升级，并确认新加坡作为美国"主要安全合作伙伴"的独特身份。这让新加坡能够获得美国尖端的军事科技，强化自身的国防能力；也让新加坡军队获得在美国训练，以及观摩美军先进战术的宝贵机会。根据安全战略框架协定，时任新加坡防长张志贤和时任美国防长拉姆斯菲尔德签署了经修订的谅解备忘录（也称"2005 年修订版谅解备忘

---

① ［新加坡］维文：《新加坡与美国——可靠的伙伴》，［新加坡］《联合早报》2016 年 7 月 29 日，28 - 09 - 2019，https：//www.zaobao.com/zopinions/views/story20160729 - 647015。

② ［新加坡］杨浚鑫：《新美更新合作让美续用我军事设施》，［新加坡］《联合早报》2019 年 9 月 25 日，28 - 09 - 2019，http：//www.zaobao.com/znews/singapore/story20190925 - 991730。

录"）和防务合作协定。2015 年，新加坡、美国防务合作再度加强，在安全战略框架协定的基础上，深化在非常规和新兴安全领域的合作。①2019 年 9 月，新加坡、美国签署经修订的 1990 年谅解备忘录，将这项协定再延长 15 年。防务合作谅解备忘录以及安全战略框架协定，因而不妨视为是新加坡国家安全的重要保险单。首先，允许美军使用新加坡的军事设施，间接提升了新加坡的国家安全，因为作为美军全球军事战略部署的一个落脚点，意味着美国必须把新加坡的国家安全考虑在内。其次，作为全球最先进的军事强国，美国军事科技、配备和训练至今还是首屈一指。作为美国的"主要安全合作伙伴"，新加坡的国防实力将能从中获益。另一个重要的关键是，新加坡一直坚持新加坡、美国的防务合作，必须立足于相互尊重的平等基础上。这同新加坡坚持主权独立，外交自主的基本立场一致。所以虽然开放军事设施给美军使用，但跟基地不同，美军在新加坡时必须遵守本地法律，新加坡对所有军事设施保留完全的自主权。② 诚如李显龙 2019 年 8 月在纪念新加坡开埠 200 年暨国庆群众大会上所言："我们不是美国的盟国，不过我们和美国的国防合作是非常密切的。在反恐方面，两国也有密切的合作。我们希望美国继续关注亚太，继续维护区域的和平与稳定，这有助于保障整个区域的安全与繁荣。"③ 美国是新加坡"大国均势"外交政策中重要的一环，新加坡视美国为外交的基石。

三 2013 年以来新加坡与日本的关系

近年来，日本开始"重返东南亚"，并将新加坡作为加强与地区国

---

① ［新加坡］杨浚鑫：《新美更新合作让美续用我军事设施》，［新加坡］《联合早报》2019 年 9 月 25 日，28 - 09 - 2019，http：//www. zaobao. com/znews/singapore/story20190925 - 991730。

② ［新加坡］叶鹏飞：《新加坡更新防务保险》，［新加坡］《联合早报》2019 年 9 月 26 日，28 - 09 - 2019，http：//www. zaobao. com/zopinions/views/story20190926 - 992126。

③ Lee Hsien Loong，"Singapore's Challenges in Navigating US - China Turbulence"，*Zao Bao*，28 - 09 - 2019，http：//www. zaobao. com/znews/others/story20190819 - 981913.

家关系的桥梁，积极与中国争夺东南亚。新加坡要维护周边的环境，拓展国家发展的空间，平衡冷战后世界上各主要大国在东南亚所存在的势力，日本则是不可或缺的重要角色。新加坡乐见日本在东南亚的影响力上升，希望借此平衡中国崛起。显然，日本的这种外交战略，不约而同地与新加坡谋求平衡中国在东南亚的影响力形成了共同点，从而为新加坡、日本关系的发展提供了较为强有力的支撑。利益上的相互所需，战略上的近乎一致，推动了新加坡在冷战后对日本的青睐。为此，新加坡在冷战后极力发展与日本的关系，深化与日本关系发展的内容及层次，推动新加坡、日本关系朝向更为稳固的方向发展，是新加坡在冷战后外交战略上的又一大重点所在。2006 年，日本天皇明仁访问新加坡，为日本天皇首次访新加坡。2009 年，新加坡总统塞拉潘·纳丹成为首位访问日本的新加坡总统，他亦成为首位探访广岛原子弹爆炸受难者的外国国家元首。2015 年 3 月李光耀逝世后，日本首相安倍晋三亲赴新加坡参加其丧礼。目前，新加坡是日本唯一定期与之举行对话的东盟国家。1995 年创办的"新日论坛"，通过坦诚交换意见，促使新加坡、日本两国能在高度信赖中发展深厚合作关系。①

日本是新加坡大国平衡战略中的重要力量，也是新加坡紧密的经济合作伙伴。早在 1961 年，日本就在新加坡创办了首家日资企业。2002 年 1 月，新加坡与日本正式签订了双边自由贸易协定，即《新日新时代经济伙伴关系协定》（Japan-Singapore Economic Partnership Agreement，JSEPA），并于同年 11 月底生效。根据 JSEPA，将近 7000 种出口到日本的新加坡产品可免税，约占新加坡对日出口产品的 94%，日本出口到新加坡的产品将全部免税。新加坡、日本的经济合作是构成双边外交关系的重要基础，据新加坡外交部统计数据显示，2018 年，日本是新加坡第 8 大贸易伙伴，第三大最大投资来源国，而新加坡是日本

---

① ［新加坡］符祝慧：《新加坡巡回大使许通美呼吁日本加快亚细安投资》，［新加坡］《联合早报》2019 年 3 月 20 日，28 - 09 - 2019，https：//beltandroad. zaobao. com/beltandroad/news/story20190320 - 941559。

亚洲第四大直接投资来源国。①

此外，新加坡在很多方面也借鉴了日本的经验，例如，在 20 世纪 70 年代末开始引进注重品质、提升生产力等概念，学习日本厂房设立品质管理圈。在社会管理方面，维护社区治安的邻里警岗制度，也是参考了日本的"交番"制度而来。在文化、科技、培训等合作领域，1994 年，新加坡和日本建立"日本—新加坡伙伴计划"，并在 1997 年合资建立"21 世纪日本—新加坡伙伴计划"（Japan-Singapore Partnership Programme for the 21st Century，JSPP 21），向第三国提供技术合作。2007 年，日本与新加坡签订《21 世纪日本—新加坡伙伴计划新框架谅解备忘录》，并确定强化"21 世纪日本—新加坡伙伴计划"的方向性以协助东盟一体化。

四　2013 年以来新加坡与印度的关系

印度是东盟的近邻，在地理、历史、文化和经济上与东南亚都有着重要联系。对新加坡而言，印度巨大的潜在市场及两国在历史文化上的联系，使其与印度的合作具有天然的动力。当然，将崛起的印度引入东南亚，全面加强与印度的经济、军事合作以平衡中国在东南亚的影响力和美国在东南亚的军事实力，也是"均势"外交的必然要求。② 2005 年，新加坡总理吴作栋曾形象地指出了新加坡对印度的期待。吴作栋将亚洲形容为大型喷气式客机，东盟 10 国是底座，印度是一个机翼，中国则是另一个机翼。只有中国、印度两个机翼平衡，整个东亚才能安稳可靠。正是这一思路，新加坡积极地配合印度的"东向政策"。③ 因此，新加坡将印度纳入其大国平衡战略的重要力量，基

---

①　The Ministry of Foreign Affairs, Singapore, 28 - 09 - 2019, https：//www. mfa. gov. sg/SINGAPORES - FOREIGN - POLICY/Countries - and - Regions/Northeast - Asia/Japan.

②　匡导球：《星岛崛起：新加坡的立国智慧》，人民出版社 2013 年版，第 134—135 页。

③　林民旺：《当新加坡"大国平衡"遇上印度"东进"战略》，《新京报》2017 年 12 月 7 日第 A04 版，28 - 09 - 2019，http：//epaper. bjnews. com. cn/html/2017 - 12/07/content_704640. htm？div = - 1。

于战略利益的需要，双方加强了彼此合作并深刻影响了地区政治经济发展。[1]

从 1994 年吴作栋访问印度后，新加坡、印度高层互访不断。新加坡积极推动东盟与印度开展政治、经济、安全层面的全方位接触，为印度发展与东盟国家的关系发挥了桥梁作用。新加坡是印度"东向政策"第一个合作的东南亚国家。[2] 在新加坡的大力相助之下，印度的东进取得了重要的成果，得以于 1996 年加入东盟地区论坛。1997 年新加坡成为印度与东盟的对话协调国，1999 年新加坡主持召开了第一届东盟与印度的高级部长会议，为双方加强政治与安全会议创造机会。2000 年印度被拒绝在东盟 10 + 3 会议后，正是在新加坡的努力下，东盟和印度召开了首届东盟—印度峰会。2000 年 11 月，印度总统纳拉亚南对新加坡进行国事访问，是首位访问新加坡的印度总统。2003 年印度继中国之后和东盟签署了《全面经济合作框架协议》，宣布加入《东南亚合作条约组织》，并为最终达成"印度—东盟自由贸易区"做好铺垫。这在战略上加强了印度在东盟的位置，并确保了印度在继美国、日本以及中国之后进入东南亚所能获得相似的机会与利益。2005 年，新加坡、印度两国签署了"全面经济合作协定"（CECA），增强了双方在教育、科技、知识产权、航空、医学、工程、金融等领域的合作。[3] 印度总理莫迪上台后，将"东向"政策改为"东进"政策，以寻求在东南亚更大的存在。2015 年，新加坡与印度建交 50 周年之际，莫迪曾对新加坡进行为期两天的国事访问，期间两国签署战略伙伴协定。2017 年，新加坡是印度的全球第五大贸易伙伴，东盟的第三大贸

---

① 毕世鸿：《新加坡概论》，世界图书出版公司 2012 年版，第 335 页。

② IPCS Special Report-India-Singapore Relations, Institute of Peace and Conflict Studies, 02 - 12 - 2019, ipcs. org/special - report/southeast - asia/india - singapore - relations - an - overview - 41. html.

③ 李涛：《印度与新加坡经贸关系的新发展》，《亚太经济》2008 年第 5 期。

易伙伴。①

　　近年来，新加坡、印度两国在军事领域展开了全面且深入的合作。两国海军自 1994 年，就定期开展海上演习 SIMBEX（Singapore India Maritime Bilateral Exercise），印度允许新加坡使用印度的潜艇和反潜设施。2012 年，双方又签署空军协议，印度允许新加坡空军的 F-16 战机定期在西孟加拉邦的卡莱贡达空军基地训练。2017 年 11 月 29 日，新加坡、印度两国国防部长签署了一项海军协议，双方同意加强海事安全合作，提高互访军港的次数和相互提供后勤支援。此次协议为两国在海事安全领域的合作提供了重要平台，具体内容包括印度的军舰与飞机可以停靠新加坡樟宜海军基地，并能够获得该基地提供的物流支持和燃料补给服务，从而增强其在马六甲海峡以东的行动能力。更为重要的是，此协议生效后，新加坡将成为唯一海陆空三军均与印度签署有双边协议，并且共同训练军队的国家。时任印度国防部部长尼尔马拉·西塔拉曼（Nirmala Sitharaman）明确表示，"印度基本上已经从'东向'政策转向'东进'政策，而印度认为新加坡是推进有关政策的'重要支点'"②。

五　2013 年以来新加坡与俄罗斯的关系

　　冷战时期的苏联是另一个超级大国，也是影响东南亚局势的一支重要力量，即使由于意识形态的不同而对苏联一度怀有戒心，而由于经济利益与大国平衡战略的需要，同时为了防止完全被西化，新加坡又必须欢迎苏联介入东南亚，希望苏联兼顾东南亚。新加坡认为苏联可以成为东南亚地区的一支平衡力量。③ 苏联解体后，新加坡与俄罗

① The Ministry of Foreign Affairs, Singapore, 28-09-2019, https://www.mfa.gov.sg/SINGAPORES-FOREIGN-POLICY/Countries-and-Regions/South-Asia/India.
② 王鹏：《互为棋子，印度与新加坡军事合作再升级》（2017 年 12 月 28 日），28-09-2019，新华网（http://www.xinhuanet.com/mil/2017-12/28/c_129777251.htm）。
③ 毕世鸿：《新加坡概论》，世界图书出版公司 2012 年版，第 340 页。

斯总体保持了友好的外交关系，但其间略有曲折。冷战后，新加坡、俄罗斯关系总的看来保持良性互动，但随着俄对外战略和国际格局的变化出现了一些波折，这也是新加坡大国均衡战略中最不稳定的双边关系。①

近年来新加坡、俄罗斯高层互访不断。2016 年 5 月，李显龙总理访俄，并出席南部城市索契举行的东盟—俄罗斯特别峰会。访俄期间，新加坡、俄罗斯双方签署了文化、教育合作与交流谅解备忘录，两国政府也同意，将在新加坡设立俄罗斯文化中心（Russian Cultural Centre），进一步加强新加坡、俄罗斯之间的文化联系。② 在东盟—俄罗斯特别峰会上，东盟 10 国和俄罗斯便一致通过《索契宣言》，反映各国加深合作、改善机制和探讨新合作可能的意愿，朝战略伙伴关系迈进。2018 年 11 月 13 日俄罗斯总统弗拉基米尔·普京访问新加坡，这是普京首次到新加坡进行国事访问，该年也恰好是新加坡与俄罗斯建交 50 周年。普京总统访问新加坡期间，会晤了新加坡总统哈莉玛，并出席了俄罗斯文化中心的奠基仪式。③ 俄罗斯选在新加坡设立文化中心，显示俄罗斯有意开展与本区域的联系，让本区域人民接触到俄罗斯丰富的文化遗产。普京在新加坡展开国事访问期间，两国还签署了"俄罗斯—新加坡服务与投资贸易协定联合声明""俄罗斯—新加坡高等教育合作""俄罗斯—新加坡促进社会与劳工课题方面的合作""俄罗斯—新加坡共同探讨研发城市交通管理系统"四个合作协定，加强贸易、教育和交通等方面的合作。

近年来，经济合作关系在两国政府积极推动下进展迅速。2010 年，双方在新加坡签署了促进与相互保护投资的协议。作为加快两国

---

① 徐晓冬：《独立以来的新加坡外交》，硕士学位论文，内蒙古民族大学，2008 年 5 月，第 14 页。

② 《联合早报社论：新俄关系更上层楼》，［新加坡］《联合早报》2016 年 5 月 21 日，http：//beltandroad. zaobao. com/beltandroad/news/story20160521 – 619786。

③ 《普京称他与新加坡总统的会谈富有成果》，俄罗斯卫星通讯社，28 – 09 – 2019，http：//sputniknews. cn/politics/201811131026827366。

经贸关系发展的步骤之一，俄罗斯于 2012 年 4 月批准了同新加坡政府签署的促进与相互保护投资的协议。新加坡副总理兼经济及社会政策统筹部长尚达曼 2018 年 9 月 20 日在第 13 届俄罗斯—新加坡商业论坛（Russia-Singapore Business Forum，RSBF）上发言时，呼吁本地公司透过俄罗斯开拓欧亚市场商机，也鼓励俄罗斯企业将新加坡作为进军亚洲的跳板。俄罗斯副总理马克西姆·阿基莫夫（Maxim Aki-mov）也认为："新加坡不仅是强大的投资平台，更是极具吸引力的经商地点。新加坡的区域枢纽地位，让俄罗斯企业可以从本地接触到区域其他国家。"① 2019 年新加坡国务资政兼社会政策统筹部长尚达曼出席了在俄举行的第五届东方经济论坛，以及第 10 届俄罗斯、新加坡高层跨政府委员会会议。双方除了探讨与欧亚经济联盟—新加坡自由贸易协定（EAEUSFTA）有关的框架与非服务及投资协定（Framework and non-Services & Investment Agreement）事宜并在之后几周达成签署。除了推广双边贸易与投资外，俄罗斯、新加坡高层跨政府委员会也加速推进了更广泛领域的更深层合作，当中包括交通、基础建设、农业、培训与教育、文化与法务领域合作。② 然而，新加坡、俄罗斯两国虽于 2009 年设立俄罗斯、新加坡高层跨政府委员会，双方政商领袖也都积极参与，但由于地缘、两国经贸结构不同、语言文化上的隔阂等因素，新加坡、俄罗斯贸易额不尽理想。据新加坡企业发展局数据显示，俄罗斯、新加坡双边货物贸易额从 2007 年的不足 20 亿元增至 2017 年的 74 亿元。截至 2015 年底，新加坡在俄罗斯的海外直接投资额达到 42000 万元。不过，从整体区域来看，多数东南亚国家与俄罗斯的贸易关系仍有巨大的发展空间尚未被开发。正如新加坡总理

---

① ［新加坡］陈婧：《尚达曼吁本地公司 透过俄罗斯开拓欧亚商机》，［新加坡］《联合早报》2018 年 9 月 21 日，28 - 09 - 2019，http：//beltandroad. zaobao. com/beltandroad/news/story20180921 - 892971。

② ［新加坡］宋慧纯：《新俄签署六协定 加强数码发展等合作》，［新加坡］《联合早报》2019 年 9 月 6 日，28 - 09 - 2019，http：//www. zaobao. com/znews/singapore/story20190906 - 987071。

李显龙所言，"俄罗斯是世界上一个重要的力量和经济体，东盟国家与俄罗斯之间的经济联系已在增长，但（幅度）却与俄罗斯在全球的重要性不太相称"①，"我想东盟和俄罗斯都有意让两地关系更上一层楼，如果我们按部就班地进行，双方关系虽不会在一夜之间产生巨大变化，但还是能取得有价值的进展"②。

六　2013 年以来新加坡与澳大利亚的关系

新加坡与澳大利亚有共同的历史和利益，两国都曾属于英联邦，这在一定程度上增加了两国的亲近感。同时，从地理位置上看，两国也较为接近，国家之间的来往比较方便。双方的命运具有共同点，即都与美国有着千丝万缕的联系，都实施大国平衡战略。③

自新加坡与澳大利亚建交以来，两国就有着长期稳固的合作关系，并在国防、贸易、科学和创新以及民间交流等广泛领域合作密切。在政治层面上，澳大利亚是新加坡独立之后第一个建交的国家。建交之后，从一开始政治上的"不信任"，走向了政治上的互信道路。1996 年 1 月，时任澳大利亚总理保罗·基廷与新加坡总理吴作栋发表联合声明，将两国关系提升至包含文化、经济、政治及防务合作的"新伙伴关系"。2012 年 4 月，时任澳大利亚总理朱莉亚·吉拉德访问新加坡，与新加坡总理李显龙共同宣布建立两国总理定期会晤机制。新加坡和澳大利亚两国关系于 2015 年 6 月正式提升为全面战略伙伴关系（Comprehensive Strategic Partnership，CSP），为两国各方面的合作关系定下更具体的指标，其中就包括举行一年一度的领导人

---

①　［新加坡］黄伟曼、黄顺杰：《两国贸易仍有庞大发展潜能——李总理：盼新俄贸易更上一层楼》，［新加坡］《联合早报》2016 年 5 月 18 日，28 - 09 - 2019，http：//beltandroad. zaobao. com/beltandroad/news/story20160518 - 618510。

②　［新加坡］黄顺杰：《新加坡争取两年内与俄罗斯签自贸协定》，［新加坡］《联合早报》2016 年 5 月 22 日，28 - 09 - 2019，http：//beltandroad. zaobao. com/beltandroad/news/story20160522 - 620113。

③　毕世鸿：《新加坡概论》，世界图书出版公司 2012 年版，第 334—335 页。

峰会。新加坡、澳大利亚关系被澳大利亚外交及贸易部视为澳大利亚在东南亚最紧密和最全面的双边关系之一。①

在经贸合作方面，新加坡与澳大利亚的双边自由贸易谈判开始于2000年11月在APEC领导人会议期间的会晤。2003年2月17日，新加坡、澳大利亚两国正式签署了《新加坡—澳大利亚自由贸易协定》（SAFTA），该协议在同年的7月28日正式生效。近年来，新加坡、澳大利亚双边经贸合作在稳步推进。据澳大利亚外交及贸易部（Department of Foreign Affairs and Trade，Australia）数据显示，2018年新加坡与澳大利亚的贸易总额达到214.1亿澳元，占其全球贸易额的3.2%，是其全球第7大贸易伙伴，也是其在东盟的最大贸易与投资伙伴国。② 此外，新加坡、澳大利亚亦是自2010年生效的《东盟—澳大利亚—新西兰自由贸易协定》的成员、"全面与进步跨太平洋伙伴关系协定"签署国，以及正在谈判的区域全面经济伙伴关系协定（RCEP）的成员，③ 两国在多边经济合作组织框架下的合作也卓有成效。

在防务合作方面，独立后的新加坡为了保障本国的"生存"，而选择了适合自己的安全发展战略。并在此基础上，展开了与澳大利亚的防务合作。2008年8月，时任澳大利亚总理陆克文和新加坡总理李显龙签署《澳大利亚政府和新加坡共和国政府关注防务合作了解备忘录》。2012年起，两国防长更建立年度会晤机制。澳大利亚亦参与每年在新加坡举行的"香格里拉对话"。2016年5月，澳大利亚宣布，新加坡将在25年里向澳大利亚提供22.5亿澳元（约合16.6亿

---

① *Singapore Country Brief*, Department of Foreign Affairs and Trade，Australia，28 – 09 – 2019，https：//dfat. gov. au/geo/singapore/Pages/singapore – country – brief. aspx.

② *Singapore Country/Economy Fact Sheet*，Department of Foreign Affairs and Trade，Australia，28 – 09 – 2019，https：//dfat. gov. au/trade/resources/Documents/sing. pdf.

③ RCEP由东盟10国和澳大利亚、中国、印度、日本、新西兰及韩国组成，占全球贸易规模的30%。谈判早在2012年就已启动，但由于成员国之间的差异较大，导致磋商进展缓慢。

美元），用于扩建新加坡国防军在澳大利亚昆士兰州的军事基地，同时新加坡将扩大赴澳轮训军人的规模。① 2016 年 10 月到访澳大利亚的李显龙总理与澳大利亚总理特恩布尔（Malcolm Turnbull）达成了关于"澳新全面战略伙伴关系协定"的四项配套协定。新加坡、澳大利亚还是"五国联防安排"（Five Power Defence Arrangements，FPDA）机制的成员国。②

此外，在人文交流上，新加坡、澳大利亚两国之间的人文交流形式多样，涵盖教育、旅游业、艺术和文化，成果丰硕。澳大利亚的新加坡社区人口超过 70000 人，其中包括 8000 多名新加坡学生。根据《2014—2019 年新科伦坡计划》（the New Colombo Plan 2014 – 2019），已有 2100 多名澳大利亚学生前往新加坡学习和实习。新加坡和澳大利亚是彼此互补性很强的旅游市场，并享有紧密的商业联系。新加坡是澳大利亚第五大入境旅游市场，按旅游消费支出排名第七。2017 财年，新加坡有 433600 名澳大利亚的短期入境者。而在同一时期，新加坡的澳大利亚游客花费了 15 亿美元。新加坡、澳大利亚两国定期举行旅游谈判，并签署了谅解备忘录，以建立研究、数据共享和市场考察方面的合作框架。新加坡、澳大利亚两国还致力于开展文化活动，以进一步推动两国人民之间的沟通与联系。2015 年，新加坡、澳大利亚两国签署了关于文化艺术合作谅解备忘录。2017 年 9 月，新加坡、澳大利亚签署了关于体育合作谅解备忘录，以进一步加强彼此在体育和体育行政管理方面的合作。③

---

①　《新加坡总理李显龙要加强新澳关系》（2016 年 10 月 12 日），28 – 09 – 2019，新华网（http：//www.xinhuanet.com/world/2016 – 10/12/c_1119702871.htm）。

②　"五国联防安排"（Five Power Defence Arrangements，FPDA）机制的成员国包括澳大利亚、马来西亚、新西兰、新加坡和英国。

③　*Singapore Country Brief*，Department of Foreign Affairs and Trade，Australia，28 – 09 – 2019，https：//dfat.gov.au/geo/singapore/Pages/singapore – country – brief.aspx.

第四节　2013年以来中新关系发展态势评估

新加坡是一个以华人华侨为主体的国家，无论是血缘还是历史、文化都与中国有着天然的联系。新加坡对华政策是其外交政策非常重要的部分。也正因为与中国这种天然的联系，新加坡对华政策又表现得非常敏感。在处理与中国的关系上，新加坡一直是站在自己的立场上，坚持自己的原则。

一　中新政治外交关系：两国高层互访频繁

自1990年建交以来，两国高层交往频繁，合作关系比较密切。首先，双方政治互信进一步加强。中国的杨尚昆主席、江泽民主席、全国政协主席李瑞环、李鹏总理、朱镕基总理、胡锦涛主席、李岚清副总理、吴邦国委员长、温家宝总理、习近平主席等先后访问新加坡。新加坡的黄金辉总统、李光耀总理、吴作栋总理、王鼎昌总统、纳丹总统、李显龙总理、陈庆炎总统先后访华。两国外交部自1995年起建立磋商机制，迄今已举行9轮磋商。两国除互设使馆外，新加坡在上海、厦门、广州、成都和香港设有总领事馆。2015年3月新加坡前总理李光耀逝世之后，中共中央4名常委发去唁电，国家副主席李源潮亲赴新加坡参加葬礼，足见中国、新加坡关系之密切。2015年11月6—7日，习近平主席对新加坡进行国事访问，庆祝中国、新加坡建交25周年。双方一致同意建立中国、新加坡"与时俱进的全方位合作伙伴关系"，推动两国关系迈向更高水平。中国、新加坡双方宣布启动"中新（重庆）战略性互联互通示范项目"，这是继苏州工业园区、天津生态城之后的第三个政府间合作项目。2018年4月，中国国家主席习近平向李显龙总理建议，让广州知识城项目升级为国家级双边合作项目。规格升级后的广州知识城，在市场准入、促进投资和人才引进等方面，将与广东自贸区、粤港澳大湾区享受同等待遇。经过三年磋商，新加坡与中国之间的自由贸易协定（China-Singapore Free Trade Agreement，CSFTA）升级谈判正式完成，并在2018年11月12—16日，中国国务院总理李克强对新加坡进行正式访问并出席第21次中国—东盟（10+1）领导人会议、第21次东盟与中日韩（10+3）领导人会议和第13届东亚峰会（EAS），期间签署自由贸易协定。随后中国国务院副总理韩正于2018年9月出席新加坡、中国双边合作联合委员会（Joint Council For Bilateral Cooperation）会议，中国国务委员兼外交部长王毅于2018年8月出席东盟外长会议及系列会议。在2019年上半年，新加坡领导人对中国也进行了几次高层访问，包括哈莉玛总统于5月出席首届亚洲文明对话大会，李显龙总理于5月出席第二届"一带一路"国际合作高峰论坛，副总理张志贤于4月参加新加坡、中国领导力论坛，副总理尚达曼于3月出席中国发展高层论坛经济峰会，以及副总理王瑞杰于5月参加新加坡—上海全面合作理事会首届会议等活动。尤其值得一提的是，2019年4月25日新加坡总理李显龙出席第二届"一带一路"国际合作高峰论坛时，不仅与中国国家主席习近平、李克强总理进行双边会谈，双方还签署了"成立上海—新加坡全面合作理事会""加强第三方市场合作实施框架""实施原产地电子数据交换系统""海关执法合作"和"成立联合投资平台"五项中新谅解备忘录。习近平在会见李显龙总理时，赞许"中国和新加坡是共建'一带一路'的天然伙伴，中新这方面的合作起步早、起点高、格局大，为新时期两国关系发展提供了新动力，也为沿线国家高质量、高水平共建'一带一路'发挥了示范作用。中新双方要立足中新合作，推动地区和沿线国家共同发展，推进'陆海新通道'和三方合作，他呼吁双方继续坚定支持经济全球化和多边主义，推动共建'一带一路'同《东盟互联互通总体规划2025》对接，促进东亚经济一体化"①。

---

① ［新加坡］游润恬：《习近平肯定新加坡在"一带一路"作用 新中签署五谅解备忘录合作更上层楼》，［新加坡］《联合早报》2019年4月30日，28-09-2019，http：// beltandroad. zaobao. com/beltandroad/news/story20190430-952717。

二 中新经济关系：得到全方位、多层次、宽领域的发展

进入 21 世纪以来，新加坡、中国双边经贸关系得到全方位、多层次、宽领域的发展。2008 年 10 月，中国与新加坡签署了《中国—新加坡自由贸易协定》（CSFTA），自 2009 年 1 月 1 日起正式生效。新加坡是东盟国家中第一个与中国签订全面自由贸易协定的国家。根据协定，自 2009 年 1 月 1 日起，新加坡取消全部从中国进口商品的关税。中国也从 2010 年 1 月 1 日起对 97.1% 的来自新加坡的进口商品取消关税。自此，中国、新加坡双边经贸关系逐步实现了全方位、多层次、宽领域的发展。2009—2014 年，中国、新加坡贸易持续稳定增长。2013 年中国首次超过马来西亚，成为新加坡最大的贸易伙伴，该年的双边贸易额达到 1152 亿新元。2018 年双边贸易额增长至 1350 亿新元。[①] 中国是新加坡第一大货物贸易伙伴、第一大出口市场和第一大进口来源。新加坡则从 2013 年起，连续五年成为中国的最大外资来源国。"一带一路"合作是当前新加坡、中国关系的新重点。目前，中国在新加坡的投资占中国对"一带一路"沿线国家投资总额的 33%，新加坡在中国的投资则占"一带一路"沿线国家对华投资总额的 85%。[②] 近年来，中国、新加坡经贸关系取得长足发展，双边务实合作持续深化，成果不断涌现，呈现出以下五个显著特点：一是规模大。新加坡连续五年成为中国第一大新增外资来源国，中国为新加坡第一大贸易伙伴。近几年，中国对新加坡投资呈现快速增长，2017 年新加坡成为中国对外投资第三大目的国，在新加坡注册登记的中资企业超过 7000 家。二是层级高。两国建立了中国、新加坡双边合作委员会（JCBC）等 4 个副总理级合作机制，在服务业、高端制造业以及人工智能、智慧城市等前沿业态开展了广泛合作。三是领域宽。两国经贸合作外延不断扩大，内涵

---

① "Singapore Department of Statistics"（DOS），*Yearbook of Statistics Singapore 2019*，28 – 09 – 2019，www. singstat. gov. sg.

② ［新加坡］孙喜：《2019 年中新关系向前进》，［新加坡］《联合早报》2019 年 1 月 25 日，28 – 09 – 2019，http：//www. zaobao. com/forum/views/opinion/story20190125 – 926964.

不断丰富，合作领域已从传统的贸易、产业合作拓展到园区建设、金融科技、设计咨询、法律服务等软硬件全方位合作。四是融合深。中国、新加坡经济互补性强，两国积极融入经济全球化大势，参与全球分工，电子、石化、生物医药等行业产业链高度融合，形成了"你中有我、我中有你"的局面。① 五是势头好。过去的几年，新加坡、中国既有的合作基础日益巩固、布局不断完善，除了原有的三个政府间合作项目，还正式成立了新沪全面合作理事会、广东知识城升级为国家级项目，南向通道升级为国际陆海贸易新通道等新的合作布局，此外，两国合作的引领和示范效应也进一步体现，在"一带一路"框架下，积极推进三方合作和陆海新通道建设，引领地区国家参与高质量共建一带一路。②

三　中新双边合作机制：得到加强与巩固

在体制方面，新加坡、中国的双边合作机制得到了加强与巩固。自"新加坡—山东经济贸易理事会"（Singapore-Shandong Business Council）于 1993 年成为两国成立的首个此类理事会以来，双方一直在加强与巩固现有的合作机制。新加坡与中国现有不同层级的合作机制，除了副总理级的新加坡、中国双边合作联合委员会，还有三个政府间合作项目：苏州工业园区、中国—新加坡天津生态城与中新（重庆）战略性互联互通示范项目，以及新加坡和中国八个省和直辖市成立的经贸理事会，包括广东、江苏、辽宁、山东、上海、四川、天津和浙江。现有八个经贸理事会分别由新加坡一名部长和中国一名省部级高官出任联合主席。③ 负责两国

---

① 《走进"狮城"新加坡，一起感受中新经贸合作的蓬勃活力！》，28 - 09 - 2019，中国政府网（http：//www. gov. cn/xinwen/2018 - 11/14/content_5340174. htm）。

② ［新加坡］姜泽良：《驻新大使洪小勇：做好中新合作是对风险挑战最有力回应》，［新加坡］《联合早报》2019 年 6 月 18 日，28 - 09 - 2019，http：//beltandroad. zaobao. com/beltandroad/news/story20190618 - 965452。

③ ［新加坡］王纬温：《两新中政府间合作项目及三经贸理事会 新方负责部长换人》，［新加坡］《联合早报》2019 年 8 月 25 日，28 - 09 - 2019，http：//www. zaobao. com/special/report/singapore/sg - cn/story20190825 - 983636。

合作的最高机构——中国—新加坡双边合作联委会（JCBC, Joint Council for Bilateral Cooperation）和七个新加坡—中国省市级双边合作理事会多年来都有召开会议。作为新加坡—中国第八个省市级双边合作理事会的新加坡—上海全面合作理事会（Singapore-Shanghai Comprehensive Cooperation Council）也于 2019 年 5 月在上海完成了首次会议。由王瑞杰和上海市长应勇共同主持的新加坡—上海全面合作理事会会议探讨在"一带一路"倡议、金融互联互通、科技创新、营商环境、城市治理和人文交流六个领域的深化合作，担任新加坡、中国双边合作联委会新方主席的正是新加坡第四代领导人王瑞杰，而中方主席是韩正副总理。

四 中国、新加坡军事与安全合作：取得积极进展

近年来，中国、新加坡两国在军事和安全方面的合作也取得了积极进展。2018 年，新加坡和中国在中国湛江联合举行了首次中国—东盟海上演习，来自中国、新加坡、文莱、菲律宾、泰国和越南的 1000 多名人员和八艘船只参加了演习。该演习是一项建立信任的措施，以增进参与国海军之间的了解和信任。此外，中国国务委员兼国防部长魏凤和 2018 年也到新加坡出席香格里拉对话，这是自 2011 年以来，中国国防部长首次参加这一会议。魏凤和在新加坡访问期间，会见了李显龙和王瑞杰，并与新加坡国防部长黄永宏举行会谈，双方同意加强防务合作，并更新 2008 年签订的《防务交流与安全合作协定》。魏凤和的出席凸显了新加坡、中国两国在防务和军事方面的关系在不断发展。

此外，新加坡、中国两国在多个双边培训项目上一直紧密合作，以满足双方新一代干部的培训需求。自 20 世纪 90 年代中期以来，已经有超过 5.5 万名中国干部到新加坡参加培训课程。① 新加坡的许多高级

---

① The Ministry of Foreign Affairs, 28 - 09 - 2019, https://www.mfa.gov.sg/SINGA-PORES - FOREIGN - POLICY/Countries - and - Regions/Northeast - Asia/Peoples - Republic - of - China.

公务员也在参与领导培训项目的过程中访问中国不同地区，加深对中国的认识，并学习中国的发展经验。新加坡也同广东和重庆等中国地方政府合作开办人才培训项目。通过这些项目，两国官员培养出了更深厚的友谊，增进了相互了解，进一步巩固了两国关系的基础。①

五　"一带一路"在新加坡的推进情况

新加坡位于连接中国与东南亚、南亚、中东等地区的"21世纪海上丝绸之路"航线上。新加坡是连接中国和相关地区交通、金融和贸易的关键，拥有天时地利。新加坡处于主要海空航线的交汇处，再加上它是大中华区以外的第二大离岸人民币中心，因此能够在"一带一路"建设中发挥积极作用。② 新加坡作为开放经济体和全球枢纽，是"一带一路"早期和强有力的支持者。中国的"一带一路"倡议涵盖68个国家，几乎占世界人口的三分之二，经济总量接近世界国内生产总值（GDP）的30%，其规模之大，为新加坡大小企业提供了巨大机遇。③ 新加坡目前正通过基础建设联通、金融联通、第三方合作、专业与法律服务四个平台参与"一带一路"建设。④ 而中国、新加坡在"一带一路"倡议推进合作过程中，互联互通是"突出亮点"，金融合作是"有力支点"，第三方市场合作是新的"闪光点"。整体推进情况如下。

---

① ［新加坡］张志贤：《新中友谊——携手共进世代相传》，"中国—新加坡领导力论坛"致辞稿，2019年4月8日，28-09-2019，http：//www. zaobao. com/zopinions/views/story20190408-946771。

② Chong Koh Ping, The Singapore Connection "One Belt, One Road", *Straits Times*，07-28-2015.

③ ［新加坡］张松声：《本地中小企业应抓住"一带一路"巨大机遇》，［新加坡］《联合早报》2019年6月28日，28-09-2019，http：//www. zaobao. com/zopinions/views/story20190628-967996。

④ 《新加坡总理李显龙："一带一路"倡议可在加强区域和多边合作方面扮演重要角色》，中国驻新加坡经商参赞处，2019年4月28日，28-09-2019，http：//sg. mofcom. gov. cn/article/jmgd/201904/20190402858307. shtml。

（一）互联互通方面

在互联互通方面，中国、新加坡开展了三个政府间合作项目，分别是中国、新加坡苏州工业园、中国—新加坡天津生态城和中国—新加坡（重庆）战略性互联互通示范项目。

1. 苏州工业园

中国—新加坡苏州工业园于 1994 年正式启动，根据新加坡建国总理李光耀当时提出的"软件转移"概念，新加坡参与建设这个工业园，主要目的是要把新加坡在公共行政与经济管理等领域的经验转移到苏州，进而促进新加坡、中国友好合作。苏州工业园区的开发，也是李光耀对邓小平 1992 年视察南方时呼吁"借鉴新加坡经验"的积极回应。新加坡和中国在苏州工业园推行"软件转移"，把新加坡经验成功搬到苏州，不仅营造了亲商和宜居的环境，也让苏州成为不少新加坡企业和创业者开拓中国市场的起点。据新加坡贸工部数据显示，新加坡同苏州工业园区经贸来往密切，2018 年双边经贸增长 20.2%，达到 20.2 亿美元。截至 2018 年底，新加坡企业已在苏州工业园投资 378 个项目，总投资额达 32.6 亿美元。① 苏州工业园区作为新加坡、中国首个政府间合作项目，一直扮演着新加坡、中国合作的探路者角色，也是两国友好合作的标志。苏州工业园现在已是中国最顶尖的园区，它自 2015 年来连续三年居中国经济技术开发区之榜首。除此之外，苏州也是一个宜居城市，更是良好治理、适应能力及永续创新的典范。并在江苏其他城市，以及新疆的霍尔果斯、安徽的滁州和浙江的嘉兴被复制推广。② "苏州工业园也是一个比较成熟的项目，已经有 20 多年

---

① ［新加坡］杨丹旭：《新加坡经验成功转移 苏州成企业赴华拓展起点》，［新加坡］《联合早报》2019 年 4 月 13 日，28 - 09 - 2019，http：//beltandroad.zaobao.com/beltandroad/news/story20190413 - 948380。

② ［新加坡］张志贤：《苏州工业园区可成第三方市场借鉴》，［新加坡］《联合早报》2019 年 4 月 12 日，28 - 09 - 2019，http：//www.zaobao.com/realtime/singapore/story20190412 - 948084。

的历史。对于它今后的发展，中新双方正在探讨是否能够结合'一带一路'倡议，利用在苏州的合资公司到'一带一路'沿线的第三方国家发展项目。"① 苏州工业园区的成功和经验也可以为第三方市场提供有益的借鉴。2018 年 9 月，新加坡企业发展局与苏州工业园区管理委员会签署了谅解备忘录，旨在促进新加坡与苏州企业建立合作伙伴关系，优势互补，共同开发"一带一路"沿线国家的第三方市场合作项目。

2. 天津生态城

中国—新加坡天津生态城是中国、新加坡两国政府战略性合作项目，这是继苏州工业园之后，中国、新加坡两国的第二个政府间合作项目（见图 1 - 1）。按照两国协议，中国—新加坡天津生态城将借鉴新加坡的先进经验，在城市规划、环境保护、资源节约、循环经济、生态建设、可再生能源利用、中水回用、可持续发展以及促进社会和谐等方面进行广泛合作。为此，两国政府成立了副总理级的"中新联合协调理事会"和部长级的"中新联合工作委员会"。中国—新加坡天津生态城投资开发有限公司（生态城合资公司）成立于 2009 年 7 月，是中国—新加坡天津生态城的主体开发商，以天津泰达投资控股有限公司为主的中方联合体和以吉宝集团为主的新方联合体共同投资建立，双方各占 50% 股份。生态城合资公司与中国、新加坡两国政府、私营企业及其他国际合作伙伴密切合作，共同规划及开发天津生态城，致力于打造一座生态友好、社会和谐、资源节约的可持续发展的生态城市。其具体工作涉及基础设施、住宅、产业及商业发展。

中国—新加坡天津生态城位于经济发达的天津滨海新区，该区域是中国"京津冀协同发展"重要战略的组成部分，而京津冀区域则是继珠江三角洲和长江三角洲之后的下一个推动中国经济发展的引擎地

---

① （新加坡驻华大使）罗家良：《"一带一路"是两国未来发展的主要焦点》（2018 年 3 月 13 日），28 - 09 - 2019，新华网（http：//www.xinhuanet.com/world/2018 - 03/13/c _ 129828228. htm）。

中方财团 50%　　　　　　　　　　　　　　　新方财团 50%

泰达投资控股有限公司　　　　　　　　　　　吉宝企业及其下属子公司
国家开发银行　　　　　　　　　　　　　　　星桥
其他投资者

图 1 – 1　中国—新加坡天津生态城的股东结构

带，这为企业的发展提供了良好的机遇。[①]　生态城起步区已发展成为比较成熟的社区，教育、医疗、公建等生活及商业配套日益完善，为企业营造了优越的发展环境。目前，中国—新加坡天津生态城的起步区已经基本建成，正在建设中部片区，即城市中心推进。作为一个新兴的开发区域，生态城为诸多绿色产品及服务提供了一个巨大的市场。"天津生态城庆祝成立十周年，它的总体规划最近也有所更新。中新双方将会按照新的规划来发展天津生态城项目。"[②]　2018 年是天津生态城成立 10 周年，占地 30 平方公里的生态城，经过 10 年开发，8 平方公里的起步区已基本建成，配套设施日趋完善，包括多座社区中心、17所学校、多个公园，以及具有顶尖医疗设备的医院，引入 7083 家企业，已有 10 万人在生态城生活和工作，3 万套住宅已建成并售出。[③]　下一步，生态城的发展重点包括打造市中心和地铁线，以及引入新科技把生态城内现有的多个智能应用程序整合起来。过去 10 年里，吉宝置业积极参与生态城的建设。迄今为止，新加坡吉宝置业已在生态城推出

---

①　《天津生态城宣传册》，28 – 09 – 2019，http：//www. tianjineco – city. com/Upload-File/2019329/MJ89YA12019329. pdf。

②　（新加坡驻华大使）罗家良：《"一带一路"是两国未来发展的主要焦点》（2018年 3 月 13 日），28 – 09 – 2019，新华网（http：//www. xinhuanet. com/world/2018 – 03/13/c_129828228. htm）。

③　《中新天津生态城 10 周年 欣欣向荣的宜居城市》，［新加坡］《联合早报》2018 年9 月 22 日，28 – 09 – 2019，http：//www. zaobao. com/znews/greater – china/story20180922 –890866。

了大约 4500 个住宅单位，其中约 98% 已经售出，2019 年将再推出 346 个单位。[①]

3. 中国—新加坡（重庆）战略性互联互通示范项目

中国、新加坡两国第三个政府间项目是 2015 年 11 月习近平主席对新加坡进行国事访问期间正式启动的"中新（重庆）战略性互联互通示范项目"，主要涵盖金融服务、航空产业、交通物流和信息通信四大重点合作领域。该项目谋划之初便蕴含了搭建平台、定位高远的基因。得益于这样的基因，项目顺利运行一年后，更为宏大的"陆海新通道"于 2017 年 2 月在中国—新加坡（重庆）互联互通项目首次联合协调理事会上被正式提出，迅速成为媒体聚焦的热点。新加坡和中国在重庆设立第三个政府间合作项目，就是要把西部地区偏高的物流和融资成本降到最低，通过陆海新贸易通道打破瓶颈，创造新贸易机遇。"陆海新通道"与"一带一路""西部大开发""长江经济带"等国家战略相得益彰，充满了巨大的想象空间，为中国—东盟之间的互联互通，以及中国—东盟关系提质升级带来助力。[②] 在中国、新加坡领导人推动下，国际陆海贸易新通道已成为两国共建"一带一路"的标志性旗舰项目，建设进展迅速，通关便利化进程不断加快，多式联运逐步实现无缝对接，物流网络等软硬件建设水平也不断提升。中国、新加坡互联互通项目正式启动 3 年多以来，中国、新加坡双方共签约 137 个合作项目，总金额 219 亿美元，对西部地区的示范性、辐射性正在不断增强。[③] 中国、新加坡互联互通项目下的国际陆海贸易新通道，目前已包

---

①　吕爱丽：《吉宝置业中国以 2.14 亿元标获天津生态城一住宅地段》，［新加坡］《联合早报》2018 年 12 月 20 日，28 - 09 - 2019，http：//www. zaobao. com/finance/singapore/story20181220 - 917268。

②　［新加坡］郝楠：《陆海新通道助力中国—东盟关系提质升级》，［新加坡］《联合早报》2019 年 1 月 31 日，28 - 09 - 2019，http：//www. zaobao. com/news/china/story20190131 - 928436。

③　《中新互联互通项目 3 周年签约 137 个项目总金额 219 亿美元》，28 - 09 - 2019，新华网（http：//www. xinhuanet. com/fortune/2018 - 11/07/c_129988142. htm）。

含中国西部 10 个省区市，仅剩内蒙古与西藏尚未加入。此外，在航空领域，中国、新加坡双方已合作推动"重庆—新加坡"航班从过去的每周 5 班增加至每周 14 班，搭建成便捷的中国、新加坡互联互通空中走廊。还将规划建设航空产业园，打造集航空维修、物流、培训、金融于一体的航空产业集群。在交通物流领域，中国、新加坡合作打造的中国、新加坡互联互通项目国际陆海贸易新通道已成为西部地区最便捷的出海通道，货物从重庆出发通过铁路抵达广西北部湾，再通过海运抵达新加坡等国家，运行时间比经东部地区出海节约 15 天左右。在信息通信领域，中国、新加坡双方正借助新加坡"智慧国"建设经验，合作推动两地在物联网、云计算、大数据等领域的合作。

关于中国、新加坡三个政府间合作项目，新加坡尤索夫伊萨东南亚研究院高级研究员黎良福总结得很好，"值得注意的是，新加坡和中国之间的合作不是静态的，而是根据两国的实际需求而制定和协商发展的。从苏州工业园区到天津生态城，再到中新（重庆）战略性互联互通示范项目，皆是如此。在每一个政府间合作项目中，中新两国都在不断努力进行改进，以确保这些项目符合当前的需求，更重要的是，符合未来的需求。中新两国的这些合作项目以政府为主导，两国领导人及部委、跨国公司和相关机构在推动项目的框架和发展中发挥了非常重要的作用。参与项目建设的公司带来了必要的管理知识和专业技能，使项目得以成长、繁荣和成熟。而与此同时，这些公司的发展和扩张，也从另一方面印证了这些项目的发展和运转情况良好"①。

除了这些国家级别的项目，也有许多由企业牵头、政府大力支持的项目，如广州知识城、南京生态科技岛和吉林食品区在这一两年也有很好的进展。中国政府提议让新加坡、中国合作的广州知识城，提升为国家级项目，以共建科技创新合作示范区。这也反映了新加坡在

---

① ［新加坡］黎良福：《开放包容促进共同繁荣》，［新加坡］《联合早报》2019 年 5 月 24 日，28 - 09 - 2019，http：//www.zaobao.com/news/china/story20190524 - 958958。

中国发展"一带一路"以及科技创新战略所扮演的角色。

（二）金融联通方面

在金融合作方面，2014年中国、新加坡两国在银行间外汇市场开展人民币对新加坡元直接交易，2016年两国央行续签双边本币互换协议，中国、新加坡金融合作正加速向民间扩展。2018年2月，由中国企业创办的新加坡亚太交易所获新加坡金融管理局批准设立，并于5月正式开业。该交易所致力于构建大宗商品亚洲价格基准，有助于活跃区域经贸合作，促进区域经济一体化。据重庆市中国、新加坡示范项目管理局数据显示，在金融服务领域，中国、新加坡双方已建立多样化跨境融资渠道，共完成重庆、四川、陕西、青海等西部省份的境外发债、商业贷款、融资租赁等跨境融资项目62个，融资金额超过51.5亿美元，融资成本较重庆市平均贷款利率降低约1个百分点。

此外，中资银行在促进中国、新加坡金融合作方面扮演着越来越重要的角色。据中国银行新加坡分行提供的数据，截至2018年7月末，中国银行新加坡分行已累计为"一带一路"相关项目提供逾160亿美元融资，牵头发起银团超过700亿美元，为"一带一路"项目和企业、机构发行债券等筹集资金近100亿美元，项目辐射"一带一路"沿线近30个国家和地区，覆盖超过20个行业。2018年9月，中国建设银行与新加坡盛裕集团签署战略合作谅解备忘录，双方将为中国、新加坡企业投身"一带一路"基础设施建设提供强有力的支持和服务。[①]

新加坡是亚洲金融中心和全球最大离岸人民币清算中心之一，新加坡的银行可以为"一带一路"建设项目提供融资和保险等专业服务。许多中国企业已利用新加坡作为区域平台，与新加坡企业联手开

[①] 《中国与新加坡力拓"一带一路"合作新空间》（2018年11月11日），28 - 09 - 2019，新华网（http://sg. xinhuanet. com/2018 - 11/11/c_1123696275. htm）。

拓第三方市场。在东南亚所有项目融资中，有 60% 是由在新加坡运营的银行安排的。作为一个全球金融中心，新加坡能够帮助中国的资金和贸易"走出去"。反过来，新加坡也是高效的融资中心，可以为中国引入外资。随着中国资本市场的开放，以及中国企业进入全球债券市场，新加坡处于非常有利的位置帮助推动这一进程。[①] 未来中国、新加坡两国在金融互通方面将大有可为。

（三）第三方市场合作方面

在中国、新加坡的第三方市场合作方面，两国在 2018 年 4 月签署了开展第三方市场合作谅解备忘录。中国国家发展和改革委员会副主任宁吉喆 2018 年 9 月在参加首届中国—新加坡"一带一路"投资合作论坛时表示，第三方市场合作是双方共建"一带一路"框架下务实合作的重要内容，有利于促进区域经济发展和推动建设开放型世界经济。新加坡贸工部部长陈振声在论坛上说，"作为全球重要的贸易和金融中心，新加坡愿积极调动更多方参与共建'一带一路'，成为中方企业进入第三方市场的跳板"[②]。当前，第三方市场合作已成为新加坡各界关注的热点。新加坡工商联合总会主席张松声撰文，呼吁"新加坡本地的中小企业应该密切关注'一带一路'项目的最新发展，积极制定如何利用'一带一路'项目拓展市场的战略，希望看到更多两国企业合作开发第三方市场"；"凭借新加坡在项目结构、金融和法律咨询方面的能力，新加坡的本地企业可以在这些领域，为中国企业在本地区的基础设施项目增值。许多公司和专家在总体规划、基础设施项目架构和融资、工程设计、法律和仲裁以及其他专业技能方面拥有丰富的经验，在这些领域的新加坡中小企业，可以在中国企业扩大本地区的业务时，给予支持与配合"；以及"新加坡企业，尤其是中小企业，不应与中国企业直接竞争，而应考虑如何将竞

---

① 《一带一路对新加坡和亚洲的意义》，新加坡文献馆，2017 年 6 月 21 日。
② 《首届中国—新加坡一带一路投资合作论坛举行》，《人民日报》2018 年 10 月 26 日第 21 版。

争对手转化为合作伙伴。凭借它们的市场知识和网络，新加坡的企业可以帮助中国企业招募人力资本，购买房地产，寻找潜在客户，从而促进商业和投资机会"。[①] 新加坡中华总商会会长黄山忠在专访中明确表示："新加坡在城市规划方面有较强优势，但本地建筑企业规模较小，与中资建筑企业刚好形成互补，期待新加坡与中国企业可以在各领域携手开拓第三方市场。新加坡有较好的金融体系、法律仲裁、人才储备和跨国公司，新加坡企业可以发挥这些优势，吸引更多的国家参与到'一带一路'倡议中来。"[②]

（四）专业与法律服务领域

中国、新加坡两国还在专业与法律服务领域加强了合作。新加坡总理李显龙表示，在法律和司法合作领域，新加坡可以作为中立的第三方地点，让"一带一路"沿线国家与企业能快速有效地化解商业纠纷。新加坡的调解中心、国际仲裁中心和国际商业法庭在国际上都享有良好声誉，新加坡处理标准化商业纠纷的解决时间是世界上最短的，新加坡希望发挥这一优势，促进"一带一路"项目合作。中国—新加坡（重庆）战略性互联互通示范项目旗下的陆海新通道是中国、新加坡两国另一合作重点，项目不仅提升了陆地与海上的传统连接性，也建立了数据、人才、科技和金融方面的新连通性。[③] 2017 年，新加坡国际调解中心和中国国际贸易促进委员会、中国国际商会调解中心签署谅解备忘录，合作建立解决"一带一路"跨境合作相关争议的机制。

---

① ［新加坡］张松声：《本地中小企业应抓住"一带一路"巨大机遇》，［新加坡］《联合早报》2019 年 6 月 28 日，28 - 09 - 2019，http：//www.zaobao.com/zopinions/views/story20190628 - 967996。

② 《专访新加坡中华总商会会长黄山忠：共商共建共享共赢 务实参与"一带一路"》（2019 年 4 月 23 日），新华网（http：//www.xinhuanet.com/world/2019 - 04/23/c_1210116526. htm）。

③ 《新加坡总理李显龙："一带一路"倡议可在加强区域和多边合作方面扮演重要角色》，中国驻新加坡经商参赞处，2019 年 4 月 28 日，28 - 09 - 2019，http：//sg.mofcom.gov.cn/article/jmgd/201904/20190402858307. shtml。

新加坡国立大学、南洋理工大学等先后开设了与"一带一路"相关的短期培训课程。新加坡是中国最大的外资来源国，中国对"一带一路"沿线国家的投资有 1/4 经过新加坡，新加坡也希望在"一带一路"建设中的金融服务、第三国投资、人力资源发展方面发挥建设性作用。

当然，随着中国"一带一路"倡议的不断推进，以及中国、新加坡两国的需要不断变化，双方合作的性质、内容和方式也会发生变化，中国、新加坡两国仍需积极确定新的合作领域，如金融、商业纠纷解决、知识产权保护、医疗保健、人工智能和可持续城市解决方案等。随着长江三角洲经济区和粤港澳大湾区的建立，中国、新加坡两国也将迎来更多的发展机遇。①

小　结

在保持人民行动党执政地位不动摇的前提下，以李光耀为首的第一代领导集体先后进行渐进式政治改革，改善国内党际关系，给予反对党更大的政治生存空间，并允许其进入国会参政议政。并且改革选举制度，既使选举结果更有利于人民行动党，又给予反对党一定选民支持，也保持了执政党的活力。改革国会议员制度，除了选举议员外，增加官委议员等，使国会议员构成趋于多元化。改变原有总统制度，实行民选总统制度，并以制度形式保证各个族群均有当选的可能性。实行精英政治，重视人才培养，网罗优秀人才加入，为政府源源不断输送优秀人才。并颁布严格、细致的法律，规范社会秩序，规范执政行为，依法治国，严惩贪污腐败，但也给予政府人员高薪，以维护执政廉洁。

在人民行动党的长期领导下，新加坡保持了几十年的政局稳定，

---

① ［新加坡］黎良福：《在动荡局势中稳步发展的新中关系》，［新加坡］《联合早报》，2019 年 6 月 7 日，http://www.zaobao.com/zopinions/views/story20190607-962663。

经济高速发展，社会和谐。但是随着社会和经济的发展，新加坡民众尤其是年青一代要求政治变革的呼声越来越高。2011 年 5 月 7 日，新加坡经历了其政治发展史上具有"分水岭"意义的大选，尽管自 1965 年一直执政至今的人民行动党再次毫无悬念地获胜，在 87 个国会议席中获得 81 席，但是它的得票率却下降到了 60.1%，创下历史新低。反对党工人党则创下历史纪录，不仅获得 6 个议席的最好战绩，还首次赢下一个集选区，打破了集选区自 1988 年建立以来一直由人民行动党垄断的局面。2015 年大选，人民行动党再次以高票连任，在这一任期内，新加坡经济持续高速发展、物价基本保持稳定，工资、教育、医疗、住房、移民等多项民生问题得到有效妥善解决。2020 年大选，人民行动党获得 83 个国会议席，蝉联执政，但其得票率跌至 61.24%，是历史第三新低。工人党在秘书长毕丹星（Pritam Khaira Singh）带领下夺得 10 个国会议席，这是新加坡首次出现双位数反对党议员。随后，李显龙总理正式指定他为反对党领袖。但随着要求政体更加开放以及结束言论与集会自由限制的呼声越来越高，人民行动党是否能够成功过渡到更开放的状态，未来新加坡是否可能实现政党轮替、政局稳定等都是值得进一步关注的议题。

经过 50 多年的发展，新加坡从一个国内资源匮乏、经济社会落后的第三世界国家，一跃成为经济发达国家。新加坡经济得以快速发展，从法律制度和监管机构来看，新加坡金融法律完备、监管机构独特；从自然禀赋和地理位置来看，新加坡是地处东南亚、比邻马来西亚和印度尼西亚的岛国，新加坡为成功打造国际金融中心提供了天然而又独特的条件；从政府态度和监管理念来看，新加坡政府鼓励自由竞争、守住风险底线；从商业环境和激励措施来看，新加坡金融业的异军突起，得益于其优良的信用环境和具有竞争力的财税政策；从忧患意识和全球视野来看，地少人多、资源匮乏、国内市场空间狭小等现实条件的制约，促使新加坡人形成了居安思危的忧患意识，并具备洞悉世界的全球视野五大因素。

　　纵观新加坡对外交往的历史，我们发现，虽然作为亚洲面积最小和自我感觉更容易遭受威胁的国家之一，但新加坡国际关系非常稳定，平衡的对外政策，特别是与大国之间的良好关系，使新加坡享有与自身国家力量不相称的影响力。脆弱的地缘政治特征决定了新加坡的角色更多的是沟通东西方的平衡者，新加坡的外交富有技巧性，务实，擅长左右逢源。所以，新加坡外交政策比较灵活和机敏，在与大国交往乃至整体外交政策中时常表现出多变的风格。

　　当前，中美正处于贸易纠纷与摩擦之中。中国正在扩大内需以减缓贸易摩擦，并通过"一带一路"的政策输出资本。中国正在进行经济转型，朝向高科技与服务业发展。而鉴于新加坡与全球的互联互通以及传统上扮演的桥梁角色，新加坡在对中国"一带一路"倡议的推展，"一带一路"投资项目在国际资本市场的融资，确保项目的可行性，"一带一路"倡议的第三方的参与及合作，中国、新加坡科技合作，尤其是知识产权保护，进而减缓中美在知识产权问题方面的矛盾，促成东盟和中国的联合海事演习等方面，可以继续发挥新加坡独特的牵线搭桥的角色。新加坡是一个小国，无法主导国际事务，但它在经济与安全合作方面扮演牵线搭桥的角色，有助于加强多边合作的韧性。这个角色与时俱进，也是新加坡、中国合作的基石。全球局势狂风骤雨，加剧了许多不确定性，但这也是新加坡、中国推进合作的契机。①

---

　　① 《联合早报社论：新中深化合作的契机》，［新加坡］《联合早报》2018 年 11 月 8 日，28 - 09 - 2019，http：//www.zaobao.com/zopinions/editorial/story20181108 - 905752。

第 二 章

新加坡中资企业和新加坡籍
员工调查技术报告

本章主要介绍新加坡中资企业课题组赴新加坡的调查方案、分析中资企业和新加坡员工的基本特征，为后续章节的企业数据和员工数据分析提供基础资料。

第一节 调查方案

为全面了解和掌握新加坡营商环境和劳动力素质并建立数据信息采集分析系统，云南大学组建"新加坡中资企业调研课题组"并赴新加坡开展实地调研，初步建立起了功能完备的数据信息采集分析系统，以期为深化中资企业赴新加坡投资、提升投资的水平和质量，从而实现"一带一路"建设"共商、共建、共赢"的目标提供参考。

一 项目的背景、宗旨和主要内容

（一）项目背景

新加坡作为世界重要港口，对中国海上运输具有重要意义。近年来，作为"一带一路"建设的主要参与国，是中国重要的经济合作伙伴。新加坡地处马六甲海峡和新加坡海峡等亚洲核心航道，是"一带一路"沿线国家，同时也是贯穿亚欧非以及大洋洲的海上运输枢纽。在"一带一路"背景下中国与新加坡在各个领域合作取得了新的成果。[①] 2017 年，新加坡不仅在"一带一路"60 多个沿线国家中位居中国对外直接投资目的地的第一名，更是超越了美国和欧洲国家，成为中国在海外投资的最佳目的地，被列为"高机会、低风险的市场"[②]。新加坡自独立以来，政局稳定，社会和谐，司法公正严明，政府廉洁高效，优越的地理位置和投资环境吸引了越来越多的中资企业赴新加坡注册投资。虽然新加坡作为投资天堂几乎不存在政治风险，但资源匮乏、劳动力成本趋高、检疫标准和环保标准高等因素也是中国企业进入新加坡面临的严峻挑战。新加坡与中国在经贸领域的合作非常深厚，在"一带一路"建设的新形势下，中国国内尚未建立有关投资新加坡的完备的数据信息采集和分析系统，因而全面了解和掌握新加坡营商环境和劳动力素质并建立数据信息采集分析系统显得非常必要。

因此，在当前各方高度重视"一带一路"建设的新形势下，针对"一带一路"倡议在新加坡的推进，开展多层次中资企业营商环境综合问卷调查，全面掌握新加坡的基本国情，了解中资企业在新加坡的营商和基本情况，了解新加坡民众对区域合作和双边、多边关系的态度和看法，对于中国、新加坡两国共同建设好"一带一路"具有十分重要的现实意义。

（二）宗旨

第一，建立完备的投资新加坡的数据信息采集和分析系统。2016年 5 月，习近平总书记在哲学社会科学工作座谈会上的讲话中指出："要运用互联网和大数据技术，加强哲学社会科学图书文献、网络、

---

① 刘光辉：《"一带一路"发展下中国和新加坡区域经济合作新格局》，《对外经贸实务》2019 年第 7 期。

② 呙小明、黄森：《"一带一路"背景下中国企业对新加坡直接投资的现状与风险分析》，《对外经贸》2018 年第 7 期。

数据库等基础设施和信息化建设，加快国家哲学社会科学文献中心建设，构建方便快捷、资源共享的哲学社会科学研究信息化平台。"①此前，中共中央办公厅、国务院办公厅于 2015 年初联合印发《关于加强中国特色新型智库建设的意见》，要求新型智库要具备八大基本标准，其中之一便是"具备功能完备的数据信息采集分析系统"②。教育部《中国特色新型高校智库建设推进计划》也明确提出，要实施社科专题数据库和实验室建设计划，促进智库研究手段和方法创新。围绕内政外交重大问题，重点建设一批社会调查、统计分析、案例集成等专题数据库和以模拟仿真和实验计算研究为手段的社会科学实验室，为高校智库提供有力的数据和方法支撑。然而，迄今为止，还没有一套完整的数据可以用来对新加坡中资企业营商环境进行分析。因此，通过系统的调查，可以建立完备的投资新加坡的数据信息采集和分析系统。

第二，对新加坡中资企业进行全面、系统的调查，了解和把握中资企业在新加坡的营商环境以及企业自身运营的实际情况、遇到的风险和面临的困难，主要调查内容包括新加坡中资企业的行业分布和生产经营基本情况、运营环境（包括主要风险和制度性困难）、商业利益和社会责任之间的平衡情况和对中国形象塑造的影响等。

第三，对在新加坡中资企业工作的新加坡员工进行全面、系统的调查，了解和把握新加坡员工对中资企业的态度和看法，从一定程度上把握新加坡的社会基本情况和特征，调查内容主要包括员工的个人信息、目前工作状况与工作环境、个人与家庭收入、家庭耐用消费品的使用情况、企业对本地社区影响的认知与评价、对中国国家形象的

---

① 《习近平：在哲学社会科学工作座谈会上的讲话（全文）》（2016 年 5 月 17 日），2 - 10 - 2019，人民网（http：//politics. people. com. cn/n1/2016/0518/c1024 - 28361421. html）。

② 《中共中央办公厅、国务院办公厅印发〈关于加强中国特色新型智库建设的意见〉》（2015 年 1 月 20 日），02 - 10 - 2019，中华人民共和国中央政府门户网站（http：//www. gov. cn/xinwen/2015 - 01/20/content_2807126. htm）。

看法、各大国在当地的软实力影响评价等。

第四，以有限的研究成本、最快的速度和最优质的数据质量提供开放、共享的新加坡中资企业调查数据，为关注和研究新加坡的专家、学者、政府部门和企业提供最优质的调查数据，为"一带一路"倡议的推动和稳定持续地发展以及与新加坡的双边关系开展决策咨询研究提供坚实的数据支撑，同时为在新加坡投资的中资企业以及即将向新加坡投资的中资企业提供数据基础。

（三）主要内容

本次调查使用了两套问卷，一套企业问卷与一套员工问卷，企业问卷与员工问卷相互匹配。

企业问卷主要由以下几个方面构成：（1）基本信息，包括企业管理人员基本情况和企业基本信息；（2）企业经营状况，包括企业生产经营、融资、固定资产、绩效等方面信息；（3）企业运营环境，包括企业在新加坡履行企业社会责任情况、企业投资风险、企业公共外交开展情况、企业活动对中国国家形象影响等；（4）企业具体指标，包括公司人员构成和具体经营状况指标。

员工问卷调查内容具体由以下六个方面构成：（1）员工信息，包括婚姻、民族、教育和宗教信仰等；（2）职业发展与工作条件，包括职业经历、工作环境、职业培训和晋升、工会组织、社会保障；（3）收支，包括个人和家庭收入、家庭经济状况、家庭地位、耐用品消耗等；（4）社会交往与态度，包括社会交往、社会距离、企业评价、公共议题等；（5）企业对社区的影响；（6）员工对大国软实力评价，包括媒体使用行为、大国影视文化产品接触、家庭耐用品消耗产地、对中国制造的认知和评价、各大国影响力评价等。

此次"海外中国企业营商环境和东道国员工调查（新加坡）"以中国商务部境外（新加坡）投资备忘录名录作为抽样框，选取在新加坡运营时长超过一年的中资企业进行访问，其中主要调查对象分为两类，一类是熟悉本企业情况的中方高层管理人员；另一类是在该中资企业连续工作至少 3 个月以上且年满 18 岁的新加坡永久性居民（P. R.）、新加坡籍员工。调研组最终获得合格问卷 686 份，其中企业问卷 72 份，员工问卷 614 份，平均每家企业约完成 9 份。

二 实地调查模式、路线及行业

调查期间，调查小组以"1+1+1+X"（1 位组长、1 位英语流利的中方督导、1 位后勤人员、多位当地访员）的模式分成若干个小分队，按照受访中资企业的规模和新加坡员工的人数灵活安排访员的人数，由组长带领前往新加坡各中资企业进行调查。

为保障调研顺利开展，课题组招募云南大学硕博研究生、新加坡南洋理工大学与新加坡国立大学当地精通中文和英文的学生组成课题组成员。第一周调研组为方便与新加坡南洋理工大学、新加坡国立大学的学生沟通，酒店安排在新加坡西部的裕廊东，新加坡是个城市国家，城市公路、地铁四通八达且井然有序。以酒店为中心，一个小时内可到达新加坡中资企业所在的任何位置。第二周落脚于市中心附近的乌节路，进一步便利出行。尽管新加坡国土面积很小，但优越的投资环境吸引了数以千计的企业到新加坡投资，仅中资企业协会（新加坡）为我们提供的企业名录就超过了 700 家中资企业，此外还得到中国驻新加坡经济商务参赞处、新加坡广东商会、新加坡中小型企业协会的大力支持，确保了调研行业的多样性，本次调研所完成的 72 家企业包含金融、保险、贸易、能源、航空、航海、建筑、教育咨询、科技、新闻、旅行餐饮、驻新商务代表处 12 个行业。

三 质量控制

本次调查主要通过事前质量控制、实地质量控制和后期质量控制来保证调查数据的真实性、有效性和完整性。同时，调查使用了 CAPI（计算机辅助个人访谈）数据收集方法来提高质量控制水平，并通过减少数据录入、编辑和运输硬拷贝问卷到总部的时间加快数据的收集。

（一）事前质量控制

1. 国内访员培训

为确保新加坡中资企业调查的质量和效率，课题组在出访前对访员进行了为期 4 天的系统培训，培训项目的主题和主要内容包括：（1）详细解释调查项目的目的；（2）解释、说明问卷结构和内容；（3）调查所用的 CAPI 系统的使用方法；（4）访员的基本行为规范；（5）访员的职责与要求；（6）调查过程中的访问技巧；（7）项目团队对访员质量的控制；（8）模拟访问练习，包括督导与访员之间的信息传递练习、每个访员尝试扮演采访者和受访者进行访员之间的调查练习；（9）实地访问练习，每个访员都进行一次室外实地采访，以检验对问卷和系统的熟悉程度；（10）对任何可能出现的问题和受访者可能提出的疑问进行讨论；（11）调查的后勤保障工作。

2. 员工问卷的翻译

为了确保访问过程中不出现语言偏差，课题组将中文版的员工问卷委托云南大学的英语教师对问卷的各模块进行翻译和交叉互校。

3. 国外访员培训

对新加坡南洋理工大学和新加坡国立大学组成的当地学生访员培训 1 天，分两批进行，培训内容主要包括：（1）阐明项目主题、内容及意义；（2）调研时长及日程计划；（3）薪酬安排及奖惩机制；（4）CAPI 系统具体使用；（5）熟悉问卷及提问技巧。

（二）实地质量控制

调查小组由小组长带领前往调查企业，访员在督导的监督下进行面对面访问。督导主要通过考察拒访率、问卷完成时间、随机陪访监督等对访问数据质量进行控制。同时，督导就访员访问过程中实际遇到的困难及时与访员沟通并加以解决。调查组每小组指定具体组员每日撰写调查日志，调查组每晚开会讨论得失，总结经验，改善不足，每天按时核查与回传调研数据。

（三）后期质量控制

在云南大学访问终端后台，由专门的技术人员、各个语种的留学生和小语种专业学生们组建了核查、质控小组。每天对实时回传回来的录音文件及问卷进行重听及核查，避免出现由于误听、误填等情况而导致的误差，并每天都将所发现的问题与相应的访问员进行联系，提醒访员其访问过程中存在的错误，以便访员及时进行改正。在总的调查项目结束后，课题组的编辑团队同核查、质控小组对调查问卷进行第二次检查，以确保调查数据的准确性。

第二节　企业数据描述

本节将描述受访企业的基本信息和特征，为本书有关企业数据的进一步分析做铺垫。本节主要从企业内部特征和企业外部特征两个方面进行描述，企业内部特征包括企业受访者职务、企业高层性别、是否加入新加坡中国商会、企业工会的建立、国有控股情况、在中国商务部备案情况、母公司情况及类型和企业的注册和运营时间；企业外部特征包括企业行业类型分布、是否位于经济开发区和企业规模。

一　企业内部特征

主要从企业受访者职务、企业高层性别、是否加入新加坡中国商会、企业工会的建立、国有控股情况、在中国商务部备案情况、母公司情况及类型和企业的注册和运营时间来考察企业的内部特征。

从新加坡中资企业受访者职务来看，如表 2-1 所示，近一半受访企业高层管理者为企业所有者，占比为 48.48%，总经理或 CEO 所占比例为 31.82%，副总经理所占比例为 9.09%，其他职务（例如部门经理）占比为 10.61%。总体而言，受访者职务都很高，对企业整体情况有全面的把握，确保了数据的真实有效。

表2-1	受访者职务占比	（单位：%）
受访者职务		占比
企业所有者		48.48
总经理或 CEO		31.82
副总经理		9.09
其他		10.61

从企业高层的性别比来看，如表 2-2 所示，超过七成（75.76%）的企业有女性高管，仍有 24.24% 的中资企业无女性高管，侧面反映了总体上新加坡中资企业高层以男性为主。

表2-2	公司高层有无女性占比	（单位：%）
		占比
是		75.76
否		24.24

企业加入商会有助于企业获得人脉网络、信息渠道、宣传窗口、话语权重和求助平台。新加坡中国商会的宗旨是"促进新加坡与中国的经贸发展与友谊；争取与维护会员之应有权益；联络会员感情，促进会员间相互了解与合作"。从企业是否加入东道国中国商会占比来看，如表 2-3 所示，加入新加坡中国商会的企业占 52.31%，未加入新加坡中国商会的企业占 47.69%，占比基本平衡，这也从侧面反映了新加坡公平、公正、公开的投资经营环境。

表2-3	企业是否加入东道国中国商会占比	（单位：%）
		比重
是		52.31
否		47.69

企业工会是依法履行维护职工合法权益的基本职责，协调企业劳动关系，推动建设和谐企业，促进企业健康发展的组织。如表 2 - 4 所示，企业有自身工会的占比仅 3.03%，无自身工会的企业占比 96.97%。这也反映了新加坡作为城市国家企业的特色，较小的企业规模、完善的法律法规和高效的政府，使得绝大部分企业没有设置企业工会的必要。

表 2 - 4　　　　　　　　企业是否有自身工会占比　　　　（单位：%）

	比重
是	3.03
否	96.97

从企业是否为国有控股来看，如表 2 - 5 所示，非国有控股企业约占七成（69.7%），国有控股企业约占三成（30.3%）。表 2 - 6 显示在接受我们调研的企业中，企业有中国母公司占比为 45.45%，无中国母公司占比为 54.55%。表 2 - 7 所示反映企业中国母公司类型占比，国有企业占比为 53.33%，超过半数；股份合作企业为 10%，有限责任公司与股份有限公司占比均为 6.67%，私营企业占比为 20%，私营合伙占比为 3.33%。表 2 - 8 所示为企业在中国商务部备案情况，有备案的占比为 37.29%，无备案的占比为 62.71%。得益于新加坡优越的投资环境和"一带一路"稳步推进，越来越多的非国有控股企业在新加坡注册投资。不得不提的是，国有控股企业大多为海外子公司，配合调研需要层层报备审批，多数愿意配合参与调研的国有控股企业因为时间和保密等多方因素未能参与，如有中国母公司的企业占比略低于没有中国母公司的企业以及企业中国母公司类型也反映了这一点，而非国有企业相对具有更大的自主性和灵活性，因此对调研的参与度很高。而调研企业超过六成未在商务部备案主要反映了两点信息：一是良好的营商环境使中资企业能得到较为公平的对待，省略了备案的程序；

二是部分中小企业还未达到在商务部备案的资质。而根据实际调研中的了解情况来看，大部分中资企业属于第二种。据以上对图表的分析可见，新加坡中资企业呈现一种国企与私企，大型与小型齐头并进的态势。

表 2 - 5	企业是否为国有控股占比	（单位：%）
		比重
国有控股		30.30
非国有控股		69.70

表 2 - 6	企业是否有中国母公司占比	（单位：%）
		比重
有中国母公司		45.45
没有中国母公司		54.55

表 2 - 7	企业中国母公司类型占比	（单位：%）
		比重
国有		53.33
股份合作		10.00
有限责任公司		6.67
股份有限公司		6.67
私营企业		20.00
私营合伙		3.33

表 2 - 8	企业是否在中国商务部备案占比	（单位：%）
		比重
是		37.29
否		62.71

如表 2 - 9 所示，企业在新加坡注册与运营时间整体成正比，运营

时间略长于注册时间。注册时间在 1995 年以前的占比 12.31%，主要集中在 1995 年以来的二十余年间，以每五年为一个统计时间段，特别是注册时间在 2011 年以后的占比明显提高，2011 年至 2015 年占比为 23.08%，2016 年以来占比高达 36.92%，中企大量在新加坡注册的时间与中国"一带一路"倡议提出以来的时间相吻合，特别是随着"一带一路"推进，近几年在新加坡注册投资的企业更是呈现爆发式增长的态势。

表 2 - 9   企业注册时间与运营时间分布   （单位：%）

	注册时间（占比）	运营时间（占比）
1995 年以前	12.31	12.90
1996—2000 年	9.23	9.68
2001—2005 年	4.61	4.84
2006—2010 年	13.85	14.52
2011—2015 年	23.08	22.58
2016 年以来	36.92	35.48

二 企业外部特征

企业外部特征主要包括企业行业类型分布、是否在经济开发区和企业规模三个方面。从企业行业类型来看，如表 2 - 10 所示，工业占比 15.15%，服务业占比为 84.85%，反映了新加坡属于服务业驱动型经济。

表 2 - 10   不同行业类型企业占比   （单位：%）

行业类型	比重
工业	15.15
服务业	84.85

经济开发区的划定往往享有优于其他领土的投资条件，位于新加

坡西部的裕廊工业园是新加坡最大的经济开发区。从企业是否位于经济开发区来看，如表 2 – 11 所示，仅有 6.06% 的企业位于新加坡经济开发区，84.85% 的企业不在经济开发区，还有 9.09% 的企业在新加坡其他地方。

表 2 – 11 　　　　　　　是否在经济开发区企业占比　　　　（单位：%）

	比重
不在经济开发区	84.85
新加坡经济开发区	6.06
其他	9.09

从企业规模来看，如表 2 – 12 所示，新加坡中资企业主要以中小企业为主，中、小企业占比均为 42.42%，大型企业占比为 15.15%。

表 2 – 12 　　　　　　　　不同规模企业占比　　　　　（单位：%）

企业规模	比重
小型企业	42.42
中型企业	42.42
大型企业	15.15

第三节　员工数据描述

作为针对新加坡的全国性调查数据，"新加坡中资企业及员工调查"将受访的新加坡员工基本人口统计特征作为主要内容之一。同时，通过本节对新加坡员工数据的描述，为本书关于新加坡员工数据的进一步分析做铺垫和基本介绍。调查数据主要从性别角度来考察新加坡员工年龄分布、受教育程度、族群分布、宗教信仰分布、出生地分布等新加坡员工的基本人口统计特征，同时从年龄组角度对新加坡员工的受教育程度和出生地分布进行再次考察。

一　按性别划分新加坡员工的基本人口统计特征

根据调研所得的 614 份有效数据，对中资企业员工的年龄、受教育程度、族群、宗教信仰、婚姻状况等基本特征进行分析。按性别划分的员工年龄分布（见图 2－1），员工年龄分布在 19—25 岁之间的女性员工数占总体女性员工的 14.16%，高于男性员工占总体男性员工数量的 6.91 个百分点；年龄分布在 26—35 岁之间的女性员工比例大于男性员工比例，其中男性员工占总体男性员工数量的 36.27%，女性员工占总体女性员工数量的 45.58%；年龄分布在 36 岁及以上的男性员工比例高于女性员工，男性员工占比 56.48%，女性员工占比为 40.27%。男性员工与女性员工年龄段上有所差别，女性员工年龄主要集中在26—35 岁之间，而男性员工年龄集中分布在 36 岁及以上。总体而言，新加坡中资企业员工年龄主要以 36 岁及以上为主，占比超过五成（50.49%），其次处于壮年阶段的员工，即年龄为 26—35 岁的员工占比为 39.71%，19—25 岁的员工占比为 9.80%，不到一成。

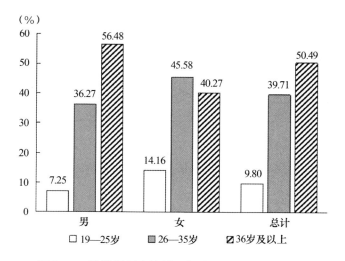

图 2－1　按性别划分的员工年龄分布（$N=612$）

　　按性别划分员工的受教育程度（见图2－2），员工受教育程度与员工数量呈正相关。男性员工与女性员工具有中学学历以上的员工均超过九成，其中具有本科及以上学历的员工占主要部分，男性为54.71%，女性为77.33%；具有中学学历的男性员工占比为40.84%，女性员工为20.89%；小学学历的男性员工占比为3.66%，女性员工占比为1.33%；未上过学的男女总体比例更是低于1%，其中男性占比为0.79%，女性占比为0.44%。反映了新加坡中资企业在员工招聘上更倾向于具有高学历者，同时也反映了新加坡居民受教育水平整体较高。

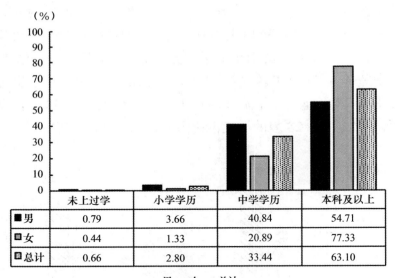

图2－2　按性别划分的员工受教育程度分布（N=607）

　　新加坡是一个典型的多元族群国家，新加坡有一项政策叫作CMIO（Chinese，Malaysian，Indian and Others），这说明了新加坡的三大主要种族：华人、马来人和印度人，而根据调研所得样本来看，也完全反映了新加坡的族群分布情况。在所有受访者中，华人占比达

82.16%，其中男性华人占比为 79.74%，女性华人占比为 86.28%；马来人总占比为 2.13%，其中男性马来人占比 1.82%，女性马来人占比 2.65%；印度人占比为 3.60%，其中男性与女性占比分别为 5.19% 与 0.88%。其他族群员工总计占比 12.11%，男性占比 13.25%，略高于女性占比 10.18%（见表 2 - 13）。

表 2 - 13	按性别划分的员工族群分布（$N=611$）		（单位：%）
族群	男	女	总计
华人	79.74	86.28	82.16
马来人	1.82	2.65	2.13
印度人	5.19	0.88	3.60
其他	13.25	10.18	12.11

　　新加坡是一个移民国家，它的多民族决定了其宗教也多种多样。新加坡的主要宗教有佛教、基督教、伊斯兰教、印度教、锡克教、犹太教以及拜火教等。根据调研企业员工的宗教信仰来看（见表 2 - 14），有宗教信仰的员工与没有宗教信仰的员工比例大体持平，有宗教信仰的员工占比约 48.68%，无宗教信仰的员工占比 51.32%。在具有宗教信仰的新加坡中资企业员工中，宗教信仰为佛教的总占比最高，达 22.53%；其次为基督教，占比为 10.86%；信仰伊斯兰教的员工为 7.24%；信仰道教与印度教的员工总占比相同，均为 2.63%。进一步按照性别划分员工的宗教信仰，在男性员工中，有 19.27% 的人信仰佛教，9.11% 的人信仰基督教，9.90% 的人信仰伊斯兰教，2.34% 的人信仰道教，3.91% 的人信仰印度教，此外还有 2.60% 的人信仰其他宗教，不信仰任何宗教的人占比为 52.86%。在女性员工中，有 28.13% 的人信仰佛教，13.84% 的人信仰基督教，2.68% 的人信仰伊斯兰教，3.13% 的人信仰道教，0.45% 的人信仰印度教，此外还有 3.13% 的人信仰其他宗教，不信仰任何宗教的员工占比为 48.66%。

表 2 - 14 　　　　　按性别划分的员工宗教信仰分布（N = 608）　　　（单位：%）

宗教信仰	男	女	总计
佛教	19.27	28.13	22.53
基督教	9.11	13.84	10.86
伊斯兰教	9.90	2.68	7.24
道教	2.34	3.13	2.63
印度教	3.91	0.45	2.63
其他	2.60	3.13	2.80
不信仰任何宗教	52.86	48.66	51.32

　　从员工婚姻状况来看（见图 2 - 3），总体上，单身/未婚状态的员工占比为 32.46%，已结婚的员工占比为 65.74%，丧偶的员工占比为 0.33%，离婚的员工占比为 1.48%。按照性别划分来看，在男性员工中，单身/未婚的员工占比为 27.20%，结婚的员工占比 72.02%，丧偶的员工占比为 0.52%，离婚的员工占比 0.26%。在女性员工中，单身/未婚的员工占比为 41.52%，结婚的员工占比为 54.91%，丧偶的员工占比为零，离婚的员工占比为 3.57%。

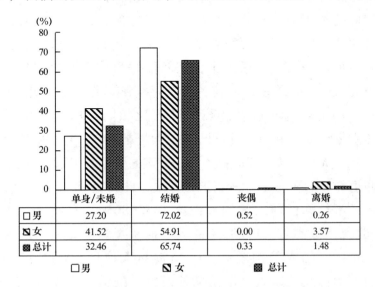

	单身/未婚	结婚	丧偶	离婚
□男	27.20	72.02	0.52	0.26
◪女	41.52	54.91	0.00	3.57
▦总计	32.46	65.74	0.33	1.48

□男　　　　◪女　　　　▦总计

图 2 - 3 　按性别划分的员工婚姻状况分布（N = 610）

二　按年龄组划分新加坡员工的受教育程度和出生地分布

按年龄段分布的受访者族群（见表 2 – 15），华人在各个年龄段占比都极高，均超过八成，具体来说，在 19—25 岁年龄段的员工中，华人占比为 80.00%，马来人、印度人以及其他族群占比均为 6.67%；在 26—35 岁年龄段的员工中，华人占比为 80.99%，马来人占比为 1.65%，印度人占比为 2.89%，其他族群占比为 14.46%；年龄在 36 岁及以上的员工中，华人占比 83.50%，马来人占比 1.62%，印度人占比为 3.56%，其他族群占比为 11.33%。

表 2 – 15　　　　　　按年龄段分布的受访者族群差异（N = 611）　　　　（单位：%）

族群	19—25 岁	26—35 岁	36 岁及以上	总计
华人	80.00	80.99	83.50	82.16
马来人	6.67	1.65	1.62	2.13
印度人	6.67	2.89	3.56	3.60
其他	6.67	14.46	11.33	12.11

按年龄段划分员工的受教育程度，如表 2 – 16 所示，总体而言，未上过学与小学学历的员工在各个年龄段的占比都极低，具有中学学历及以上的员工在各个年龄段占比具有较大差异。员工年龄在 19—25 岁年龄段，未上过学的员工占比为 3.33%，小学学历的员工为零，具有中学学历的员工为 38.33%，学历为本科及以上的员工占比为 58.33%；在 26—35 岁年龄段的员工中，未上过学的员工为零，小学学历的员工占比仅为 0.42%，中学学历的员工占比为 19.67%，具有本科及以上学历的员工占比高达 79.92%；年龄在 36 岁及以上的员工中，未受教育的员工占比为 0.65%，受教育程度为小学学历的员工占比为 5.19%，具有中学学历的员工占比为 43.18%，具有本科及以上学历的员工占比超过半数，占比为 50.97%。

表 2-16 　　　　　按年龄组划分的员工受教育程度分布（*N* = 607）　　（单位：%）

受教育程度	19—25 岁	26—35 岁	36 岁及以上	总计
未上过学	3.33	0.00	0.65	0.66
小学学历	0.00	0.42	5.19	2.80
中学学历	38.33	19.67	43.18	33.44
本科及以上	58.33	79.92	50.97	63.10

　　按照年龄划分新加坡员工的出生地来看，如表 2-17 所示，在 19—25 岁年龄段的员工中，出生在城市的员工占比为 71.67%，出生在农村的员工占比为 28.33%；在 26—35 岁年龄段的员工中，出生在城市的员工占比为 66.39%，出生在农村的员工占比为 33.61%；年龄在 36 岁以上的员工中，出生在城市的员工占比为 63.31%，出生在农村的员工占比为 36.69%。总的来说，中资企业新加坡员工超过六成出生在城市。新加坡属于城市国家，没有城市地区与农村地区的划分，而部分移民人口则出生于移民前所在国的农村地区。

表 2-17 　　　　　按年龄组划分的员工出生地分布（*N* = 609）　　（单位：%）

出生地	19—25 岁	26—35 岁	36 岁及以上
农村	28.33	33.61	36.69
城市	71.67	66.39	63.31

小　结

　　新加坡独特的区位优势和投资环境正在吸引包括中国在内的无数的外国企业前往投资办厂。新加坡调研组的实地调研就是基于上述背景，试图全面了解新加坡投资营商环境，在"一带一路"倡议下更好地秉承开放包容、共商共建共享共赢原则，为中国、新加坡两国经济腾飞助力。同时，积极响应习近平总书记要求加强哲学社会科学信息化平台建设的要求，新加坡调研组通过设计问题科学合理、分别针对企业主和雇员的两套问卷，在实施过程中秉持调研对象多元多样、严格把控调研质量，获得了最优质的原始数据，为数据分析以及数据库的建立提供了根本保障。

　　新加坡调研组通过对企业受访者职务、企业高层性别、是否加入新加坡中国商会、企业工会的建立、国有控股情况、在中国商务部备案情况、母公司情况及类型和企业的注册和运营时间等内部特征以及企业行业类型分布、是否在经济开发区和企业规模等方面的企业外部特征的描述，概括性地描述了参与本次调研企业的总体情况和基本特征；员工数据所涉及的中资企业员工的年龄、受教育程度、族群、宗教信仰、婚姻状况等反映了新加坡中资企业劳动力素质的基本情况。

第三章

新加坡中资企业生产经营状况分析

本章主要根据新加坡中资企业调查问卷所涉及的问题，包括中资企业基本情况分析、中资企业生产经营状况以及融资状况分析三个模块，结合调研中资企业高管对相关问题作答的情况制成图表进行描述分析。首先，中资企业基本情况分析主要涉及企业股权情况、商务部备案情况。其次，新加坡中资企业生产经营状况是本章的重点，问卷问题主要涉及企业每周平均营业时间、中资企业市场销售、中资企业竞争、中资企业承担新加坡项目等情况以尽可能全面分析中资企业在新加坡的生产经营状况。再次，本章还就中资企业自主程度和融资问题进行了描述，包括企业融资来源分布以及企业未申请贷款原因。

第一节 新加坡中资企业基本情况分析

本节主要对赴新加坡投资的中资企业基本情况进行描述，包括企业注册与运营状况、股权分布及其变化、母公司类型以及是否在商务部备案等情况，以此分析中资企业的基本情况。

一 中资企业注册与运营情况

如图 3-1 所示，反映的是企业注册时间与运营时间的关联，时间跨度从 1995 年以前到 2016 年以来，五年为一个时间单位。赴新加坡投资的中国企业在新加坡的注册时间与实际运营时间基本重合，说明新加坡在企业注册与运营管理方面严格。在1995年以前，入驻新加坡的中资企业还不到总数的13%，从1996年到2005年，入驻新加坡的中资企业比例有所下降，2001年到2005年不到5%。但从2006年开始，赴新加坡投资的中资企业比例不断上升，2016年占比近40%。

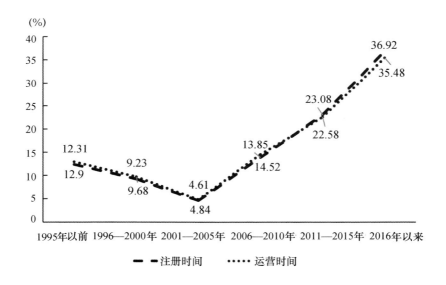

图 3 - 1　企业注册与运营时间年份分布

二　中资企业股权情况

如图 3 - 2 所示，该图主要描述了新加坡企业股权占比均值分布，股权类型主要分为中国国有控股、中国集体控股、中国私人资本、新加坡国有资本、新加坡私人资本、外国国有资本以及外国私人资本。中国私人资本占比最多，其比例接近六成（58.37%）。其次是中国国有控股企业，占比接近三成（26.73%），再次是新加坡私人资本，比例为11.17%。此外还有少量的企业股权占比为中国集体控股（1.56%）、外国私人资本（0.94%）以及外国国有资本（0.31%）。

由图3-2得知，目前在新加坡投资的中资企业主要为中国私人资本以及中国国有控股企业。

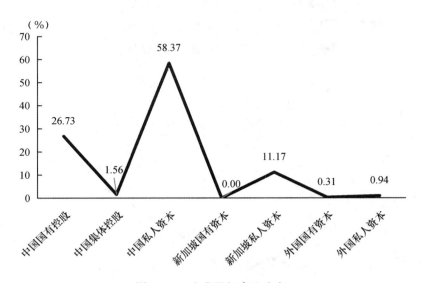

图3-2 企业股权占比分布

表3-1反映了公司股权变化状况，公司的股权变化情况对象分为中国股东股权变化、新加坡股东股权变化以及其他国家股东股权变化，具体状况为"一直控股""以前控股，现在不控股""以前不控股，现在控股""一直不控股"以及"一直没有控股"，比较对象为注册时间超过五年的企业和注册时间低于五年的企业。

表3-1	公司的股权变化状况		（单位：%）
		注册超过五年	注册低于五年
中国股东股权变化	一直控股	85.71	82.76
	以前控股，现在不控股	5.71	6.90
	以前不控股，现在控股	2.86	0.00
	一直不控股	5.71	10.34
	一直没有控股	0.00	0.00

续表

		注册超过五年	注册低于五年
新加坡股东股权变化	一直控股	5.88	10.71
	以前控股，现在不控股	8.82	7.14
	以前不控股，现在控股	5.88	3.57
	一直不控股	64.71	71.43
	一直没有控股	14.71	7.14
其他国家股东股权变化	一直控股	0.00	3.33
	以前控股，现在不控股	3.03	3.33
	以前不控股，现在控股	0.00	0.00
	一直不控股	66.67	73.33
	一直没有控股	30.30	20.00

就中国股东股权变化而言，无论注册时间超过五年还是低于五年的企业，一直控股的比例最多，均达到了八成以上，分别占比85.71%、82.76%。在注册时间超过五年的企业中，其他控股情况占比均小于一成。在注册时间低于五年的企业中，中国股东"一直不控股"的为10.34%，6.90%的企业的股权状况为中国股东"以前控股，现在不控股"。总的来说，无论注册时间长短，大部分中国股东一直控股。

就新加坡股东股权变化而言，无论是注册时间超过五年还是低于五年，"一直不控股"的情况最多，分别占比64.71%、71.43%。在注册时间超过五年的企业中，"一直没有控股"新加坡股东的情况占比14.71%，其他控股情况均少于一成。在注册时间低于五年的企业中，"一直控股"的比例为10.71%，其他控股情况均低于一成。总体而言，在中资企业中，新加坡股东一直不控股的情况最普遍。

就其他国家股东股权变化而言，无论注册时间超过五年还是低于五年，其他国家股东股权"一直不控股"的情况占比为七成左右，分别为66.67%、73.33%。其次是一直没有控股的情况，分别占比30.30%和20.00%。其他情况占比小于一成或为零。总体而言，其他国家股东对中资企业一直不控股或者没有股份。

表3－2反映了公司股权变化状况，公司的股权变化情况对象分为中国股东股权变化、新加坡股东股权变化以及其他国家股东股权变化，具体状况为"一直控股"，"以前控股，现在不控"，"以前不控，现在控股"，"一直不控"以及"一直没有控股"，比较对象为有中国母公司的企业和无中国母公司的企业。

表3－2	公司的股权变化状况		（单位：%）
		有中国母公司	无中国母公司
中国股东股权变化	一直控股	96.67	73.53
	以前控股，现在不控股	0.00	11.76
	以前不控股，现在控股	0.00	2.94
	一直不控股	3.33	11.76
	一直没有控投	0.00	0.00
新加坡股东股权变化	一直控股	3.33	12.50
	以前控股，现在不控股	3.33	12.50
	以前不控股，现在控股	0.00	9.38
	一直不控股	90.00	46.88
	一直没有控股	3.33	18.75
其他国家股东股权变化	一直控股	0.00	3.03
	以前控股，现在不控股	0.00	6.06
	以前不控股，现在控股	0.00	0.00
	一直不控股	86.67	54.55
	一直没有控股	13.33	36.36

就中国股东股权变化而言，无论有无中国母公司，中国股东一直控股的比例最多，均达到了七成以上。有中国母公司的企业一直控股的比例较无中国母公司的企业高，前者的比例接近100%（96.67%），后者的比例为73.53%。有中国母公司的企业，中国股东"一直不控股"的比例很低，仅为3.33%。无中国母公司的企业，

中国股东"以前控股,现在不控股"和"一直不控股"的比例均占11.76%,另外其中还有2.94%的企业,中国股东"以前不控股,现在控股"。总体而言,无论有无中国母公司,中国股东"一直控股"的比例最为突出。有中国母公司的企业,中国股东"一直控股"的情况占比更高。

就新加坡股东股权变化而言,新加坡股东"一直不控股"的比例在有中国母公司和无中国母公司的企业中占比最高,在有中国母公司的企业中,新加坡股东"一直不控股"的比例占九成(90%),无中国母公司新加坡股东"一直不控股"占比接近五成(46.88%)。在无中国母公司的企业中,"一直没有控股"的比例居于其次,其占比接近两成(18.75%)。新加坡股东"一直控股"、"以前控股,现在不控股"、"以前不控股,现在控股"的比例均为一成左右(12.50%、12.50%、9.38%)。总体而言,新加坡股东对新加坡中资企业不控股或者一直没有其股权。

就其他国家股东股权变化而言,在有中国母公司和无中国母公司中,其他国家股东"一直不控股"的比例最高,其占比分别接近九成(86.67%)和六成(54.55%),其次是"一直没有控股"其他国股东股权的情况,分别占比为13.33%和36.36%。总体而言,其他国股东对新加坡中资企业不控股或者没有其股权。

三　中资企业母公司与备案情况

图3-3反映了企业母公司类型百分比分布,中国企业母公司中占比最多的是国有企业,其比例为53.33%。其次是私营企业,比例为两成(20.00%)。再次是股份合作企业,占比一成(10.00%)。另外母公司为股份有限公司、有限责任公司均占比为6.67%。母公司为私营合伙企业的比例最少,占比仅为3.33%。总体而言,新加坡中资企业母公司以国有企业和私营企业为主。

表3-3反映了是否在经济开发区与中资企业母公司类型交互情

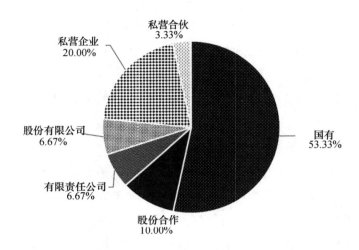

图 3 - 3　企业母公司类型百分比分布

况。企业所在区域分为不在经济开发区、新加坡经济开发区以及其他地区。企业母公司的类型为国有企业、股份合作企业、有限责任公司、股份有限公司、私营企业以及私营合伙企业。

表 3 - 3　　　　是否在经济开发区企业母公司类型交互表　　　（单位：%）

	国有企业	股份合作企业	有限责任公司	股份有限公司	私营企业	私营合伙企业
不在经济开发区	51.85	11.11	7.41	7.41	18.52	3.70
新加坡经济开发区	50.00	0.00	0.00	0.00	50.00	0.00
其他地区	100.00	0.00	0.00	0.00	0.00	0.00

　　不在经济开发区的中资企业中，母公司为国有企业的占比最多，比例为51.85%。其次是私营企业，其占比接近两成（18.52%）。再次是股份合作企业，其比例为11.11%。有限责任公司和股份有限公司比例均为7.41%。占比最少的是私营合伙企业，其比例仅为3.70%。

　　在新加坡经济开发区的企业中，母公司为国有企业与私营企业分别为五成（50.00%），此外企业母公司不含其他类型。此处需做说明的是，在新加坡经济开发区访问的企业数量占比非常小，此处的比例可能是由于样本量不足导致的。

在新加坡其他地区的企业中，仅包含母公司为国有企业的情况。此处也可能是因样本不足。

如图3－4所示，该图显示了中资企业在商务部备案年份分布，具体年份分布为1995年以前到2016年以后，以五年为一个时间单位。1995年以前以及1996—2000年，中资企业在新加坡备案的比例均为20%。2001—2005年比例较前期有所下降，比例为13.33%。2006—2010年，与上一个时间单位维持相同比例。2011—2015年，中资企业在商务部的备案占比最多，达到了26.66%。2016年以来，中资企业在商务部备案的比例大幅下降，仅为6.67%。由图3－4中得知，中资企业在商务部备案的高峰期为2011—2015年，2016年以后在商务部备案的比例较低。

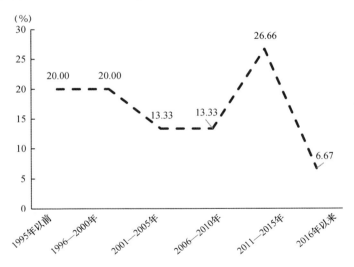

图3－4　企业在中国商务部备案年份分布

第二节　新加坡中资企业生产经营状况

新加坡国内的生产经营环境对中资企业发展有着重要的影响，本节主要就中资企业营业时间、市场销售情况、竞争状况、承担新加坡项目以及销售渠道等方面进行分析。

一 中资企业每周营业时间

图 3 - 5 显示了企业每周平均营业时间，每周平均营业时间为 30 小时以下、31—50 小时、51—70 小时、71—90 小时以及 91 小时及以上五种不同的时间段。每周平均营业时间区间在 31—50 小时占比最多，比例为 55.38%。其次是每周平均营业时间 51—70 小时，比例为 20.00%。再次是每周平均营业时间为 30 小时及以下的，比例为 12.31%。占比最少的是每周平均营业时间为 71—90 小时以及 91 小时及以上的情况，分别占比 6.16%。由图 3 - 5 可知，五成左右（55.38%）的企业其营业时间符合"八小时工作制"，三成左右的企业其营业时间超过规定时间，12.31% 的企业其营业时间较短。

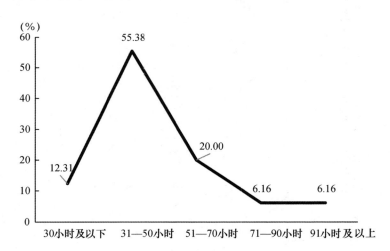

图 3 - 5　企业每周平均营业时间分布

二 中资企业市场销售情况

表 3 - 4 反映了企业产品的主要销售市场状况。新加坡中资企业主要销售市场分为本地、新加坡国内、中国以及国际市场。与销售市场

表格交互的类型主要涉及注册时间、是否在经济开发区、是否在商务部境外投资备案以及是否加入新加坡中国商会。

表 3 - 4　　　　　　　　企业产品的主要销售市场状况　　　　　（单位：%）

	本地	新加坡国内	中国	国际
注册时间超过五年	54. 29	25. 71	0. 00	20. 00
注册时间低于五年	66. 67	26. 67	3. 33	3. 33
不在经济开发区	65. 45	23. 64	1. 82	9. 09
新加坡经济开发区	0. 00	75. 00	0. 00	25. 00
其他	50. 00	16. 67	0. 00	33. 33
商务部境外投资备案	57. 14	9. 52	0. 00	33. 33
未在商务部境外投资备案	59. 46	37. 84	2. 70	0. 00
加入新加坡中国商会	48. 48	27. 27	3. 03	21. 21
未加入新加坡中国商会	70. 97	25. 81	0. 00	3. 23

就注册时间来看，注册超过五年的企业，其主要的销售市场在企业所在地区以及新加坡国内，本地市场占比54.29%，新加坡国内市场占比25.71%，国际市场占比20.00%。注册时间低于五年的企业，其主要的销售市场在本地以及新加坡国内，本地市场占比66.67%，新加坡国内市场占比26.67%，中国市场和国际市场的占比较低，仅分别为3.33%。值得说明的是，针对新加坡的国情，本地市场和新加坡国内市场这两个范围有一定的重合。无论注册时间长短，企业产品的主要销售市场主要在本地市场，其次是新加坡国内市场。

就是否在经济开发区而言，不在经济开发区的企业中，销售市场主要为本地的企业占比最多，比例为65.45%。其次是在销售市场为新加坡国内市场的企业，其占比为23.64%。国际市场占比为9.09%。中国市场占比最低，仅为1.82%。在新加坡经济开发区的企业中，新加坡国内市场占比为75.00%，国际市场占比25.00%。

位于其他地区的企业中，五成的企业其主要的销售市场为本地市场，其次是国际市场，占比为33.33%。最后是新加坡国内市场，占比为16.67%。

就是否在商务部境外投资备案来看，本地市场占比最多，其比例接近六成（57.14%）。其次是国际市场占比，其比例为33.33%。最后是新加坡国内市场，占比为9.52%。未在商务部境外投资备案的企业中，59.46%的企业主要销售市场在本地。另外37.84%的企业主要销售市场在新加坡国内。此外还有2.7%的企业其销售市场在中国。无论是否在商务部备案，中资企业的产品或服务面向的主要是本地市场或者新加坡国内市场，在商务部境外投资备案的企业，其国际市场所占的比例也很突出。这也说明在商务部进行过商务备案的企业中，从事出口贸易的企业占比较高。

就是否加入新加坡中国商会的企业来看，加入新加坡中国商会的企业中，48.48%的中资企业主要销售市场在本地。另外接近三成的（27.27%）企业的主要销售市场为新加坡国内。此外21.21%的企业主要销售市场为国际市场。3.03%的企业主要的销售市场为中国市场。未加入新加坡中国商会的企业，70.97%的企业主要销售市场为企业所在地，25.81%的企业主要的销售市场在新加坡国内，3.23%的企业主要销售市场为国际市场。

从整体来看，在新加坡国内（包括本地市场）进行产品销售或提供服务占据很高的比例，此外国际市场占比也相对较高。

表3-5反映了企业主营产品的市场份额分布，企业的销售市场分为企业所在地、新加坡国内以及国际市场。在企业所在地进行销售或提供服务的企业，市场的份额为1%—10%的企业最多，占比43.75%。其次是市场份额小于1%的情况，占比接近两成（18.75%）。市场份额为11%—20%以及71%—100%的比例相同，均为12.50%。另外市场份额为21%—30%以及51%—70%的比例相同，均占比6.25%。在企业所在地进行销售的企业，62.5%的企业

市场份额均小于10%。另外的企业市场份额占比达到71%—100%的有12.50%，总体而言，在企业所在地销售的中资企业可进一步优化产品，以提高市场份额占比。

表3-5　　　　　　　　企业主营产品的市场份额分布　　　　（单位:%）

	小于1%	1%—10%	11%—20%	21%—30%	31%—50%	51%—70%	71%—100%
企业所在地	18.75	43.75	12.50	6.25	0.00	6.25	12.50
新加坡国内	14.29	42.86	21.43	14.29	7.14	0.00	0.00
国际	0.00	85.71	0.00	0.00	0.00	14.29	0.00

在新加坡国内市场销售的企业中，主营产品市场份额占1%—10%的企业最多，占比四成左右（42.86%）。其次是市场份额为11%—20%的企业，占比达到了21.43%。另外市场份额小于1%以及市场份额21%—30%的企业占比相同，均为14.29%。最后是市场份额为31%—50%的企业，其占比小于一成（7.14%）。在新加坡国内市场销售的企业，其主营产品的市场份额小于10%的企业最多，仅7.14%的企业市场份额达到了31%—50%，没有一家企业的主营产品市场份额超过50%。

在国际市场销售的企业中，绝大多数（85.71%）的企业主营产品的市场份额为1%—10%，此外的14.29%的企业的主营产品的国际市场份额为51%—70%。在国际市场销售的绝大多数企业，其主营产品在国际市场的份额偏低，在新加坡的中资企业可进一步改善经营，以提高在国际市场的份额。

表3-6反映了中资企业在新加坡的产品或服务定价方式分布与不同类别的企业的交互。定价方式主要分为市场定价、成本加成、根据进口价格定价、政府定价、买方议价以及其他方式。企业类别按照注册时间长短、是否在经济开发区、是否在商务部境外投资备案以及是否加入新加坡中国商会来划分。

表 3 - 6　　　　　　　企业在新加坡的定价方式分布　　　　（单位：%）

	市场定价	成本加成	根据进口价格定价	政府定价	买方议价	其他方式
注册时间超过五年	62.86	11.43	0.00	2.86	17.14	5.71
注册时间低于五年	83.33	6.67	3.33	0.00	3.33	3.33
不在经济开发区	76.36	3.64	1.82	1.82	10.91	5.45
新加坡经济开发区	50.00	50.00	0.00	0.00	0.00	0.00
其他	50.00	33.33	0.00	0.00	16.67	0.00
商务部境外投资备案	68.18	9.09	4.55	4.55	13.64	4.55
未在商务部境外投资备案	75.00	8.33	5.56	0.00	11.11	5.56
加入新加坡中国商会	60.61	9.09	3.03	0.00	18.18	9.09
未加入新加坡中国商会	83.87	9.68	0.00	3.23	3.23	0.00

　　就注册时间而言，注册时间超过五年的企业，产品或服务以市场定价为主，其占比超过六成（62.86%）。其次是以与买方议价的方式来定价，该方式的占比接近两成（17.14%）。成本加成的定价方式占比为 11.43%。另外，以其他方式定价和政府定价的方式占比均未超过一成，占比分别为 5.71%、2.86%。注册时间低于五年的企业，市场定价的方式占比最多，超过了八成（83.33%）。其他定价方式均低于一成，成本加成的方式为 6.67%。根据进口价格定价、与买方议价以及其他定价方式占比均为 3.33%。无论注册时间长短，根据市场定价的方式均占比最高，注册时间低于五年的企业采取该定价方式的比例高于注册时间超过五年的企业 20.47 个百分点。

　　就是否在经济开发区来看，不在经济开发区的企业中，超过七成（76.36%）的企业根据市场定价。另外，与买方议价的定价方式占比为 10.91%。其他的定价方式均未超过一成。在新加坡经济开发区的企业中，主要采取市场定价和成本加成两种定价方式，分别占比五成（50%）。在其他地区经营的企业，五成（50%）的企业采用市场定价的方式。33.33%的企业采取成本加成的方式。此外16.67%的企业采取与买方议价的方式。整体而言，市场价是企业定价的主要依据。

就是否在商务部境外投资备案来看，在商务部进行过境外投资的企业中，接近七成（68.18%）的企业采取市场定价的方式。其次是13.64%的企业采取与买方议价的方式。按照成本加成来定价的企业占比为9.09%。根据进口定价、政府定价或采取其他方式来定价的企业占比最低，均为4.55%。未在商务部境外投资备案的企业中，超过七成（75%）的企业根据市场来定价。11.11%的企业采取与买方议价的方式来定价。另外8.33%的企业根据成本加成的方式来定价。根据进口价格定价和采取其他方式定价的企业占比最低，分别为5.56%。无论是否进行过境外投资备案，根据市场来定价是大部分企业采取的定价方式。

就是否加入新加坡中国商会而言，在加入新加坡中国商会的企业中，六成以上（60.61%）的企业采取市场定价的方式。18.18%的企业采取与买方议价的方式来定价。另外，采取成本加成和其他方式定价的企业比例均为9.09%。此外还有3.03%的企业根据进口价格来定价。未加入新加坡中国商会的企业，绝大部分（83.87%）的企业采取市场定价的方式。9.68%的企业采取成本加成的定价方式。此外采取政府定价和与买方议价的方式占比均低于一成，仅分别占比3.23%。整体而言，市场定价的方式占比最多，未加入新加坡中国商会的企业采取市场定价的方式的比例较已加入的企业高出23.26个百分点。

表3-7反映了中资企业在新加坡产品出口类型分布与不同类别的企业的交互。企业出口身份类型主要以原始设备制造商、原始设计制造商、原始品牌制造商以及其他为主。企业类别划分按照注册时间长短、是否在经济开发区、是否在商务部境外投资备案以及是否加入新加坡的中国商会来划分。

表 3-7　　　　　　　　　　　企业产品出口类型分布　　　　　　　　（单位：%）

	原始设备制造商	原始设计制造商	原始品牌制造商	其他
注册时间超过五年	12.50	37.50	12.50	37.50
注册时间低于五年	0.00	16.67	50.00	33.33
不在经济开发区	0.00	44.44	22.22	33.33
新加坡经济开发区	0.00	0.00	100.00	0.00
其他	33.33	0.00	0.00	66.67
商务部境外投资备案	16.67	16.67	16.67	50.00
未在商务部境外投资备案	0.00	50.00	16.67	33.33
加入新加坡的中国商会	9.09	9.09	36.36	45.45
未加入新加坡的中国商会	0.00	100.00	0.00	0.00

就注册时间来看，注册时间超过五年的企业，产品出口类型为原始设计制造商或者其他提供的占比最多，占比均为 37.50%。由原始设备制造商和原始品牌制造商提供的出口产品比例相同，均为12.50%。注册时间低于五年的企业，由原始品牌制造商提供的出口产品占比最多，比例为 50.00%。其次是由其他类型的企业提供的出口产品，占比 33.33%。再次是由原始设计制造商提供的出口产品，占比为 16.67%。

就是否在经济开发区来看，不在经济开发区的企业中，原始设计制造商提供的出口产品占比最多，为 44.44%。其次是由其他类型的企业提供的出口产品，占比为 33.33%。再次是由原始品牌制造商提供的产品，占比为 22.22%。在新加坡经济开发区的所有（100%）企业均为原始品牌制造商。位于其他地区的企业，其他类型的企业提供的出口产品占比为 2/3（66.67%），原始设备制造商提供的出口产品占 33.33%。

就是否在商务部境外投资备案来看，在进行过备案的企业中，其他类型的企业提供的出口产品占五成（50.00%）。原始设备制造商、原始设计制造商以及原始品牌制造商提供的出口产品占比相同，均为

16.67%。未在商务部境外投资备案的企业中，原始设计制造商提供的出口产品占五成（50.00%）。其次是由其他类型的企业提供的出口产品，占比为33.33%。再次是由原始品牌制造商提供的出口产品，占比16.67%。

就是否加入新加坡的中国商会而言，在加入新加坡的中国商会中，由其他类型的企业提供的出口产品最多，占比为45.45%。其次是由原始品牌制造商提供的出口产品，占比接近四成（36.36%）。由原始设备制造商和原始设计制造商提供的出口产品比例相同，均为9.09%。未加入新加坡中国商会的企业均为原始设计制造商。

三　中资企业竞争状况

表3-8反映了工业和服务业竞争压力的主要来源分布。来源的类型包括新加坡同行和外资同行。就工业来说，接近六成（57.14%）的服务型企业认为竞争压力主要来源为新加坡同行，认为竞争压力主要来自外资同行的压力的企业占比为42.86%。来自新加坡同行的压力占比较来自外资同行的压力占比高出14.28个百分点。就服务业来说，有超过六成（64.29%）的服务型企业认为竞争压力主要来源为新加坡同行，认为竞争压力主要来自外资同行的压力的企业占比35.71%。无论是工业还是服务业，源于新加坡同行的竞争压力整体高于源于外资同行的竞争压力。

表3-8	不同行业类别竞争压力的主要来源	（单位：%）
	新加坡同行	外资同行
工业	57.14	42.86
服务业	64.29	35.71

如表3-9所示，关于新加坡2013—2018年企业的竞争状况变化情况，按照不同的行业类型、是否在商务部境外投资备案、是否加入新加坡中国商会来划分。就工业和服务业来说，所有（100%）的工

业企业认为近五年来竞争更激烈了。服务型企业中有62.96%的企业认为竞争更激烈了，有29.63%的企业认为近五年更好经营了，不足一成（7.41%）的企业认为近五年来的经营状况没有变化。

表3-9 近五年来企业的竞争状况变化情况 （单位：%）

	更好经营	没有变化	竞争更激烈
工业	0.00	0.00	100.00
服务业	29.63	7.41	62.96
商务部境外投资备案	9.52	9.52	80.95
未在商务部境外投资备案	30.56	2.78	66.67
加入新加坡中国商会	21.21	6.06	72.73
未加入新加坡中国商会	26.67	6.67	66.67

就是否在商务部境外投资备案的情况来看，在商务部境外投资备案的企业中，有80.95%的企业认为竞争更激烈了，认为更好经营了或竞争没有变化的企业均为9.52%。未在商务部境外投资备案的企业中，2/3（66.67%）的企业认为近五年来的竞争更激烈了，有30.56%的企业认为更好经营了，2.78%的企业认为近五年来的竞争状况没有变化。

就是否加入新加坡中国商会而言，在加入新加坡商会的企业中，有72.73%的企业认为竞争更激烈了，21.21%的企业认为更好经营了，还有6.06%的企业认为近五年来的经营状况没有变化。在未加入新加坡中国商会的企业中，2/3（66.67%）的企业认为竞争更激烈了，有26.67%的企业认为近五年来更好经营了，还有不足一成（6.67%）的企业认为竞争状况没有变化。

通过分析不同类型的企业经营状况的变化，从整体上得知有六成至八成的企业认为近五年来的竞争越来越激烈了，这与越来越多的外资企业赴新加坡投资以及经营成本的上升等有一定的关系。

表 3 - 10 反映了近五年（2013—2018）来企业竞争方式变化情况与企业类型的交互。竞争方式主要包括竞争方式没有变化、价格竞争更激烈、质量竞争更激烈、广告战更激烈以及采用其他方式竞争。企业类型按照行业类别、是否在商务部境外投资备案、是否加入新加坡中国商会来划分。

表 3 - 10   **近五年来企业的竞争方式变化情况**   （单位：%）

	没有变化	价格竞争更激烈	质量竞争更激烈	广告战更激烈	其他
工业	10.00	20.00	50.00	0.00	20.00
服务业	14.81	22.22	53.70	1.85	7.41
商务部境外投资备案	9.09	13.64	63.64	4.55	9.09
未在商务部境外投资备案	19.44	30.56	41.67	0.00	8.33
加入新加坡中国商会	12.12	15.15	60.61	0.00	12.12
未加入新加坡中国商会	16.67	30.00	46.67	3.33	3.33

就行业类型来看，在工业企业中，近五年来认为质量竞争更激烈的占比最多（50.00%），认为价格竞争更激烈的企业占比为两成（20.00%），认为其他竞争更激烈的企业占比也为两成（20.00%），还有一成（10.00%）的企业认为近五年来企业的竞争方式没有发生变化。在服务业企业中，认为质量竞争更激烈的比例最高，占比超过五成（53.70%），其次是 22.22% 的企业认为价格竞争更激烈，再次是 14.81% 的企业认为近五年来的竞争方式没有发生变化。认为其他的竞争方式更激烈和认为广告战更激烈的企业均少于一成，占比分别为 7.41%、1.85%。超过五成的工业企业和服务型企业认为质量竞争更激烈了，新加坡的中资企业可进一步提高产品或服务的质量，以提高企业的竞争力。

就是否在商务部境外投资备案来看，在进行过备案的企业中，有超过六成（63.64%）的企业认为质量竞争更激烈了，其次是认为价格竞争更激烈的企业，占比为 13.64%。认为竞争没有变化和认为其他竞争方式更激烈的企业均占比 9.09%，4.55% 的企业认为广告战更激烈了。在未在商务部境外投资备案的企业中，41.67% 的企业认为质量竞争更激烈了，其次是 30.56% 的企业认为价格竞争更激烈了，此外还有 19.44% 的企业认为竞争方式没有变化。少于一成（8.33%）的企业认为用其他竞争方式更激烈。认为质量竞争更激烈的企业占比最为突出。

就是否加入新加坡中国商会而言，在加入新加坡中国商会的企业中，有 60.61% 的企业认为质量竞争更激烈了，其次是认为价格竞争更激烈的企业，占比为 15.15%，认为竞争方式没有变化或认为其他竞争方式更激烈的企业占比相同，均为 12.12%。在未加入新加坡中国商会的企业中，46.67% 的企业认为质量竞争更激烈了，其次是三成（30.00%）的企业认为价格竞争更激烈了，再次是 16.67% 的企业认为竞争方式没有变化，认为广告战更激烈和认为其他方式竞争更激烈的企业占比相同，均为 3.33%。

在运营时间超过五年的企业中，承接过新加坡建筑、电力项目的企业占比为 25.71%，承接过公路项目的为 22.22%，承接过水电项目的 11.11%，承接过火电项目或航运项目的企业占比均为零，有 77.78% 的企业承接过其他项目。

在运营时间低于五年的企业中，仅有 3.23% 的企业承接过建筑、电力项目，所有的企业均承接过公路、铁路、水电、火电、航运项目，承接过其他的项目的企业占比为零。

图 3-6 反映了新加坡政府的履约程度。中资企业与新加坡政府合作过的均认为新加坡政府履约程度较好，能够提前履约。新加坡政府的履约情况非常良好，这也在一定程度上为在新加坡的中资企业营造了良好的营商环境。

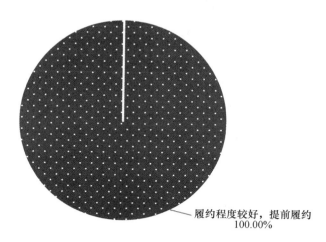

履约程度较好，提前履约
100.00%

图3-6　新加坡政府履约程度

四　中资企业销售渠道状况

如表3-11所示，反映了企业的互联网销售渠道和传统渠道比较，主要按照行业类型和是否在商务部备案分类。

表3-11　　　　　　企业的互联网销售渠道和传统渠道比较　　　　　（单位：％）

	互联网渠道更高	传统渠道更高
工业	0.00	100.00
服务业	22.73	77.27
商务部境外投资备案	40.00	60.00
未在商务部境外投资备案	17.65	82.35

就行业类型而言，所有的工业企业均表示使用传统的销售渠道更高，在服务型企业中，互联网销售的比例有所提升，22.73％的服务业企业认为互联网销售的渠道占比更高。总体而言，服务业企业采用互联网销售较工业企业高。

就是否在商务部备案来看，已在商务部备案的企业中，有四成（40.00%）的企业使用互联网销售的渠道较传统渠道高。未在商务部备案的企业中，有 17.65% 的企业使用的互联网销售渠道占比更高。总体而言，在商务部备案的企业较未在商务部备案的企业使用互联网渠道更多。

关于中资企业投放电视广告的情况，如表 3 – 12 所示，服务业企业仅 21.43% 的企业投放广告。课题组在调研中发现，绝大部分的企业认为口碑和质量更为重要，而未选择投放电视广告。就是否在商务部备案来说，在商务部备案的企业中，接近三成（26.67%）的企业投放电视广告。未在商务部备案的企业中有两成（20.00%）的企业投放电视广告。在商务部备案的企业中投放电视广告的比例略高于未在商务部备案的企业。

表 3 – 12   企业投放电视广告情况   （单位：%）

	是	否
工业	无	无
服务业	21.43	78.57
商务部境外投资备案	26.67	73.33
未在商务部境外投资备案	20.00	80.00

对于中资企业未投放电视广告的原因，如图 3 – 7 所示，接近八成（78.57%）的企业认为不需要采用电视广告，7.14% 的企业认为新加坡国内的电视广告宣传效果不好，4.76% 的企业认为电视广告费用支出太高，还有 9.52% 的企业因为其他原因而未投放电视广告。整体而言，绝大部分的企业均未投放电视广告，这可能与企业在经营中有稳定的客户以及合作伙伴有关。

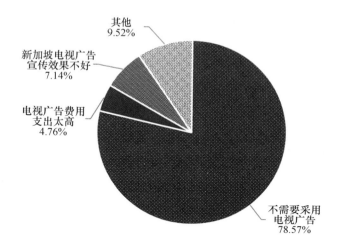

图 3-7　未投放电视广告的原因

第三节　新加坡中资企业自主
程度及融资状况分析

本节主要分析中资企业融资状况，了解中资企业的自主程度状况以及融资状况，以进一步了解中资企业在新加坡的实际状况。

一　中资企业自主程度状况

表 3-13 反映了工业和服务业的新加坡中资企业自主程度高低，采用百分比衡量。该自主程度是相较于中国国内母公司而言，百分比数值越大即母公司对其影响越小。主要从产品生产、产品销售、技术开发、新增投资、员工雇用五个方面来描述。

就产品生产而言，工业企业中有五成的企业自主程度为 100%，自主程度为 90%—99% 以及 80%—89% 的企业均 20.00%，再次是自主程度为 50%—59% 的企业，占比为 10.00%。在服务业企业中，64.15% 的企业自主程度为 100%，其余占比程度分布较为分散，企业数量占比均未超过 10%。

表 3 –13 　　　　　　　　　　不同行业类型的企业自主程度　　　　　　　（单位：%）

	行业类型	0%—19%	20%—39%	40%—49%	50%—59%	60%—69%	70%—79%	80%—89%	90%—99%	100%
产品生产	工业	0.00	0.00	0.00	10.00	0.00	0.00	20.00	20.00	50.00
	服务业	3.77	1.89	3.77	9.43	5.66	3.77	1.89	5.66	64.15
产品销售	工业	0.00	0.00	0.00	0.00	0.00	0.00	10.00	40.00	50.00
	服务业	1.89	1.89	1.89	5.66	5.66	5.66	9.43	0.00	67.92
技术开发	工业	20.00	0.00	0.00	0.00	0.00	0.00	10.00	20.00	50.00
	服务业	11.76	3.92	5.88	7.84	3.92	7.84	1.96	0.00	56.86
新增投资	工业	20.00	0.00	10.00	0.00	0.00	10.00	10.00	20.00	30.00
	服务业	18.87	0.00	1.89	11.32	1.89	1.89	3.77	1.89	58.49
员工雇用	工业	0.00	0.00	0.00	10.00	0.00	0.00	10.00	30.00	50.00
	服务业	3.70	1.85	1.85	9.26	1.85	7.41	7.41	1.85	64.81

就产品销售而言，在工业企业中，自主程度为 100% 的企业占比最多，其比例为 50.00%，自主程度为 90%—99% 的企业占比为 40.00%，自主程度为 80%—89% 的企业占比为 10.00%。在服务业企业中，67.92% 的企业自主程度为 100%，其余自主程度占比分布较为分散，企业数量占比均未超过 10%。

就技术开发而言，在工业企业中，自主程度为 100% 的企业占比最多，其比例为 50.00%，自主程度为 90%—99% 的企业占比为 20.00%，自主程度为 80%—89% 的企业占比为 10.00%，20% 的企业自主程度低于 1%—19%。在服务业企业中，56.86% 的企业自主程度为 100%，11.76% 的企业自主程度低于 20%。其余自主程度占比程度分布较为分散，企业数量占比均未超过 10%。

就新增投资而言，在工业企业中，企业自主程度为 100% 的企业占比最多，比例为 30.00%。自主程度为 90%—99% 的企业占比为 20%，在自主程度为 80%—89% 的企业占比为 10.00%，自主程度为 70%—79% 的企业占比为 10.00%。自主程度为 40%—49% 的企业占比为 10.00%，自主程度 0—19% 的企业占比为 20.00%。服务业企业中，

58.49%的企业的自主程度为100%，18.87%的企业自主程度为0%—19%。其余自主程度占比程度分布较为分散，企业数量占比均未超过10%。

就员工雇用而言，在工业企业中，企业自主程度为100%的企业占比最多，比例为50.00%。自主程度为90%—99%的企业占比为30.00%，自主程度为80%—89%的企业占比为10.00%，自主程度为50%—59%的企业占比为10.00%。在服务业企业中，64.81%的企业自主程度为100%，其余自主程度占比程度分布较为分散，企业数量占比均未超过10%。

总体而言，自主程度为100%的企业相较于其他自主程度的比例最高，这在一定程度上说明在新加坡的中资企业自主程度较高。

表3-14反映了商务部备案与否与企业自主程度关系，采用百分比衡量。该自主程度是相较于国内母公司而言，数值越大即母公司对其影响越小。主要从产品生产、产品销售、技术开发、新增投资、员工雇用五个方面来分析。

表3-14　　　　　　商务部备案与否与企业自主程度关系　　　（单位：%）

		0%—19%	20%—39%	40%—49%	50%—59%	60%—69%	70%—79%	80%—89%	90%—99%	100%
产品生产	是	0.00	4.76	0.00	4.76	9.52	4.76	9.52	19.05	47.62
	否	2.78	0.00	5.56	11.11	2.78	0.00	2.78	2.78	72.22
产品销售	是	0.00	0.00	0.00	0.00	4.76	14.29	14.29	14.29	52.38
	否	2.78	2.78	2.78	8.33	5.56	0.00	8.33	0.00	69.44
技术开发	是	19.05	9.52	9.52	0.00	0.00	9.52	9.52	9.52	33.33
	否	5.88	0.00	2.94	8.82	5.88	5.88	0.00	0.00	70.59
新增投资	是	42.86	0.00	0.00	9.52	0.00	9.52	9.52	9.52	19.05
	否	2.86	0.00	2.86	8.57	2.86	0.00	2.86	2.86	77.14
员工雇用	是	0.00	0.00	0.00	9.52	0.00	9.52	14.29	9.52	57.14
	否	2.78	2.78	2.78	11.11	2.78	5.56	2.78	2.78	66.67

就产品生产而言，在商务部备案的企业中有47.62%的企业自主程度为100%，自主程度为90%—99%的占比为19.05%。自主程度为80%—89%的企业为9.52%。其余占比程度分布较为分散，企业数量占比均未超过10%。在未在商务部备案的企业中，72.22%的企业自主程度为100%，自主程度为50%—59%的企业占比为11.11%。其余占比程度分布较为分散，企业数量占比均未超过10%。

就产品销售而言，在商务部备案的企业中有52.38%的企业自主程度为100%，自主程度为90%—99%、80%—89%和70%—79%的企业均为14.29%，最后是企业自主程度为60%—69%的企业，其占比为4.76%。在未在商务部备案的企业中，69.44%的企业自主程度为100%，其余占比程度分布较为分散，企业数量占比均未超过10%。

就技术开发而言，在商务部备案的企业中，有33.33%的企业自主程度为100%，自主程度低于20%的企业为19.05%，其余占比程度分布较为分散，企业数量占比均未超过10%。在未在商务部备案的企业中，70.59%的企业自主程度为100%，其余占比程度分布较为分散，企业数量占比均未超过10%。

就新增投资而言，在商务部备案的企业中，企业自主程度低于20%的占比最多，为42.86%，再次是自主程度为100%的企业，为19.05%，其余占比程度分布较为分散，企业数量占比均未超过10%。在未在商务部备案的企业中，77.14%的企业自主程度为100%，其余占比程度分布较为分散，企业数量占比均未超过10%。

就员工雇用而言，在商务部备案的企业中，企业自主程度为100%的企业占比最多，比例为57.14%。自主程度为80%—89%的企业占比为14.29%，最后是自主程度为90%—99%、70%—79%和50%—59%的企业占比相同，比例均为9.52%。未在商务部备案的企业中，66.67%的企业的自主程度为100%，自主程度为50%—59%的企业占比为11.11%，其余自主程度高低占比程度分布较为分散，企业数量占比均未超过10%。

总体而言，自主程度为100%的企业相较于其他自主程度的比例最高，这在一定程度上说明在新加坡的中资企业自主程度较高。

表3-15反映了加入新加坡中国商会与否与企业自主程度关系，主要从产品生产、产品销售、技术开发、新增投资、员工雇佣五个方面来描述。企业自主程度采用百分比来衡量，数值越大，表明自主程度越高，反之则自主程度越低。

表3-15　　　　　加入新加坡中国商会与否与企业自主程度关系　　　（单位：%）

		0%—19%	20%—39%	40%—49%	50%—59%	60%—69%	70%—79%	80%—89%	90%—99%	100%
产品生产	是	6.06	3.03	0.00	12.12	6.06	6.06	9.09	6.06	51.52
	否	0.00	0.00	6.67	6.67	3.33	0.00	0.00	10.00	73.33
产品销售	是	0.00	3.03	0.00	6.06	0.00	9.09	12.12	12.12	57.58
	否	3.33	0.00	3.33	3.33	10.00	0.00	6.67	0.00	73.33
技术开发	是	18.75	3.13	3.13	9.38	3.13	6.25	3.13	6.25	46.88
	否	6.90	3.45	6.90	3.45	3.45	6.90	3.45	0.00	65.52
新增投资	是	28.13	0.00	3.13	9.38	0.00	6.25	6.25	6.25	40.63
	否	10.00	0.00	3.33	6.67	3.33	0.00	3.33	3.33	70.00
员工雇用	是	0.00	3.03	0.00	12.12	0.00	9.09	6.06	9.09	60.61
	否	3.33	0.00	3.33	6.67	3.33	3.33	10.00	3.33	66.67

就产品生产而言，在加入新加坡中国商会的企业中，有51.52%的企业自主程度为100%，自主程度为50%—59%的占比为12.12%，其余占比程度分布较为分散，企业数量占比均未超过10%。在未加入新加坡中国商会的企业中，73.33%的企业自主程度为100%，自主程度为90%—99%的企业占比为10.00%，其余占比程度分布较为分散，企业数量占比均未超过10%。

就产品销售而言，在加入新加坡中国商会的企业中，有57.58%的企业自主程度为100%，自主程度为90%—99%和80%—89%的企业占比相同，比例都为12.12%，其余占比程度分布较为分散，企业数量占比均未超过 10%。在未加入新加坡中国商会的企业中，73.33% 的企业自主程度为 100%，自主程度为 60%—69% 的企业占比为 10.00%，其余占比程度分布较为分散，企业数量占比均未超过 10%。

就技术开发而言，在加入新加坡中国商会的企业中，有 46.88% 的企业自主程度为 100%，自主程度低于 20% 的企业比例为 18.75%，其余占比程度分布较为分散，企业数量占比均未超过 10%。未加入新加坡中国商会的企业中，65.52% 的企业自主程度为 100%，其余占比程度分布较为分散，企业数量占比均未超过 10%。

就新增投资而言，在加入新加坡中国商会的企业中，有 40.63% 的企业自主程度为 100%，自主程度低于 20% 的企业比例为 28.13%，其余占比程度分布较为分散，企业数量占比均未超过 10%。在未加入新加坡中国商会的企业中，70.00% 的企业自主程度为 100%，自主程度低于 20% 的企业比例为 10%，其余占比程度分布较为分散，企业数量占比均未超过 10%。

就员工雇用而言，在加入新加坡中国商会的企业中，有 60.61% 的企业自主程度为 100%，其余占比程度分布较为分散，企业数量占比均未超过 10%。在未加入新加坡中国商会的企业中，66.67% 的企业自主程度为 100%，自主程度为 80%—89% 的企业比例为 10%，其余占比程度分布较为分散，企业数量占比均未超过 10%。

总体而言，自主程度为 100% 的企业相较于其他自主程度的比例最高，这在一定程度上说明在新加坡的中资企业自主程度较高。

二　中资企业融资状况

关于中资企业融资来源分布，如图 3-8 所示。课题组在询问中资企业融资来源时所问的问题采用表格的形式。融资来源表格中列举出融资来源的主要渠道以及各个融资来源所占的比例。其中，融资来源包括中国国内母公司拨款、中国国内银行和金融机构贷款、新加坡银行贷款、赊购和商业信用、社会组织贷款、亲戚朋友借款以及其他融资，各个渠道所占的比例按照百分比估算。通过调研数据分析，企业融资来自中国国内母公司拨款的企业最多，占比为34.38%。其次是来自其他来源的企业的融资，占比31.75%。在调研中发现，在其他来源渠道中，许多企业的融资来自企业创始人的财富积累，再次是融资来自新加坡银行贷款的企业，占比17.46%。融资来自中国国内银行贷款的占比略低，仅为4.76%。来自赊购和商业信用以及社会组织贷款的融资均低于2%。融资来自亲戚朋友借款的为零。总体而言，新加坡中资企业融资主要来自中国国内母公司拨款以及其他渠道。

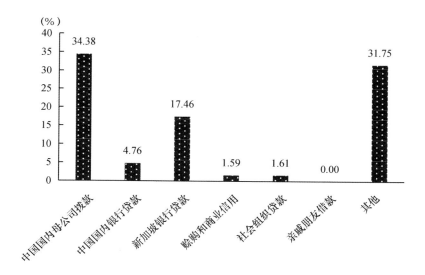

图3-8　企业融资来源分布

针对中资企业未申请贷款的原因，如图3-9所示，根据受访企业高管回答"是"的百分比提取数据所得，该题目为多选。未申请贷款的原因主要有：没有申请贷款的需求，申请程序复杂，银行利率过高，担保要求过高，公司资产、实力不够，缺乏申请贷款的必要信息，需要特殊支付且难以负担以及其他原因。有84.62%的企业表示没有贷款的需求。因为申请程序复杂、银行利率过高而未申请贷款的企业，占比分别为 44.23%、40.38%。再次是因为公司资产、实力不够以及缺乏申请贷款的必要信息而未申请贷款的企业，分别为 13.46%、11.54%。5.77% 的企业认为担保要求过高。另外，46.15% 的企业因其他原因而未申请贷款。

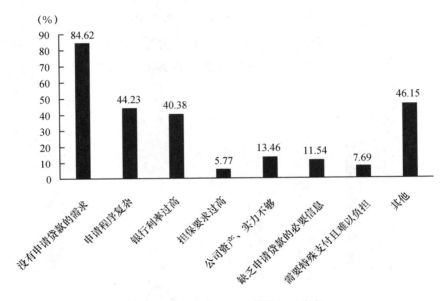

图 3-9　企业未申请贷款的原因分布

小　结

　　关于新加坡中资企业生产经营状况包括中资企业基本情况分析、新加坡中资企业生产经营状况以及新加坡中资企业融资状况等内容。调查结果显示，从 2005 年开始，赴新加坡投资的中资企业比例不断上升，2016 年以来在新加坡经营的企业达到了目前总数的 40% 左右。中国股东一直控股的情况普遍。中国私人资本企业占比最多，其比例接近六成（58.4%）。其次是中国国有控股企业，占比接近三成

（26.7%），再次是新加坡私人资本，比例为 11.2%。中资企业在商务部备案的高峰期为 2011 年到 2015 年，该阶段企业备案的比例达到了 26.7%。截至 2015 年，中资企业在新加坡的备案比例超过九成。2016 年以后在商务部备案的企业比例较低；在所调研的企业中，每周平均营业时间在 31—50 小时占比五成左右，营业时间 51—70 小时占比两成，营业时间为 30 小时的占比一成左右。整体来看，在新加坡国内（包括本地）进行产品销售或提供服务占比很高，此外国际市场占比也相对较高。市场定价的方式较其他方式占比最多，这也在一定程度上说明新加坡的市场化程度高。工业企业和服务型企业中各有六成左右的企业认为来自新加坡同行的竞争压力整体高于来自外资同行的竞争压力。通过分析不同类型的企业经营状况的变化，有六成至八成的企业认为近五年来的竞争越来越激烈了，这与越来越多的外资企业赴新加坡投资以及经营成本的上升等有一定的关系。这也要求中资企业进一步提升企业产品、服务的质量并改善经营环节以降低成本。在中资企业中与新加坡政府合作过的均认为新加坡政府履约程度较好，能够提前履约。新加坡政府信誉度高，这也为在新加坡的中资企业提供了良好的营商环境；就中资企业自主程度和融资状况而言，自主程度为 100% 的企业相较于其他自主程度的比例最高，这在一定程度上说明在新加坡的中资企业自主程度较高。新加坡中资企业融资主要来自于母公司拨款以及其他渠道。在调研中发现，来自企业创始人的财富积累在其他来源的渠道中占比很高。

　　总体而言，新加坡市场化程度高，中资企业的生产经营状况良好，但同时中资企业面临着来自新加坡同行以及外资同行的激烈竞争，这也要求新加坡的中资企业进一步提高产品或服务的质量，增强自身的核心竞争力。

第 四 章

新加坡营商环境和中国
企业投资风险分析

早在 1990 年建交之前，中国、新加坡企业就已经开展了密切的经贸交往与合作。近年来，在两国领导人的高度重视和亲自引领下，中国、新加坡关系与时俱进，全面发展，有力地促进了双向投资的拓展和提升。新加坡是中国第一大外资来源国和第三大对外投资目的国，在"一带一路"建设中发挥了重要的平台支点作用。

新加坡优越的营商环境和中国、新加坡密切的合作关系吸引了大批中资企业来新加坡投资企业。据统计，目前在新加坡注册登记的中资企业超过 7000 家，经营范围涵盖贸易、金融、航运、基础设施、物流、房地产等多个行业。截至 2017 年末，中国累计对新加坡直接投资445.7 亿美元，2017 年达 63.2 亿美元。主要投资行业为金融保险业和贸易业，投资方式以并购为主，成功率较高。①

本章将从中资企业的视角来分析其在新加坡的基本投资营商环境及生产经营面临的主要问题。经由调研数据统计分析，对在新加坡中资企业营商环境影响最大的因素主要有：基础设施供给、公共服务供给、公共服务治理以及在新加坡投资风险。从调研结果来看，在不同经营区域、不同行业的企业，对以上四方面评价有些许

---

① 《对外投资合作国别（地区）指南·新加坡》（2018 年版），中国商务部，13 - 10 - 2019，http：//www.mofcom.gov.cn/dl/gbdqzn/upload/xinjiapo.pdf。

差异。本章将该四个影响因素分为四节结合实际调研数据进行统计性分析。

第一节　新加坡基础设施的供给情况分析

基础设施是指为社会生产和居民生活提供公共服务的物质工程设施，用于保证国家或地区社会经济活动正常进行的公共服务系统，是社会赖以生存发展的一般物质条件，其包括交通、邮电、供水供电、商业服务等市政公用工程设施和公共生活服务设施等。

新加坡基础设施相对完善，拥有全球最繁忙的集装箱码头、服务最优质的机场、亚洲最广泛的宽频互联网体系和通信网络。新加坡领土面积仅有720平方公里左右，但其12%的土地面积都用于建设道路，截至2017年底，新加坡公路总里程约为3500公里，轨道交通线路总长228.4公里。随着2018年马来西亚大选，新加坡、马来西亚高铁为新加坡的铁路建设增添了极大变数。①

本报告在采用统一问卷的基础上分析新加坡的基础设施对中资企业营商环境的影响。新加坡凭借优越的地理位置，为发展国民经济，其道路、机场以及码头都相对完善，故本节对其基础设施的分析主要集中于不同经营地区和行业对被调研国家的水、电、网以及建筑用地的申请与便利情况。因诸多企业不需要建筑用地，故在做对比时，将建筑用地转化为办公用地加以分析。

一　新加坡基础设施申请便利程度情况分析

新加坡发电以火电为主，天然气占95.2%，石油和煤炭占1.9%，太阳能占2.9%。截至2017年6月底，总装机容量13348.4兆瓦。2017

---

① 《对外投资合作国别（地区）指南·新加坡》（2018年版），中国商务部，13-10-2019，http：//www.mofcom.gov.cn/dl/gbdqzn/upload/xinjiapo.pdf。

年全年总发电量 522.25 亿千瓦时，总用电量 494.37 亿千瓦时，其中工业用电占 42.55%，商业用电占比 36.54%，居民用电占比 14.76%。2013 年 3 月，新加坡公布其未来 50 年水源发展蓝图，预测 2060 年新加坡日用水量将比目前增加 1 倍，达到 7.6 亿加仑。鉴于新加坡与马来西亚签署的第二份供水协定将于 2061 年到期，新加坡将加大投资力度，努力扩大本地新生水和海水淡化产量，力争到 2060 年使其分别满足本地 55% 和 25% 的用水需求。截至 2017 年底，新加坡固定电话用户 198.31 万户，移动电话用户 846.28 万户，其中 4G 用户 611.39 万用户。宽带用户 1307.29 万户，其中无线宽带用户 1160.25 万户。2016 年，新加坡在世界经济论坛全球信息技术报告国家排名中名列第一。①

由表 4-1 可以看出，中资企业在新加坡的经营生产大部分是不需要特别申请用水、电、网和建筑用地（或办公用地）的。在非经济开发区，有六成左右的公司不需要特意去提交用水、电、网的申请，建筑用地（或办公用地）更是高达 87.5%。在新加坡经济开发区，该比例更是有所增加，用水、电相比非经济开发区更为方便，不需要提交申请的比例可达 75%，但用网申请由于受网络线路影响，其需要提出申请的比例增加到了 50%；同时，由于在经济开发区经营的多为相对使用较多劳动力的汽车维修、电子产品经销以及学生培训等企业，故其用水、电、网以及建筑用地（或办公用地）的申请比例相对较高。因新加坡基础设施相对完善，所以整体来看，在新加坡经营的中资企业用水、电、网以及建筑用地（或办公用地）的申请并不会对中资企业的经营带来限制，而是相对便利。

---

① 《对外投资合作国别（地区）指南·新加坡》（2018 年版），中国商务部，13-10-2019，http：//www.mofcom.gov.cn/dl/gbdqzn/upload/xinjiapo.pdf。

表4-1　　按是否位于开发区划分的企业提交水、电、网、建筑申请比例

（单位：%）

	水		电		网		建筑	
	是	否	是	否	是	否	是	否
不在经济开发区	33.93	66.07	35.71	64.29	41.07	58.93	12.50	87.50
新加坡经济开发区	25.00	75.00	25.00	75.00	50.00	50.00	0.00	100.00
其他	50.00	50.00	33.33	66.67	83.33	16.67	0.00	100.00

另外，从表4-2中的数据可以看出，工业用水、电、网以及建筑用地（或办公用地）的申请比例有50%—60%，远高于服务业。可见，在新加坡自然资源有限的地区，其发展工业需要受到较为严格的审批。

表4-2　　按行业划分的企业提交水、电、网、建筑申请比例　（单位：%）

	水		电		网		建筑	
	是	否	是	否	是	否	是	否
工业	60.00	40.00	50.00	50.00	60.00	40.00	50.00	50.00
服务业	30.36	69.64	32.14	67.86	42.86	57.14	3.57	96.43

二　新加坡基础设施供给质量分析

基础设施供给质量指的是基础设施的耐用性和稳定性。良好的基础设施供给质量是增加外来投资的生产效率和长期驻留的硬件保障。由表4-3数据可知，在新加坡投资经营的中资企业较少遇到断水、断电情况，仅有不在经济开发区的企业偶尔或者是个别企业，有1.79%的企业遇到过断电情况；同时，不在经济开发区的企业中，也仅有7.14%的企业遇到断网的情况，相比于断水、断电的情况，其所占比例略高。另外，相比于在新加坡经济开发区经营的中资企业，其均未面临断水、断电情况，而其断网情况却相对较高，且明显高于不在经济开发区的企业和在其他情况下的企业。

表 4 – 3   按是否位于开发区划分的企业发生断水、断电、断网情况

（单位：%）

	断水		断电		断网	
	是	否	是	否	是	否
不在经济开发区	0.00	100.00	1.79	98.21	7.14	92.86
新加坡经济开发区	0.00	100.00	0.00	100.00	50.00	50.00
其他	0.00	100.00	0.00	100.00	16.67	83.33

整体来看，在不在经济开发区或者在其他地区对中资企业用水、用电影响总体不大，然而在新加坡经济开发区的中资企业用网质量相对低，且低于不在经济开发区的中资企业近 93% 的用网情况，更是远低于在新加坡经济开发区绝对的用水、用电情况。

分行业来看新加坡的用水、用电及用网情况，由表 4 – 4 可以看出，服务业的整体的基础设施供给质量高于工业，其不存在断水、断电的情况，断网仅为 10.71%，但工业的基础设施供给中其用电与用网质量低于用水情况，均存在 10% 的断电与断网的情况。

表 4 – 4   按行业划分的企业发生断水、断电、断网情况   （单位：%）

	断水		断电		断网	
	是	否	是	否	是	否
工业	0.00	100.00	10.00	90.00	10.00	90.00
服务业	0.00	100.00	0.00	100.00	10.71	89.29

三 基础设施供给的廉政水平

基础设施供给的廉政水平指的是行政部门在审批基础设施使用权的过程中出现的腐败现象的严重程度。良好的基础设施供给廉政水平能为外来投资提供健康的发育和成长环境。通过以下数据分析，我们可以了解新加坡基础设施供给的廉政水平状况。

首先，依旧按照中资企业是否在经济开发区来分析，由表 4 – 5

可知，整体来看，在新加坡经营的中资企业，不论其在不在经济开发区或者其他，用水、用电、用网及建筑用地（或办公用地）基本不存在非正规支付，仅有不在经济开发区的中资企业存在用电申请时的5.00%的非正规支付比例。然而在调研过程中，由于数据的缺失，在新加坡经济开发区及其他情况的中资企业，其申请建筑用地（或办公用地）的非正规支付比例暂无分析。虽说从整体上，新加坡用水、用电、用网、建筑用地（或办公用地）非正规支付比例比较低，但新加坡经济开发区及其他地区提交申请的非正规比例低于不在经济开发区的比例。

根据以上分析，新加坡政府整体上企业用水、用电、用网及建筑用地（或办公用地）的申请基本不存在非正规支付比例，可见，新加坡政府廉洁高效，并为在新加坡经营的企业提供了良好的经营环境。

表4-5　　　　按是否位于开发区划分的企业提交水、电、网、建筑
申请的非正规支付比例　　　　（单位：%）

	水		电		网		建筑	
	是	否	是	否	是	否	是	否
不在经济开发区	0.00	100.00	5.00	95.00	0.00	100.00	0.00	100.00
新加坡经济开发区	0.00	100.00	0.00	100.00	0.00	100.00	无	无
其他	0.00	100.00	0.00	100.00	0.00	100.00	无	无

其次，表4-6是按行业来分析在新加坡经营的中资企业其申请水、电、网和建筑用地（或办公用地）非正规支付比例的情况。按行业划分的申请用水、用电、用网及建筑用地（或办公用地）的非正规支付比例的情况同表4-5一样，不管是工业还是服务业，在新加坡经营的中资企业，其申请用水、用电、用网及建筑用地（或办公用地）的非正规支付比例几乎为零，仅服务业用电申请存在5.56%的非正规支付比例。

表 4 – 6   按行业划分的企业提交水、电、网、建筑
                              申请的非正规支付比例   （单位：%）

	水		电		网		建筑	
	是	否	是	否	是	否	是	否
工业	0.00	100.00	0.00	100.00	0.00	100.00	0.00	100.00
服务业	0.00	100.00	5.56	94.44	0.00	100.00	0.00	100.00

通过表 4 – 5 和表 4 – 6 的分析，可以看出，新加坡政府基础设施的廉政水平非常高，能够对在新加坡经营的中资企业提供优质的环境。

第二节　新加坡公共服务供给分析

良好的公共服务条件有利于营造健康的营商环境，而且营商环境的指数水平与外资的引进效率成正比。因此，本节将根据受访的新加坡的中资企业反馈，从行政部门的管理水平、劳动力市场规制政策的影响及企业人力资源的影响三个层面展开对新加坡的公共服务供给情况进行分析。

一　相关政府部门的管理水平

行政部门的管理水平直接影响着一个国家营商环境的健康程度以及高效程度，同时反映出一个国家的法制健全程度。从政府职能部门的角度来看，税务机构和进出口管理机构是重要的外来投资的相关政府行政部门。借助受访企业对这两个部门的管理及其廉政水平的反馈，我们可以对新加坡相关行政部门的管理水平有一个基本的了解，从而可以分析相关政府部门的管理对中资企业经营环境的影响。

首先，从新加坡税务机构的工作情况来看，由表 4 – 7 可以看出，

不管是工业还是服务业，中资企业在新加坡经营或生产的过程中，都不需要向有关税务机构支付非正规费用。而在经营或生产过程中，都有不同程度的被税务机构走访或检查的情况：工业中有1/3的企业被税务机构走访或检查过，而在服务业中仅有不到10%的企业被走访或检查过。由此可见，税务机构对企业在日常经营或生产过程中的管理较为严格。在调研过程中，受访企业表示，其除了要按照规定缴纳税费之外，在经营或者生产过程中也会有税务机构来访或检查。这为在新加坡企业合规生产和经营提供了更为良好健全的经营环境保障。

表4-7　　　　　按行业划分的企业税务机构检查与非正规支付比例

（单位：%）

	税务机构走访或检查		税务机构非正规支付	
	是	否	是	否
工业	30.00	70.00	0.00	100.00
服务业	8.93	91.07	0.00	100.00

与按行业划分的新加坡中资企业相类似，从表4-8不同经营地区，即是否在新加坡经济开发区来看，均有税务机构走访或检查的情况，不在经济开发区的企业被访率为12.50%，经济开发区被税务机构走访或检查的企业达25.00%，在税务机构收税或者走访过程中，均不存在要求企业进行非正规支付的情况。

所以综合表4-7和表4-8来看，新加坡税务机构的执行力度较强且严明，不存在费用的非正规支付索要情况，且均有对不同行业及不同经营地区的企业进行走访或检查的情况。这些均为中资企业在新加坡经营或生产提供了合规的保障。

表4-8　　　　　　　　　按是否位于开发区划分的企业税务机构
检查与非正规支付比例　　　　　（单位：%）

	税务机构走访或检查		税务机构非正规支付	
	是	否	是	否
不在经济开发区	12.50	87.50	0.00	100.00
新加坡经济开发区	25.00	75.00	0.00	100.00
其他	0.00	100.00	无	无

其次，对于中资企业进出口许可的要求，表4-9和表4-10分别从不同经营区域和不同行业划分进行了分析。

表4-9　　　　　　　　　按是否位于开发区划分的企业进出口许可
申请与非正规支付比例　　　　　（单位：%）

	进口许可申请		进口许可申请中非正规支付	
	是	否	是	否
不在经济开发区	16.36	83.64	0.00	100.00
新加坡经济开发区	25.00	75.00	0.00	100.00
其他	33.33	66.67	0.00	100.00

由表4-9可以看出，在不同区域经营的中资企业在不同程度上要提交进口许可申请，不在经济开发区的企业提交进口许可申请的比例为16.36%，低于在新加坡经济开发区的25.00%和在其他地区的33.33%的比例。跟税务机构一样的是，对于提交进口许可的申请均无费用方面的非正规支付现象。可见，新加坡政府的廉洁再次体现。

对于不同行业的进口许可申请及非正规支付比例情况可以从表4-10中的数据分析得出：工业相对于服务业来说，其提出进口许可申请的企业相对较多，占样本量的20.00%，虽然服务业所占比例（18.18%）少于工业，但二者相差不大。可见，对不同行业的企业进口申请，在新加坡经营都需相关政府部门提出申请。但分行业来看，仍旧不存在非正规支付的情况，新加坡政府要求的廉洁高效的政治理念彰显在各个领域。

表 4 - 10　　　按行业划分的企业进出口许可申请与非正规支付比例　　（单位：%）

	进口许可申请		进口许可申请中非正规支付	
	是	否	是	否
工业	20.00	80.00	0.00	100.00
服务业	18.18	81.82	0.00	100.00

二　劳动力市场规制政策

从企业的行业类型分析来看，劳动力市场规制政策对不同行业均有不同程度的影响：对于工业来说，劳动力市场规制政策对其带来的主要影响级别为"一点妨碍"，即50%，而有30%的影响程度为"较大妨碍"，其余分别为10%的"没有妨碍"和"中等妨碍"，没有工业企业有"严重妨碍"；由此可见，劳动力市场规制政策对工业还是有一定的影响，有六成的影响级别相对较小，有四成的影响级别相对较大（见图4-1）。

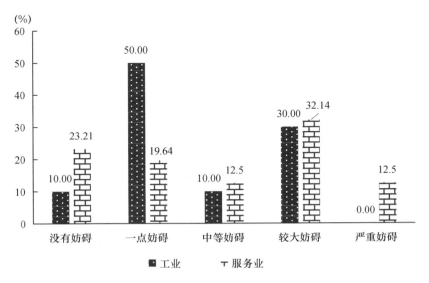

图 4 - 1　不同行业类型劳动力市场规制政策影响程度

对于在新加坡经营的服务业中资企业来说，劳动力市场规制政策对其影响程度较为平均，但主要为"较大妨碍"，即 32.14%；其次是"没有妨碍"，即 23.21%。由此可见，中等及中等以上的妨碍程度占了六成左右，而中等以下的妨碍程度占了四成左右。

综合工业和服务业受劳动力市场规制政策不同影响程度分析，不同行业的企业均会受到该规制政策的影响，工业受到的影响总体小于服务业受到的影响，但二者区别不大，可以说，不论是工业还是服务业，在新加坡经营的中资企业都会受到劳动力市场规制政策较多的影响。

三 企业人力资源

第一，由图 4-2 可知，员工（整体）素质对不同行业类型的企业的生产经营存在影响。总的来看，在"中等妨碍"这一级别中，工业和服务业受员工素质的影响程度相类似，均为 20% 左右，而在中等偏弱及偏强的影响中，工业和服务业呈现出不同的影响程度，即员工素质对工业和服务业的影响以"中等妨碍"为界，在"没有妨碍"和"一点妨碍"程度上，工业受影响程度总体高于服务业：工业均占 30%，而服务业分别为 10.71% 和 23.21%；在"较大妨碍"和"严重妨碍"程度上，服务业程度总体高于工业：服务业分别为 41.07% 和 5.36%，而工业分别为 20% 和 0，即没有"严重妨碍"。员工素质对工业的影响较为平均，而对服务业的影响相对集中。可见，员工素质对服务业的影响相对较大。

第二，专业技术人员对不同行业的生产经营也有不同程度的影响。总体来看，工业行业受影响程度相对集中，即在"中等妨碍"程度，占比为五成；在"没有妨碍"程度上，占比为三成；在"一点妨碍"和"较大妨碍"中占比均为一成；但并未给工业行业带来"严重妨碍"。相比于工业，服务业受到专业技术人员的影响相对较为平均，影响较大的级别为"较大妨碍"，占比为 30.36%，"没有妨

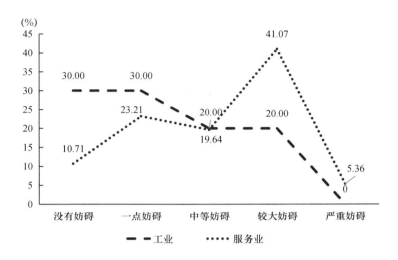

图 4-2　不同行业类型员工素质妨碍生产经营的程度

碍"的程度紧随其后，为 23.21% ，"一点妨碍"与"严重妨碍"占
比一样，为 10.71% ，"中等妨碍"为 25.00% 。由此可见，专业技术
人员对工业的生产经营的影响主要为中等，而对服务业的影响相对较
为平均（见图 4-3）。

第三，管理人员对不同行业的生产经营的不同程度的影响。由图
4-4 可知，工业和服务业均会受到管理人员（素质）的影响。然而
整体来看，工业和服务业其实受其影响不大，即工业为 40% ，服务
业为 32.14% ，这在工业中占比最高，在服务业中占比虽为第二，但
与占比第一的"较大妨碍"程度为 35.71% 相差不多。而在工业行
业，"中等妨碍"的影响占第二位，为 30% ，之后的"较大妨碍"与
"严重妨碍"仅分别占 10% 与 0% 。可见，管理人员（素质）对工业
的影响主要为中等偏弱，而服务业中管理人员（素质）带来的影响
程度主要为中等偏强，乃至还有 1.79% 的严重妨碍。

第四，技能人员招聘难度对不同行业的生产经营的不同程度的影
响。从图 4-5 的分析中可以看出，技能人员招聘难度对工业和服务

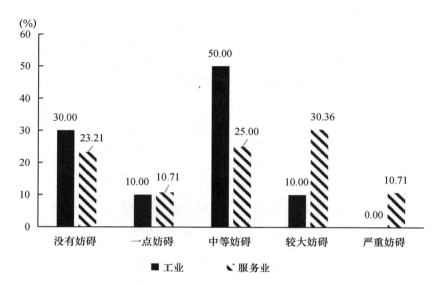

图4-3 不同行业类型专业技术人员妨碍生产经营的程度

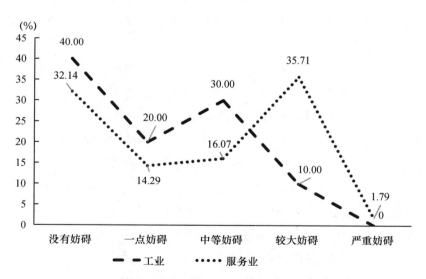

图4-4 不同行业类型管理人员妨碍生产经营的程度

业的影响都比较集中也比较平均，都比较集中在前四种程度中："没有妨碍""一点妨碍""中等妨碍""较大妨碍"，且四种程度的占比也相对平均。在工业受影响程度中，"没有妨碍"与"中等妨碍"均为三成，"一点妨碍"与"较大妨碍"均为两成；在服务业受影响程度中，"中等妨碍"为28.57%，"较大妨碍"为26.79%，"没有妨碍"为23.21%，"一点妨碍"为17.86%，"严重妨碍"仅为3.57%。由此分析可见，服务业受技能人员招聘难度的影响相对分散，这与不同服务业企业对技能人员的要求也不尽相同有关。

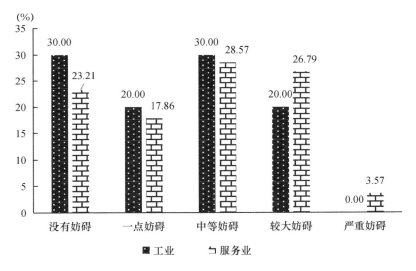

图 4-5　不同行业类型技能人员招聘难度妨碍生产经营的程度

四　不同交叉因素对生产经营的影响程度

在上述第三个大问题中，本报告着重分析了企业人力资源，包括员工整体素质以及员工专业素质对不同行业类型的影响程度。本部分将这些因素分别与企业经营是否在经济开发区、企业有无工会、企业有无女性高管等因素交叉，分析中资企业的人力资源对其生产经营的影响程度。

（一）区位选择

首先，从企业是否在经济开发区的角度分析，结合影响因素有：劳动力市场规制政策、员工素质、专业技术人员招聘难度、管理人员招聘难度以及技能人员招聘难度等。

位于经济开发区的企业，其劳动力市场规制政策给生产经营带来的影响整体高于不在经济开发区的企业受到的影响，且影响程度最大的为"较大妨碍"占比50%，其次为"没有妨碍"与"一点妨碍"，分别占比25%。在非经济开发区的企业，"中等妨碍"占比14.29%，其以下的的影响程度占比分别为："没有妨碍"为23.21%，"一点妨碍"为25%，三者占比超六成。可见，区位影响与劳动力市场规制政策交互带来的影响对不同区位的企业影响程度不同：对于不在经济开发区的中资企业，影响程度主要为"中等妨碍"及其以下程度，即整体受劳动力市场规制政策妨碍相对较小；对于在新加坡经济开发区的中资企业，影响程度主要集中于"较大妨碍"程度，即受新加坡劳动力市场规制政策影响相对较大。在其他地区，劳动力市场规制政策妨碍生产经营的影响程度更为集中，大致可分为一点妨碍和很多妨碍，即"一点妨碍"占比约为16.67%，"较大妨碍"与"严重妨碍"占比分别为33.33%和50%（见图4-6）。

从员工素质妨碍生产经营的角度分析，图4-7显示，在新加坡经济开发区的企业受到员工素质妨碍生产经营的程度分布相对平均，即除"严重妨碍"这一最高程度的影响为0外，其余四个影响程度均为25%。对于不在新加坡经济开发区的企业，其影响程度却有所不同："没有妨碍"占比为14.29%，"一点妨碍"占比为25%，"中等妨碍"占比为17.86%，"较大妨碍"占比为39.29%，"严重妨碍"占比为3.57%，整体来看，对于不在经济开发区的企业，其受影响程度以中等为分界线，较弱部分占近五成，较强部分占近五成。在其他地区，其主要的影响集中在"中等妨碍"和"较大妨碍"，分别占1/3，两者占2/3，可见在这一些地区，企业受到的影响较为严重。

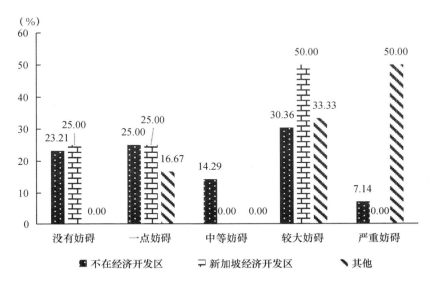

图4-6　是否在经济开发区企业与劳动力市场规制政策妨碍生产经营的程度

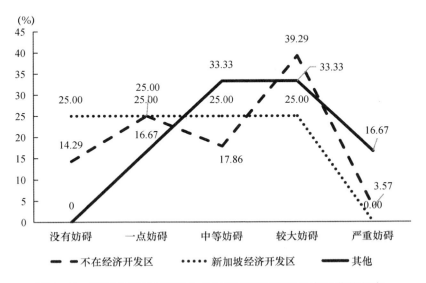

图4-7　是否在经济开发区企业与员工素质妨碍生产经营的程度

从专业技术人员招聘难度妨碍生产经营的角度分析，在三个地区的影响程度分布权重相类似，均为中等及以上程度。不在经济开发区的中国企业受到的影响程度主要是中等偏强："中等妨碍"占比为28.57%，"较大妨碍"占比为26.79%，"严重妨碍"占比为7.14%；"中等妨碍"以下总占比为37.5%。在经济开发区的中国企业，受到的影响程度分布与不在经济开发区的中国企业受到的影响程度一样："中等妨碍"约为50%，"较大妨碍"约为25%，"严重妨碍"为0；"中等妨碍"以下总占比为25%。在其他地区的中国企业受影响程度也呈现这样的分布状态，中等及以上程度占比达八成以上（见图4-8）。

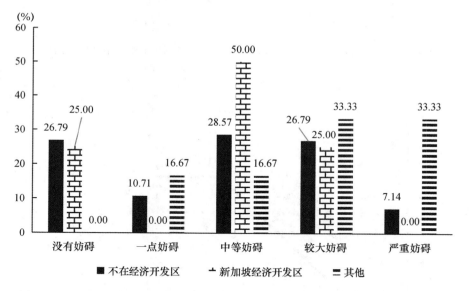

图4-8 是否在经济开发区企业与专业技术人员招聘难度妨碍生产经营的程度

从管理人员招聘难度妨碍生产经营的角度分析，区位选择带来的影响程度最高的为新加坡经济开发区的中国企业以及其他地区的中国企业，受影响程度分别为"没有妨碍"，占75%，及"较大妨碍"，占66.67%，可见，在新加坡经济开发区和其他地区的中国企业受管理人员招聘难度妨碍生产经营的影响相对集中：在新加坡经济开发区的中国企业除"没有妨碍"这一影响程度外，"较大妨碍"的影响为25%；在其他地区，除"较大妨碍"外，"一点妨碍"和"中等妨碍"占比均为 16.67%；其余影响程度均为 0。对于不在经济开发区的中国企业，管理人员招聘难度妨碍生产经营的影响程度分布较为分散，除"严重妨碍"外，其余影响程度均有涉及："没有妨碍"占比为 33.93%，其次为"较大妨碍"，占比为 28.57%，"一点妨碍"占比为 16.07%，"中等妨碍"占比为近 19.64%（见图 4-9）。

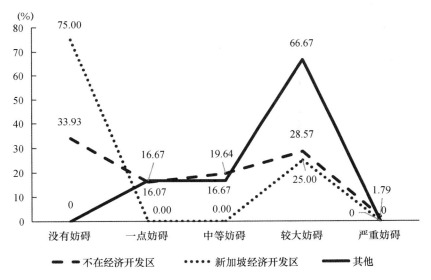

图 4-9　是否在经济开发区企业与管理人员招聘难度妨碍生产经营的程度

从技能人员招聘难度妨碍生产经营的角度分析，三个区位对中国企业的影响都集中在"一点妨碍"、"中等妨碍"和"较大妨碍"三个程度上，可见，区位选择对技能人员招聘难度妨碍生产经营的程度并无太多影响。其中，不在经济开发区的中国企业，主要影响为"中等妨碍"程度，占比约为 28.57%，同"没有妨碍"程度一样；其次为"较大妨碍"，为 23.21%，"一点妨碍"占比为 16.07%，"严重妨碍"为3.57%；在新加坡经济开发区的中国企业，"一点妨碍"占比为五成，"中等妨碍"和"较大妨碍"各为25.00%；在其他地区，"较大妨碍"占比为五成，"中等妨碍"占比为33.33%，"一点妨碍"占比为16.67%（见图4-10）。

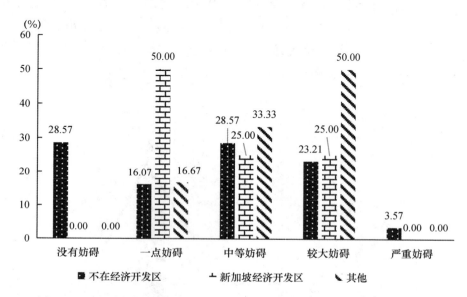

图4-10 是否在经济开发区企业与技能人员招聘难度妨碍生产经营的程度

（二）工会影响生产经营因素及其程度

本部分分析的交叉影响因素为工会，分别将企业有无工会与劳动力市场规制政策、员工素质、专业技术人员招聘难度、管理人员招聘难度以及技能人员招聘难度等结合分类分析。

首先从劳动力市场规制政策妨碍生产经营的角度分析，有自身工会的中资企业受到的影响程度为"一点妨碍"，无自身工会的中资企业受到的影响较为分散，"中等妨碍"及以上的影响程度占比超五成，"没有妨碍"和"一点妨碍"占比均为21.88%。可见，有自身工会的企业受到劳动力市场规制政策的影响相对较小，而企业无自身工会的企业受到的影响程度相对较大（见图4－11）。

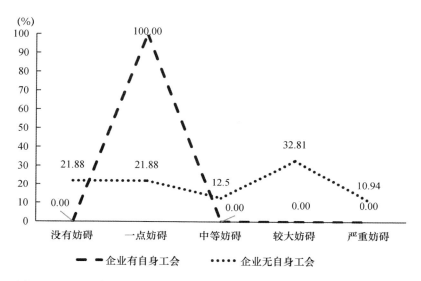

图4－11　企业有无自身工会与劳动力市场规制政策妨碍生产经营的程度

从员工素质妨碍生产经营的角度分析，有自身工会的中资企业受员工素质的影响程度更为集中："中等妨碍"程度与"较大妨碍"程度分别为五成。在企业无自身工会的情况下，影响程度相对分散，程度最高的为"较大妨碍"，占比为37.5%，"没有妨碍"、"一点妨碍"、"中等妨碍"及"严重妨碍"程度占比之和超过六成。可见，企业自身有无工会，员工素质对妨碍企业生产经营的影响程度都比较大（见图4－12）。

从专业技术人员招聘难度妨碍生产经营的角度分析，企业有自身工会的情况影响程度较为集中，且影响程度不大，即"没有妨碍"与"一点妨碍"分别占比为五成；企业没有自身工会的情况，其影响程度较为分散，即各个影响程度均有影响，影响最大程度为"中等妨碍"，占比近29.69%，而整体影响程度偏强，占比总和约七成（见图4－13）。

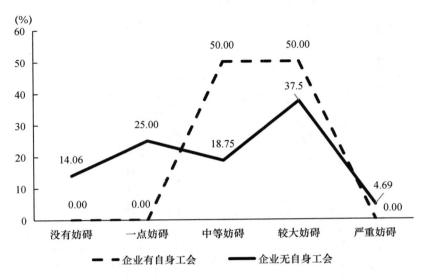

图 4-12　企业有无自身工会与员工素质妨碍生产经营的程度

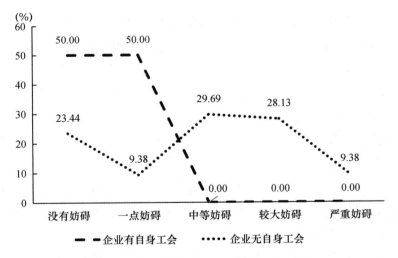

图 4-13　企业有无自身工会与专业技术人员招聘难度妨碍生产经营的程度

从管理人员招聘难度妨碍生产经营的角度分析，其对企业的影响分布占比与前两个因素相似。企业有自身工会受到该因素的影响相对集中，"没有妨碍"和"一点妨碍"占比分别为五成；企业无自身工会受到该因素的影响相对分散，各个影响程度均有一定占比："没有妨碍"和"较大妨碍"占比都是 32.81%，"一点妨碍"占比为14.06%，"中等妨碍"占比为 18.75%，"严重妨碍"为 1.56%；总体影响程度为中等偏弱（见图 4 - 14）。

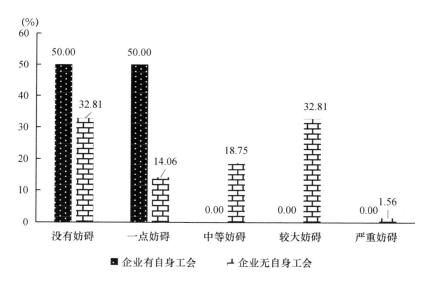

图 4 - 14　企业有无自身工会与管理人员招聘难度妨碍生产经营的程度

从技能人员招聘难度妨碍生产经营的角度分析，其对企业的影响分布占比与前因素相似。企业有自身工会受到该因素的影响相对集中，"没有妨碍"和"一点妨碍"占比分别为五成；企业无自身工会受到该因素的影响相对分散，各个影响程度均有一定占比："中等妨碍"占比约为 29.69%，中等偏弱的影响程度总体大于中等偏强的影响程度（见图 4 - 15）。

总的来看，企业有无自身工会与劳动力市场规制政策、员工素质、专业技术人员招聘难度、管理人员招聘难度以及技能人员招聘难

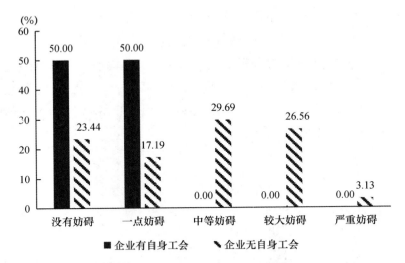

图 4 - 15　企业有无自身工会与技能人员招聘难度妨碍生产经营的程度

度等因素结合分析可以看出，影响程度情况相类似：有自身工会，则主要影响集中在"没有妨碍"和"一点妨碍"，即企业自身工会可弱化各因素带来的影响；而无自身工会，则影响程度相对分散，各因素占比均不同。

（三）高管有无女性影响生产经营因素及其程度

本部分分析的交叉影响因素为企业有无高管女性，将分别对企业有无工会与劳动力市场规制政策、员工素质、专业技术人员招聘难度、管理人员招聘难度以及技能人员招聘难度等结合分类分析。

从劳动力市场规制政策妨碍生产经营的角度分析，有无女性高管与劳动力市场规制政策交叉对妨碍中国企业生产经营程度也有相对集中和相对分散的表现。没有女性高管的中国企业，受劳动力市场规制政策带来的妨碍生产经营的程度相对集中："较大妨碍"占比为75%，"一点妨碍"占比为25%，总体来看，影响较大。有女性高管的中国企业，受劳动力市场规制政策带来的妨碍生产经营的程度相对分散："没有妨碍"占比28%，"一点妨碍"占比24%，"中等妨碍"占比16%，"较大妨碍"占比22%，"严重妨碍"占比10%，总体看，中等及以下占比较多，影响较小。可见，有女性高管的中国企业比没有女性高管的中国企业受劳动力市场规制政策妨碍生产经营的程度相对较小（见图4-16）。

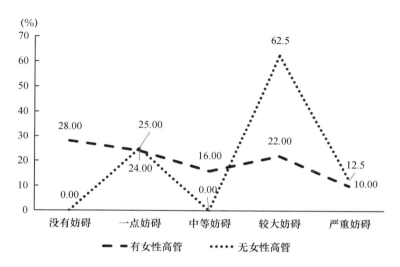

图4-16 有无女性高管与劳动力市场规制政策妨碍生产经营的程度

从员工素质妨碍生产经营的角度分析，有无女性高管与员工素质交叉对妨碍中国企业生产经营程度也有相对集中和相对分散的表现。没有女性高管的中国企业，受员工素质带来的妨碍生产经营的程度相对集中："较大妨碍"占比为37.5%，"一点妨碍"占比为37.5%，总体来看，影响较为平均。有女性高管的中国企业，受员工素质带来的妨碍生产经营的程度相对分散且呈比例数逐步增加："没有妨碍"占比14%，"一点妨碍"占比20%，"中等妨碍"占比22%，"较大妨碍"占比38%，但"严重妨碍"仅占比6%，总体来看，影响程度呈增加态势，可见员工素质对有女性员工的中国企业影响相对较大。有女性高管的中国企业与没有女性高管的中国企业受员工素质妨碍生产经营的程度相差不大（见图4-17）。

从专业技术人员招聘难度妨碍生产经营的角度分析，有无女性高

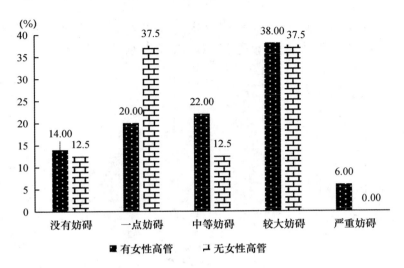

图4 - 17   有无女性高管与员工素质妨碍生产经营的程度

管与专业技术人员交叉对妨碍中国企业生产经营程度也有相对集中和相对平均的表现。有女性高管的中国企业，受专业技术人员招聘难度带来的妨碍生产经营的程度相对集中："没有妨碍"占比26%，"一点妨碍"占比8%，"中等妨碍"占比28%，"较大妨碍"占比26%，"严重妨碍"占比12%，总体来看，中等及其以上影响程度较大。没有女性高管的中国企业，受专业技术人员招聘难度带来的妨碍生产经营的程度相对分散平均："没有妨碍"和"一点妨碍"各占比18.75%，"中等妨碍"和"较大妨碍"各占比31.25%，"严重妨碍"占比为0.00%，总体来看，中等及以上占比较多，影响较大。可见，有女性高管的中国企业和没有女性高管的中国企业受劳动力市场规制政策妨碍生产经营的程度相对都比较大（见图4 - 18）。

从管理人员招聘难度妨碍生产经营的角度分析，有无女性高管与管理人员交叉对妨碍中国企业生产经营程度表现结果相类似，无女性高管的中国企业影响波动更大，有女性高管的中国企业影响波动更小。没有女性高管的中国企业，受管理人员招聘难度带来的妨碍生产经营的程度波动更大："没有妨碍"占比为五成，其余四种影响程度

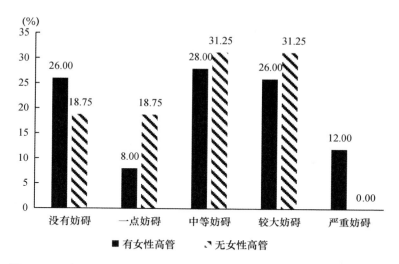

图 4 - 18　有无女性高管与专业技术人员招聘难度妨碍生产经营的程度

中"较大妨碍"占比为 25% ，总体来看，中等及其以下影响程度较大。有女性高管的中国企业，受管理人员招聘难度带来的妨碍生产经营的程度波动更小：中等及其以上占比较多，影响较大。可见，有女性高管的中国企业比没有女性高管的中国企业受劳动力市场规制政策妨碍生产经营的程度较小（见图 4 - 19）。

　　从技能人员招聘难度妨碍生产经营的角度分析，有无女性高管与技能人员交叉对妨碍中国企业生产经营程度均有相对平均的表现。有女性高管的中国企业，受技能人员招聘难度带来的妨碍生产经营的程度占比分别为："没有妨碍"占比 28% ，"一点妨碍"占比 16% ，"中等妨碍"占比 28% ，"较大妨碍"占比 24% ，"严重妨碍"占比 4% ，总体来看，中等及其以下影响程度较大。没有女性高管的中国企业，受技能人员招聘难度带来的妨碍生产经营的程度分别占比："没有妨碍"占比为 12.5% ，"一点妨碍"占比为 25% ，"中等妨碍"和"较大妨碍"各占 31.25% ，"严重妨碍"占比为 0.00% ，总体看，中等及以上占比较多，影响较大。可见，有女性高管的中国企业比没有女性高管的中国企业受技能人员招聘难度妨碍生产经营的程度相对较小（见图 4 - 20）。

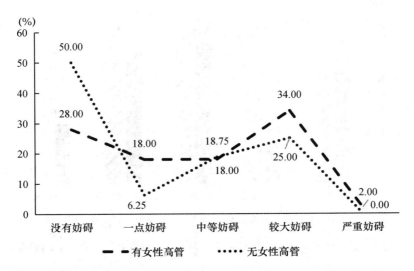

图 4-19 有无女性高管与管理人员招聘难度妨碍生产经营的程度

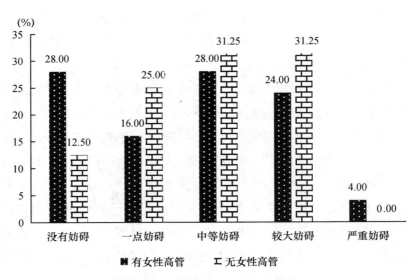

图 4-20 有无女性高管与技能人员招聘难度妨碍生产经营的程度

第三节　中资企业对新加坡公共服务治理的评价

　　一个国家公共服务的治理水平与诸多因素相关，而且每一个层面的因素都很重要。因此，本节将根据受访的在新加坡中资企业的反馈，将企业区位与行业类型分别与税率因素、工商许可因素、政治局势因素、政治腐败因素、土地许可因素及政府管理因素等六个方面交叉分析中资企业对新加坡公共服务治理的评价。

一　企业区位交叉

　　图4-21分析的是是否在新加坡经济开发区的中国企业受税率影响程度，在新加坡经济开发区的中国企业受到影响比较小且集中："一点妨碍"占比为100%。不在经济开发区的企业受到的税率影响也相对较小较集中："没有妨碍"占比为51.79%，"一点妨碍"占比为30.36%，"中等妨碍"占比为8.93%，可见，中等及以下影响程度占比超过九成。在其他地区，也呈现出这样的表现结果。总体来看，税率对于在新加坡不同区位的中国企业的生产经营程度影响偏弱。

　　从税收征税角度分析，也同样存在上述分析的规律。在新加坡经济开发区的中国企业受到影响比较小且集中："一点妨碍"占75%，"没有妨碍"占25%。在其他地区，也呈现出这样的表现结果。而不在经济开发区的企业受到的税率影响也相对较小较集中："没有妨碍"占比超六成，"一点妨碍"占比25%，"中等妨碍"占比为10.71%，可见，中等及其以下影响程度占比超过九成。总体来看，税收征收对于在新加坡不同区位的中国企业的生产经营程度影响较弱，即不会带来大影响（见图4-22）。

　　从工商许可妨碍公司生产经营角度分析，也同样存在上述分析的

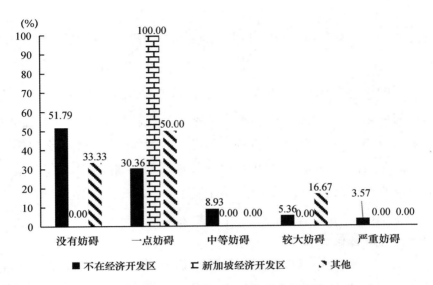

图 4 - 21 税率妨碍公司生产经营的程度

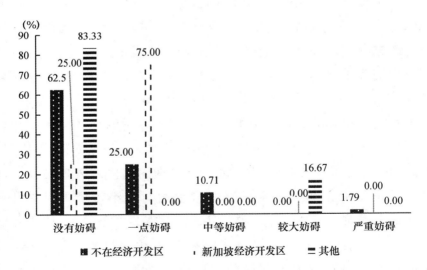

图 4 - 22 税收征收妨碍公司生产经营的程度

规律且表征更为明显。在新加坡经济开发区、非经济开发区的中国企业受到影响中"没有妨碍"均占75%左右，在其他地区，不存在任何影响，即"没有妨碍"占比为100%。在经济开发区和非经济开发区的剩余25%的分配中，经济开发区"一点妨碍"占比为25%，而非经济开发区"一点妨碍"占14.55%，其余总占10.9%。总体来看，工商许可对于在新加坡不同区位的中国企业的生产经营程度影响较弱，即不会带来大影响，可见新加坡对于中资企业的经营并不存在较大困难（见图4－23）。

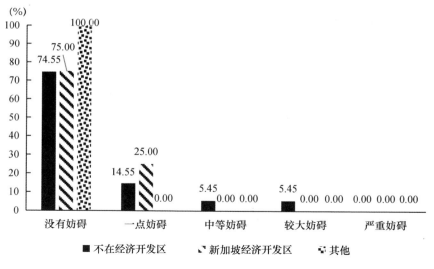

图4－23　工商许可妨碍公司生产经营的程度

　　从政治不稳定妨碍公司生产经营的程度分析，也同样存在上述分析的规律且表征更为明显。在新加坡经济开发区及其他地区的中国企业受到影响中，"没有妨碍"均占100%。在非经济开发区地区，"没有妨碍"占92.86%，"一点妨碍"与"严重妨碍"占3.57%。总体来看，政治稳定对于在新加坡不同区位的中国企业的生产经营程度影响较弱，即不会带来大影响，可见新加坡对于中资企业的经营并不存在威胁，这与一直以来世界各机构、中国商务部对新加坡做出的投资环境预测相一致（见图 4 – 24）。

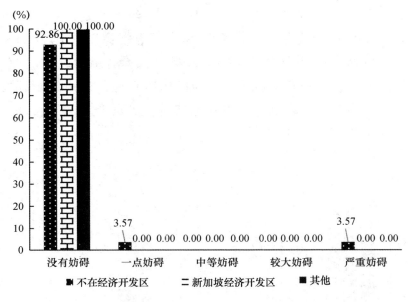

图 4 – 24 政治不稳定妨碍公司生产经营的程度

从腐败妨碍公司生产经营的程度分析，也同样存在上述分析的规律且表征更为明显。在新加坡经济开发区及其他地区的中国企业受到影响中"没有妨碍"均占近 100%，不在经济开发区的绝大部分中国企业也如此。在非经济开发区，"一点妨碍"占比约为 1.79%，"较大妨碍"占比为 3.57%。总体来看，腐败对于在新加坡不同区位的中国企业的生产经营程度影响较弱，即不会带来大影响，可见新加坡的腐败问题对于中资企业的经营并不存在威胁，这与新加坡一直以来奉行的高薪养廉政策相一致，也为企业经营提供了良好的环境（见图 4 –25）。

从土地许可妨碍公司生产经营的角度分析，整体上的影响程度也很小，且影响程度相对集中：在非经济开发区的企业中，"没有妨碍"的影响程度占比为 85.71%，经济开发区的企业受影响程度占 75%，其

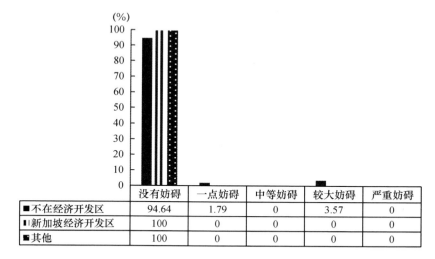

	没有妨碍	一点妨碍	中等妨碍	较大妨碍	严重妨碍
■ 不在经济开发区	94.64	1.79	0	3.57	0
▨ 新加坡经济开发区	100	0	0	0	0
■ 其他	100	0	0	0	0

图 4 - 25　腐败妨碍公司生产经营的程度

他地区未受到土地许可的影响，即"没有妨碍"占比为 100%；新加坡经济开发区的中国企业"一点妨碍"占比为 25%；而在非经济开发区"一点妨碍"占比为 8.93%，"中等妨碍"占比为 3.57%，"较大妨碍"占比为 1.79%。总体来看，政府土地许可对中国企业在新加坡的经营并没有太大影响（见图 4 - 26）。

从政府管制与审批角度分析，整体曲线图表现为中等影响偏弱的程度：新加坡经济开发区、非经济开发区及其他地区，绝大部分的企业受到该方面的影响都不大。新加坡经济开发区的企业"没有妨碍"和"一点妨碍"的受影响程度都为 50%；在非经济开发区的中国企业"没有妨碍"占比为 53.57%，"一点妨碍"的占比为 26.79%，"中等妨碍"占比为 8.93%，"较大妨碍"占比为 7.14%，"严重妨碍"占比为 3.57%，可见，中等及以下影响程度占主要比重；在其他地区中，"没有妨碍"占 66.67%，"一点妨碍"占 33.33%，对该地区的企业影响也不大（见图 4 - 27）。

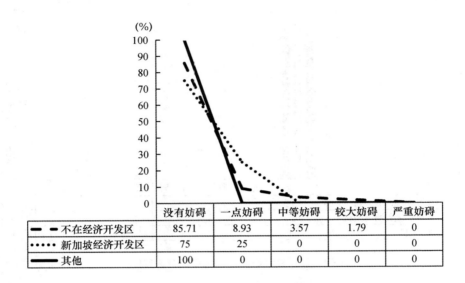

	没有妨碍	一点妨碍	中等妨碍	较大妨碍	严重妨碍
——— 不在经济开发区	85.71	8.93	3.57	1.79	0
········· 新加坡经济开发区	75	25	0	0	0
——— 其他	100	0	0	0	0

图 4 - 26　土地许可妨碍公司生产经营的程度

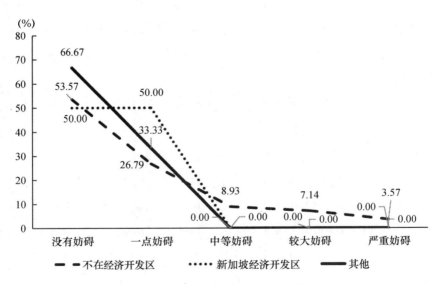

图 4 - 27　政府管制与审批妨碍公司生产经营的程度

二 行业类型

首先从税率妨碍企业生产经营的程度，对工业和服务业的影响总体偏弱，工业为80%，服务业约为90%。中等及中等以上的影响程度占比不大，且工业的影响程度大于服务业：工业企业的"中等妨碍"占比为10%，"较大妨碍"占比为10%；服务业"中等妨碍"占比为7.14%，"较大妨碍"占比为5.36%，"严重妨碍"占比为3.57%。从行业角度划分，税率对工业和服务业的影响都不大（见图4-28）。

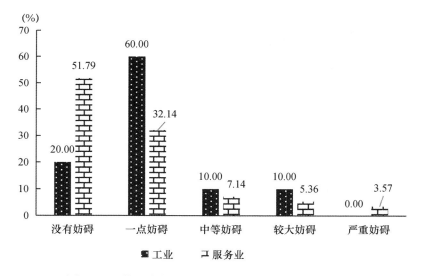

图4-28 按行业划分的税率妨碍企业生产经营的程度

从税收征收妨碍企业生产经营的程度，对工业和服务业的影响总体也偏弱，工业为80%，服务业约为80%。中等及中等以上的影响程度占比不大，且工业的影响程度大于服务业：工业企业的"中等妨碍"占比为20%，"较大妨碍"占比为1.79%；服务业"中等妨碍"占比为7.14%，"较大妨碍"占比为0%，"严重妨碍"占比为1.79%。从行业角度划分，税收征收对工业和服务业的影响都不大，主要集中在妨碍程度较小部分，可见，新加坡税收政策与执行对企业生产经营影响较小（见图 4 - 29）。

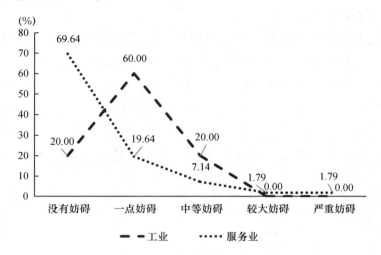

图 4 - 29 按行业划分的税收征收妨碍企业生产经营的程度

从工商许可妨碍企业生产经营的程度，对工业和服务业的影响总体也呈偏弱态势，且"没有妨碍"和"一点妨碍"占九成左右，即绝大多数工业和服务业企业并未受到新加坡工商许可对生产经营的影响。中等妨碍及以上的影响程度占比不大，且工业的影响程度大于服务业：工业企业的"中等妨碍"占比为 0.00，"较大妨碍"占比为 11.11%；服务业"中等妨碍"占比为 5.36%，"较大妨碍"占比为 3.57%，"严重妨碍"占比为 0.00。从行业角度划分，工商许可对工业和服务业的影响都不大，主要集中在妨碍程度较小部分，可见，新加坡税收政策与执行对企业生产经营影响较小（见图 4 - 30）。

从政治不稳定妨碍企业生产经营的程度，对工业和服务业的影响总体也呈偏弱态势，且"没有妨碍"和"一点妨碍"占比超九成，即绝大多数工业和服务业企业并未受到新加坡工商许可对生产经营的影响。但工业和服务业受影响程度呈两极分化表现：服务业"一点妨碍"占比为 3.57%，"严重妨碍"占比为 1.79%，其余影响程度为 0.00；工业除"没有妨碍"外，均为"严重妨碍"，占比为 10%。政治不稳

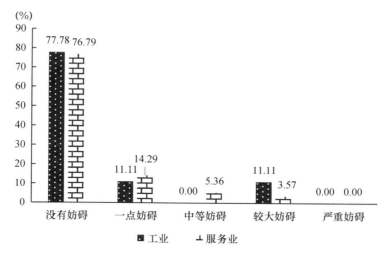

图4-30　按行业划分的工商许可妨碍企业生产经营的程度

定对工业和服务业的影响都不大，主要集中在妨碍程度较小部分，可见，新加坡多年来的政治环境稳定及政党执政政策连贯性为企业生产经营提供了良好的政治环境（见图4-31）。

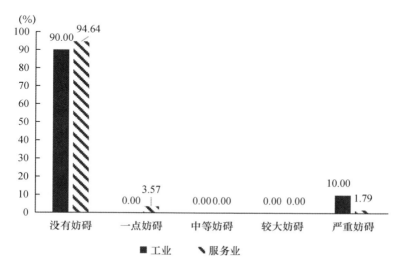

图4-31　按行业划分的政治不稳定妨碍企业生产经营的程度

　　从腐败妨碍企业生产经营的程度，对工业和服务业的影响也不大，且"没有妨碍"占比为90%和96.43%，即工业和服务业的绝大多数企业不存在腐败带来的对生产经营的影响。然而，此种情况也不是绝对的，在服务业和工业中仍旧存在被腐败影响的现象：服务业"一点妨碍"占比为1.79%，"较大妨碍"占比为1.79%，其余影响程度为0.00；工业除"没有妨碍"外，均为"较大妨碍"占比为10%。腐败对工业和服务业的影响都不大，主要集中在妨碍程度较小部分，可见，新加坡腐败现象并不多见且未对企业生产经营造成过多妨碍（见图4－32）。

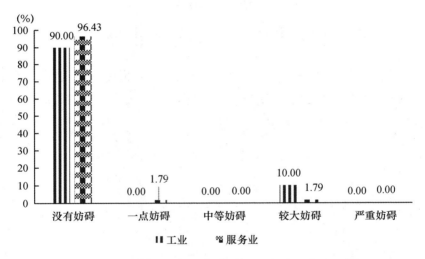

图4－32　按行业划分的腐败妨碍企业生产经营的程度

　　从土地许可妨碍企业生产经营的程度，对工业和服务业的企业虽然影响总体上也呈偏弱态势，且影响程度逐渐减弱，即绝大多数工业和服务业企业并未受到新加坡土地许可对生产经营的影响，且影响程度及各自占比呈反向相关。服务业"没有妨碍"占比为92.86%，之后各影响程度占比呈断崖式下跌，"一点妨碍"占比为5.36%，"较大妨碍"占比为1.79%，其余影响程度为0.00；工业的妨碍程度主要为中等及以下影响程度，且整体为逐渐下滑态势，"没有妨碍"占比为 50.00%，"一点妨碍"占比为 30%，"中等妨碍"为 20%，"较大妨碍"占比为 1.79%。土地许可对工业和服务业的影响都不大，服务业主要集中在妨碍程度较小部分，工业的主要影响集中在中等及偏弱程度。可见，土地许可并未对在新加坡中资企业的生产经营带来影响（见图 4 - 33）。

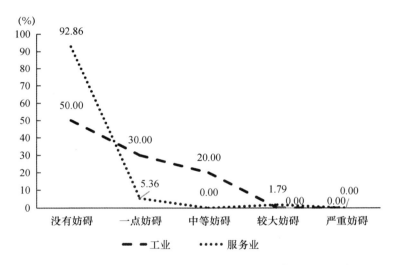

图 4 - 33　按行业划分的土地许可妨碍企业生产经营的程度

从政府管制与审批妨碍企业生产经营的程度，对工业和服务业的企业产生的影响总体比前几项因素更大一些，且影响程度逐渐减弱，即绝大多数工业和服务业企业受到的新加坡政府管制与审批对生产经营的影响较小，且影响程度及各自占比呈反向相关、递减趋势，各影响程度均有占比。服务业中等及以下影响占比超九成，"较大妨碍"与"严重妨碍"占比之和不足 10%；工业的妨碍程度主要为中等及以下影响程度，"没有妨碍"占比为 30%，"一点妨碍"占比为 40%，"中等妨碍""较大妨碍""严重妨碍"占比均为 10%。政府管制与审批对工业和服务业的影响都不大，工业受影响程度整体高于服务业，但整体来看，政府管制与审批并未对在新加坡中资企业的生产经营带来过大影响（见图 4 - 34）。

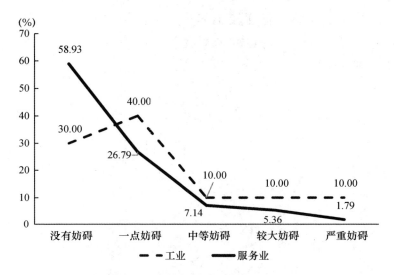

图 4 - 34　按行业划分的政府管制与审批妨碍企业生产经营的程度

第四节　在新加坡中资企业投资风险分析

投资风险分析是企业风险防控的重要环节，因为明确潜在风险因素有助于企业管理人员预见企业在未来一段时间内可能出现的各类风险，并采取预防性措施。因此，本节将根据受访的在新加坡中资企业对投资考察、安全生产成本、政治环境、未来一年企业主要潜在风险因素四个层面的反馈结果，展开对在新加坡中资企业的投资风险分析。

一　投资可行性考察
投资可行性考察总体上将按照区位与行业划分来分析，涉及交叉

因素有：市场竞争调查，外国直接投资法律法规，宗教、文化和生活
表 4 – 11 和表 4 – 12 分别为总体和分因素投资可行性考察结果。

表 4 – 11 　　　　企业是否进行过新加坡投资的可行性考察状况 　　（单位：%）

	有可行性考察	无可行性考察
工业	90.00	10.00
服务业	75.00	25.00
不在经济开发区	75.00	25.00
新加坡经济开发区	100.00	0.00
其他	83.33	16.67
有女性高管	82.00	18.00
无女性高管	62.50	37.50

表 4 – 12 　　　　　　企业投资新加坡前考察类型 　　（单位：%）

	市场竞争调查		新加坡外国直接投资法律法规		新加坡宗教、文化和生活习惯		新加坡劳动力素质		其他方面	
	否	是	否	是	否	是	否	是	否	是
工业	22.22	77.78	44.44	55.56	66.67	33.33	44.44	55.56	88.89	11.11
服务业	9.52	90.48	42.86	57.14	57.14	42.86	57.14	42.86	88.10	11.90
不在经济开发区	14.29	85.71	50.00	50.00	61.90	38.10	59.52	40.48	85.71	14.29
新加坡经济开发区	0.00	100.00	0.00	100.00	50.00	50.00	25.00	75.00	100.00	0.00
其他	0.00	100.00	20.00	80.00	40.00	60.00	40.00	60.00	100.00	0.00
有女性高管	9.76	90.24	48.78	51.22	58.54	41.46	56.10	43.90	87.80	12.20
无女性高管	20.00	80.00	20.00	80.00	60.00	40.00	50.00	50.00	90.00	10.00

　　表 4 – 11 中，按行业类型来看，进行可行性考察的企业占绝大多
数：工业占比为 90.00%，服务业占比为 75.00%。按区位选择来看，
非经济开发区、经济开发区及其他地区的大部分企业也进行了可行性
考察，分别占比为 75%、100% 和 83.33%，即不同区位的工业和服

务业中的中资企业大多对新加坡投资进行过可行性考察。虽然大多数的企业在新加坡投资进行过可行性考察，但其中有女性高管的企业进行可行性考察的比例为82%，远高于没有女性高管的企业比例62.50%。接下来表4-12将就各企业进行的考察项目做分析。

从行业类型看，工业和服务业企业进行考察最多的是"市场竞争"，工业企业中有77.88%的企业进行了市场竞争调查，服务业企业占比90.48%。与此相比，其他考察类型占比并不比该比例高：工业和服务业企业对新加坡外国直接投资法律法规进行考察的占比分别为55.56%和57.14%，宗教、文化和生活习惯占比为33.33%和42.86%，劳动力素质占比为55.56%和42.86%，其他方面为11.11%和11.90%。可见，工业和服务业企业对市场竞争调查都比较重视，其余方面的考察根据各企业需求不同，所做的考察选择重点均有不同侧重。

从区位选择和企业有无女性高管看，各企业进行可行性考察占比最多的也是"市场竞争调查"：新加坡经济开发区的企业和其他地区的企业全部进行了市场竞争调查，不在经济开发区的企业进行市场竞争调查的占比为85.71%，有女性高管的企业进行市场竞争调查的占比超九成，没有女性高管的企业进行市场竞争调查的占比为80%。在其他的考察类型中，新加坡经济开发区的企业和其他地区的企业也呈现出与"市场竞争调查"的占比相类似的分布情况：外国直接投资法律法规、宗教文化和生活习惯以及劳动力素质等方面绝大部分企业进行过可行性考察；而不在经济开发区的企业，对这些影响因素的考察就占比相对较少，基本在50%以下。而有无女性高管的中国企业在考察项目中所占比例相差不大：无女性高管的企业对外国直接投资法律法规的考察比有女性高管的企业多三成，而宗教、文化和生活习惯与劳动力素质及其他方面的考察比例占比相差不大。

二 安全生产成本

安全生产成本包括企业生产发生的额外支付情况和企业偷盗损失

情况，属于企业运营成本的一部分。表 4 - 13 和表 4 - 14 数据分别显示了在新加坡中资企业发生的安全生产成本。

表 4 - 13 　　　　　　**2018 年企业安全生产额外支付** 　　　　　（单位：%）

	安全生产有额外支付	安全生产无额外支付
工业	40.00	60.00
服务业	23.21	76.79
不在经济开发区	26.79	73.21
新加坡经济开发区	0.00	100.00
其他	33.33	66.67
有女性高管	28.00	72.00
无女性高管	18.75	81.25

表 4 - 14 　　　　　　**2018 年企业偷盗损失状况** 　　　　　（单位：%）

	发生过偷盗损失	未发生偷盗损失
工业	0.00	100.00
服务业	1.79	98.21
不在经济开发区	1.79	98.21
新加坡经济开发区	0.00	100.00
其他	0.00	100.00
有女性高管	0.00	100.00
无女性高管	6.25	93.75

表 4 - 13 中，企业安全生产发生的额外支付费用相对较少。按行业划分来看，工业和服务业无此费用发生占比分别为 60% 和 76.79%，二者虽然占比均超过五成，但工业企业支付额外费用的比例超过服务业企业。按区位选择来看，企业不需支付额外安全生产费用的占比较高，即绝大多数企业不需支付生产发生的额外支付费

用，且在新加坡经济开发区的企业全部不需要支付此费用，不在经济开发区的企业占比为73.21%，其他地区企业有66.67%。企业有无女性高管情况也对支付该费用并没有明显区别，即有无女性高管的大部分企业均不需额外支付费用，且无女性高管的企业不需支付此费用的占比更高。

表4-14的数据显示的是在新加坡中资企业因被偷盗而发生损失的状况，整体来看，被调研的在新加坡中资企业受到偷盗而发生的损失占比并不多，绝大多数企业并未有此损失发生。从行业类型来看，服务业发生偷盗损失的比例大于工业；从区位选择看，不在经济开发区的企业发生偷盗比例大于经济开发区和其他地区的企业，二者比例均为1.79%。在没有女性高管的中国企业中，发生偷盗损失的企业占比为6.25%，高于有女性高管的企业。

三　政治环境

图4-35通过饼状图的形式展示了2018年新加坡政治环境概况，超过九成中资企业管理层认为新加坡的政治环境相对稳定，投资风险较小；有3%的中资企业管理层认为还是存在一定的政治环境不稳定性带来的投资风险。其中，60.61%的中资企业管理层认为，新加坡政治环境相对稳定，态度乐观，其认为没有投资风险，36.36%的中资企业管理层认为，其环境虽然稳定，但还是有一定的投资风险；剩余3.04%的管理层中有一半的管理层认为，其政治环境因政党斗争而存在不稳定性，如果发生执政党的更换，政策存在不稳定性和不连续性，另一半的管理层则认为政治环境相对稳定是个动态概念，此种情况并不能做过多评价。

四　一年期风险预测

企业风险预测对企业制定风险防范措施至关重要，因其能起到比较明确的指向性和针对性的作用。该部分分析的因素比较多，以下对

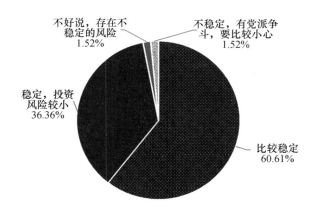

图4－35　中资企业管理层认为2018年新加坡政治环境情况

表4－15中涉及的主要因素进行分析。

表4－15				企业未来一年经营风险主要方面及比重						（单位：%）
	员工工资增长	市场竞争上升	资源获取难度增加	研发后劲不足	政策限制加强	优惠政策效用降低或到期	政治环境变化	中资企业增多	产品或服务无话语权	其他方面
工业	50.00	90.00	50.00	20.00	10.00	0.00	0.00	40.00	10.00	30.00
服务业	53.57	73.21	14.29	23.21	19.64	12.50	1.79	25.00	12.50	21.43
不在经济开发区	46.43	71.43	21.43	21.43	16.07	12.50	1.79	30.36	12.50	23.21
新加坡经济开发区	100.00	100.00	25.00	25.00	25.00	0.00	0.00	0.00	25.00	0.00
其他	83.33	100.00	0.00	33.33	33.33	0.00	0.00	16.67	0.00	33.33
有女性高管	54.00	72.00	16.00	20.00	20.00	14.00	0.00	26.00	14.00	22.00
无女性高管	50.00	87.50	31.25	31.25	12.50	0.00	6.25	31.25	6.25	25.00

从行业分类来看，不同行业企业对一年期经营风险的考察方面侧重有所不同。工业和服务业企业认为"员工工资增长"占经营风险的50%及以上，但对于工业企业来说，"市场竞争上升"所占比例高达90%，是所有预测风险中占比最高的，服务业企业这一因素所占

比例虽不如工业企业高，但所占比例也是其他预测风险中占比最高，为73.21%，可见，对于各企业来说，市场竞争带来的压力是其认为未来一年主要的风险。"资源获取难度增加"对于工业企业来说占比达50%，但对服务业企业影响并不大。"中资企业增多"工业企业占比40%，服务业企业其风险占比并不高，相对工业企业较为分散。综合前三项的分析来看，是工业企业未来一年风险的主要所在，而服务业企业前两项是其未来一年经营要面对的主要风险。

从区位选择来看，在新加坡经济开发区的企业认为，未来一年的风险主要为"员工工资增长"和"市场竞争上升"，其他风险预测选项分布相对分散："资源获取难度增加""研发后劲不足""政策限制加强""产品或服务无话语权"各占25%；不在经济开发区的企业预测主要的风险也是"员工工资增长"和"市场竞争上升"，各占46.43%和71.43%，其次为"中资企业增多"，占30.36%，其余预测因素占比相对分散且不高。在其他地区中，风险预测更为集中，"市场竞争上升"为该地区全部企业预测的首位风险因素，其次为"员工工资增长"，其余项目分散相对集中："研发后劲不足"和"政策限制加强"，"其他"各占33.33%，"中资企业增多"仅占16.67%。

在有无女性高管的企业中，对于未来一年的风险预测占比一致：在有女性高管的企业中，占比最高的为"市场竞争上升"，为72%，"员工工资增长"为54%；无女性高管的企业中此两项也是最重要的预测因素，"市场竞争上升"为87.5%，"员工工资增长"为50%。有女性高管的企业其余风险因素占比相对平均，而无女性高管的企业其余风险因素占比相对集中，但所占比例均未超过五成，可见，未来一年期风险预测风险中，其产生的影响并不大。

小　结

本章从中资企业的视角分析了其在新加坡的营商环境和投资风

险，涉及的内容有：基础设施供给、公共服务供给、公共服务治理以及在新加坡的投资风险。综合本章分析可知，新加坡以上四个主要考察内容总体上为企业提供了良好的经营和投资环境，虽根据不同行业企业和不同区位选择的具体影响内容有所不同，但大致影响如下：新加坡基础设施供给对于企业经营的用水、用电、用网及建筑用地（或办公用地）申请相对便利，并基本不存在断供情况；劳动力市场规制政策、企业人力资源等与区位选择、行业分类等因素交叉分析可知，新加坡政府管理严明，基本不存在违规违法操作，为中资企业在新加坡的经营提供了良好的政策和政治环境；此外从公共服务治理角度，也对不同区位和不同行业与影响因素间的交叉而会产生的影响进行了分析，对于政治性因素及政府政策与执行对中资企业生产经营带来的负面影响相对较小；中资企业在新加坡进行投资前都会进行可行性考察，最关注的问题是市场竞争，其次是员工工资；另外，在新加坡并没有过多的不安全因素，主要考察内容包括偷盗以及政治不稳定等，所以，对于未来一年期的投资风险分析考量最多的因素是市场竞争。

　　本章分析的是中资企业在新加坡基本的投资营商环境和生产经营面临的问题，整体上，与世界各权威机构和中国商务部公布的新加坡投资营商环境结论相一致，具备优良的政治和经济环境。下一章将根据被调研企业员工的数据分析新加坡基本的投资营商环境和生产经营面临的问题。

第 五 章

新加坡中资企业雇用行为与
劳动风险分析

本章主要依据企业调查问卷所涉及的问题，包括越南中资企业员工构成分析、企业的雇用行为分析和企业劳资纠纷及处理效果分析三个模块。根据企业高管回答制作的图表进行分析、论述，进而综合了解新加坡中资企业的员工构成情况，中资企业外派高管的情况，企业对员工的培训情况，2018 年企业招聘遇到的问题，企业高管对员工综合能力的态度，中资企业劳资纠纷情况，企业产生劳动争议的原因以及企业近三年劳动争议解决途径等内容。

第一节　新加坡中资企业员工构成分析

在全球化和东南亚一体化加深的背景下，我国提出"一带一路"倡议。该倡议在获得其他国家响应的同时，越来越多的中国企业也主动实施"走出去"战略，在海外"开疆拓土"，开发新市场。中资企业聘用外籍员工，为接收国提供了大量的就业机会。可以说，身在海外的中资企业员工与当地雇用员工一起建设"新世界"。本节主要根据问卷调查结果分析驻新加坡中资企业内新加坡本地员工的构成情况。

表 5 - 1 反映了新加坡中资企业的员工构成情况，内容包括女性占比、新加坡员工占比、中国员工占比以及其他国家员工占比四个模块。

从表 5 - 1 中可得出，就受访企员工构成情况而言，女性员工占比达到了近一半（45.72%），新加坡员工达到了一半以上（55.54%），而中国员工则只占了三分之一（34.15%），其他国家员工占比仅为10.30%。可见，新加坡中资企业的雇员中男女比例的差别并不明显，新加坡本地员工占比最大，高出中国籍员工接近两成（21.4%）。

表 5 - 1 　　　　　　　　　　　　**企业员工构成** 　　　　　　　　　（单位：%）

各类员工占比	均值	标准差	最大值	最小值
女性员工占比	45.72	27.02	100.00	0.00
新加坡员工占比	55.54	32.84	100.00	0.00
中国员工占比	34.15	31.16	100.00	0.00
其他国家员工占比	10.30	21.24	85.00	0.00

表 5 - 2 是新加坡中资企业一线员工或生产员工构成情况分析表，该表反映出了中资企业中一线员工或生产员工占比、一线员工或生产员工中新加坡员工占比、一线员工或生产员工中中国员工占比和一线员工或生产员工中其他国家员工占比这四方面的情况。如表 5 - 2 所示，一线员工或生产员工占比最低，仅为 23.87%，而在一线员工或生产员工中，新加坡员工占比为 41.37%，中国员工占比为 25.73%，其他国家员工占比为 32.9%。由数据分析可知，中资企业为新加坡本地及居住在新加坡的外籍员工创造了大量的就业机会，他们约占中国中资企业一线员工或生产员工的七成（74.3%），新加坡中资企业一定程度上缓解了当地的基层就业压力。

表 5 - 2 　　　　　　**中资企业一线员工或生产员工构成情况** 　　　　（单位：%）

	均值	标准差	最大值	最小值
一线员工或生产员工占比	23.87	35.59	100.00	0.00
一线员工或生产员工中新加坡员工占比	41.37	40.45	100.00	0.00
一线员工或生产员工中中国员工占比	25.73	28.43	100.00	0.00
一线员工或生产员工中其他国家员工占比	32.90	42.80	100.00	0.00

表 5 - 3 主要描述了新加坡中资企业的中高层管理员工的构成情况，主要从中高层管理员工占比、中高层管理人员中新加坡员工占比及中高层管理人员中中国员工占比三个方面分析。在新加坡中资企业中，中高层管理员工占了所调查企业的 27.42%，中高层管理人员中新加坡本地员工占比四成以上（40.57%），中国员工占比 53.0%，在中高层管理人员中，中国员工占比超过新加坡本地员工 12.43 个百分点，这说明新加坡本地员工素质较高，能够胜任大部分中资企业的管理工作，且在中资企业内，中国、新加坡管理员工能够合理地分配，共同工作。中资企业今后发展中，除了必要的关键职位由中国总部进行外派，可以适当聘用新加坡的高管人员，进一步促进中资企业在新加坡的本土化发展，融入当地。

表 5 - 3　　　　　　　　　　企业中高层管理员工构成　　　　　　（单位：%）

	均值	标准差	最大值	最小值
中高层管理员工占比	27.42	27.05	100.00	1.00
中高层管理人员中新加坡员工占比	40.57	37.32	100.00	0.00
中高层管理人员中中国员工占比	53.00	38.80	100.00	0.00

表 5 - 4 主要从技术人员和设计人员占比、技术人员和设计人员中新加坡员工占比及技术人员和设计人员中中国员工占比三个方面分析企业技术人员和设计人员的构成情况。在新加坡中资企业中，技术人员和设计人员占了所调查企业的 18.69%，其中新加坡本地员工占比达一半以上（51.13%），中国员工占比仅为 41.77%，新加坡本地员工占比超过中国籍员工 9.36 个百分点。从技术人员和设计人员占比来看，新加坡中资企业的员工素质整体水平较高，且新加坡本地员工占比高于中国，这与新加坡国民素质水平较高密切相关。

表5–4	企业技术人员和设计人员构成			（单位：%）
	均值	标准差	最大值	最小值
技术人员和设计人员占比	18.69	24.18	92.86	0.00
技术人员和设计人员中新加坡员工占比	51.13	41.27	100.00	0.00
技术人员和设计人员中中国员工占比	41.77	41.56	100.00	0.00

从新加坡中资企业非生产员工的构成情况来看（见表5–5），非生产员工占比达到27.1%。其中，非生产员工中新加坡本地员工占比达到69.47%，而中国员工占比仅为20.95%，不到新加坡本地员工的三分之一。这表明，新加坡本地员工在非生产员工中占了大多数。

表5–5	企业非生产员工构成			（单位：%）
	均值	标准差	最大值	最小值
非生产员工占比	27.10	32.34	100.00	0.00
非生产员工中新加坡员工占比	69.47	36.02	100.00	0.00
非生产员工中中国员工占比	20.95	30.50	100.00	0.00

表5–6反映的是按照企业规模来划分企业员工构成情况。女性员工在小型企业中占比为47.64%，在中型企业中占比为47.28%，而在大型企业中占比仅为33.79%。数据显示新加坡的中资企业，小型企业雇用女性员工的比例最高，高于大型企业14.85个百分点，而与中型企业相差比不大，均占四成左右。这表明中小型中资企业对待女性员工的态度相差不大，女性在其中并未遭遇过多的差别对待。

在新加坡中资企业中高管理层中，小型企业占比达到四成以上（44.17%），中型企业不到两成（17.25%），大型企业中不到一成，仅占5.8%。中高管理层占比，小型企业约为大型企业的7倍、中型企业的2倍多。这种现象与大中型企业中部门及员工数量较多有关。

表 5-6　　　　　　　　　**按企业规模大小划分的企业员工构成**　　　　（单位：%）

	企业规模类型	均值	标准差	最大值	最小值
女性员工占比	小型企业	47.64	27.13	100.00	0.00
	中型企业	47.28	25.78	96.67	3.33
	大型企业	33.79	31.18	80.00	3.33
中高管理层占比	小型企业	44.17	31.15	100.00	10.00
	中型企业	17.25	13.76	75.00	3.33
	大型企业	5.80	3.79	12.00	1.00
技术人员和设计人员占比	小型企业	16.40	23.26	70.00	0.00
	中型企业	24.73	26.46	92.86	0.00
	大型企业	8.35	15.12	50.00	0.00
非生产员工占比	小型企业	27.01	33.41	100.00	0.00
	中型企业	33.82	33.78	100.00	0.00
	大型企业	5.60	6.19	14.95	0.00

在技术人员和设计人员占比中，小型企业占比为 16.4%，中型企业占比为 24.73%，而大型企业占比为 8.35%。由表 5-6 可知，中型企业中技术人员和设计人员占比最多，占员工数量接近三成，比大型企业多了 3 倍多。这表明中型中资企业在新加坡更加注重企业的自身发展和技术创新。

在非生产员工占比中，小型企业占比接近三成（27.01%），中型企业达到三成以上（33.82%），大型企业占比最少，仅为 5.6%。由数据可以得出，非生产员工中大型企业占比最小，不到小型企业的 1/4 和中型企业的 1/6，这与大型企员工数量有较大关联。

表 5-7 反映的是新加坡中资企业全部人员的流动情况，主要分析大中小型企业中新增雇用人员、辞职人员和净流入人员三个方面的情况。

表5-7　　　　　　　　　　企业全部人员流动情况　　　　　　　（单位：人）

	企业规模类型	均值	标准差	最大值	最小值
新增雇用人员	小型企业	0.77	1.11	4	0
	中型企业	5.71	5.04	20	0
	大型企业	51.75	57.54	143	0
辞职人员	小型企业	0.67	1.14	4	0
	中型企业	3.44	3.28	10	0
	大型企业	49.00	62.23	170	3
净流入人员	小型企业	0.19	1.10	4	-2
	中型企业	2.54	4.20	14	-2
	大型企业	4.43	21.49	42	-27

从调研数据可看出，在新增雇用人员数量中，小型企业均值最小（0.77人），中型企业新增雇用人员均值为5.71人，大型企业新增雇员人数最多，均值达到51.75人。大型企业新增雇用比是小型企业的67倍多、中型企业的9倍多。大型中资企业新增雇用人员数量多，与近些年中资企业在新加坡发展较快有关，也表明我国企业在"一带一路"倡议下"走出去"的显著效果。

从辞职人员占比来看，小型企业辞职人员均值最小（0.67人），中型企业辞职人员均值为3.44人，大型企业辞职人员均值最高，达到了49.0人。就新增人员数量和辞职人员数量来看，二者之间的流动比相匹配。大型企业的员工流动情况较显著，也表明大型中资企业在新加坡还存在水土不服现象。而中小型企业由于企业架构更为灵活，反而人员组织结构更为稳定，更能适应新加坡的营商环境。

从净流入人员均值看，近两年小型企业净流入量人员平均数量为0.19人，中型企业净流入人员均值为2.54人，大型企业净流入人员数量均值为4.43人。这反映出大型中资企业员工净流入人员均值最大，其次为中型企业，小型企业最稳定。

表5-8反映的是企业新加坡员工的流动情况，从调研数据可看出小型企业的新增雇用人员均值为0.5人，中型企业新增雇用人员数量为

3.63 人，大型企业新增雇用人员为 12.33 人。大型企业中新加坡员工雇用数量是小型企业的 24 倍多、中型企业的 3 倍多，其雇用新加坡员工数量最多，为新加坡创造了最多的就业岗位。而从辞职人员数量均值来看，小型企业中新加坡员工辞职均值为 0.59 人，中型企业新加坡员工辞职均值为 2.08 人，而大型企业新加坡员工辞职人数均值为 13.0人。就辞职人数来看，大中小企业的辞职人数均值与新增雇用人员数量均值大致符合，符合企业发展员工数量需求。从净流入人员来看，小型企业处于平衡状态，净流入人员为 0，中型企业净流入值为 1.88人，大型企业则呈现负流入现象，为 - 5.2 人。通过对调研数据分析，大型中资企业在新加坡的发展并非一帆风顺，这可能与中国、新加坡两国之间经济文化差异较大，大型企业在海外发展一时难以适应国外环境所致。

表 5 -8　　　　　　　企业新加坡人员流动情况　　　　（单位：人）

	企业规模类型	均值	标准差	最大值	最小值
新增雇用人员	小型企业	0.50	0.86	3	0
	中型企业	3.63	4.51	17	0
	大型企业	12.33	13.94	35	0
辞职人员	小型企业	0.59	1.12	4	0
	中型企业	2.08	2.52	10	0
	大型企业	13.00	12.47	29	3
净流入人员	小型企业	0	0.98	3	-2
	中型企业	1.88	3.64	12	-2
	大型企业	-5.20	9.55	0	-22

表 5 -9 所反映的是新加坡中资企业中国人员流动情况。从中国人员的流动情况来看，小型企业中新增雇用人员均值为 0.27 人，中型企业新增雇用人员均值为 1.63 人，大型企业新增雇用人员为 4.33 人。大型企业中中国人员新增雇用人员最多。而从辞职人员数量均值来看，小型企业为 0.07 人，中型企业为 1.04 人，大型企业为 12.2 人。大型

企业中中国人员辞职数量最多。就净流入人员来看，小型企业中净流入中国人员为 0.19 人，中型企业为 0.54 人，大型企业为 -8.0 人。大型企业中中国员工净流入数量也呈现负增长态势。结合表 5-8，新加坡员工净增长也呈现出负增长的态势，说明大型中资企业在新加坡，行业员工数结构正处于调整之中。这种现象或许与新加坡作为多元文化交流中心，还有许多其他国家的员工正进入中资企业有关。

表 5-9　　　　　　　　　企业中国人员流动情况　　　　　　　（单位：人）

	企业规模类型	均值	标准差	最大值	最小值
新增雇用人员	小型企业	0.27	0.60	2	0
	中型企业	1.63	2.37	10	0
	大型企业	4.33	3.83	10	0
辞职人员	小型企业	0.07	0.27	1	0
	中型企业	1.04	2.21	10	0
	大型企业	12.20	21.31	50	0
净流入人员	小型企业	0.19	0.49	2	0
	中型企业	0.54	1.47	5	-3
	大型企业	-8.00	17.89	0	-40

通过以上分析，就整体情况而言，从女性员工占比来看，女性在新加坡中资企业得到了有效雇用，且一线员工占比较少，说明新加坡中资企业的技术水平较高；大多数新加坡中资企业除了关键的管理层、核心技术人员由中国企业外派以外，中资企业还能够雇用大量的新加坡本地员工，这表明新加坡中资企业的本土化程度较高，总体上能融入新加坡的经济社会发展；就企业全部员工流动情况来说，大中小型企业正处于调整的阶段，企业员工组成结构不断优化。这可能与中资企业走向海外的时间较短有关，中资企业还要不断适应，积累经验，为进一步融入新加坡多元文化的环境和为进一步发展做准备。

第二节　新加坡中资企业雇用行为分析

　　目前在新加坡注册的中资企业数量呈现递增趋势，新加坡高素质的人力资源状况助推了中资企业的发展，但是行业间由于层次的分布不均，某些行业从业人员素质跟不上企业发展要求。因而中资企业进入新加坡后需要根据实际情况对员工进行培训。同时，中资企业进入新加坡地区后，企业自身管理人员素质也有待提升，面临着极大挑战。

一　企业内中国驻派到新加坡高管情况

　　图 5-1 反映的是中国驻派新加坡高管的平均派遣时间情况。这部分问卷卷面问题为"贵公司由中国派到新加坡的高层管理人员平均派遣时间（值域：0.1—10.0）"。中国派到新加坡高管的平均派遣时间（见图 5-1），新加坡中资企业高管平均派遣时间 6 年以上的占比为43.48%，平均派遣时间在 1—3 年的占比 17.39%，平均派遣时间为4—6 年的占比为 13.04%，平均派遣时间不满 1 年的企业占比为26.09%。这说明新加坡中资企业高管平均派遣时间大多集中在 6 年以上（43.48%），驻新加坡不到 1 年时间的占比 26.09%，这表明中资企业倾向于派驻有经验的高管至新加坡。

　　表 5-10 分析了中资企业外派公司高管的语言掌握情况。问卷卷面问题为"贵公司高层管理人员中，有懂下列语言的吗？"五个选项分别为："完全不会""会一点""可以交流""流利""非常流利"。

　　首先，中资企业外派高管对于语言流利程度的掌握呈现了行业、地区之间的差异。从行业类型来看，在工业企业中中资外派高管的英语掌握能力较好，都可以用英语进行交流（50.0%），流利和非常流利使用英语进行交流的分别占到了 10.0% 和 40.0%，基本上占到了所调查中资外派高管的一半。

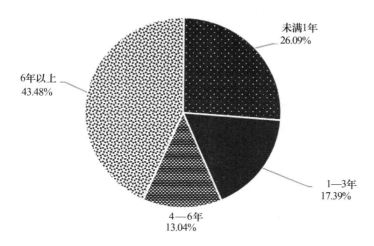

图 5 - 1　中国派到新加坡高管的平均派遣时间

　　从服务业来看，企业高管的语言掌握情况差异较大。服务业中资外派高管中，有 1.79% 的受访者完全不会用英语进行交流，3.57% 的受访高管掌握一点英语，可以用英语进行交流的达到了 33.93%，流利和非常流利用英语进行交流的分别占 17.86% 和 42.86%。以流利和非常流利掌握英语两项来看，中资企业服务业外派高管对英语的掌握程度高于企业工业 10.72 个百分点。与之相反，完全不会、会一点及可以交流三项中，中资企业外派高管工业行业对英语掌握程度比服务业高 10.71 个百分点。这种差异可能与二者行业属性差异有关。工业行业强调技术，而服务行业由于需要与不同的人员交流，因而能够流利或非常流利地使用英语的情况较好。

　　其次从企业所在区域来看，不在经济开发区、在新加坡经济开发区和其他地区的中资企业外派高管对英语的掌握程度也有所不同。在表 5 - 10 中，我们发现不在经济开发区的企业中，中资企业外派高管完全不会英语和会一点英语的占比都达 1.79%，可以交流的占比为 35.71%，流利和非常流利地使用英语占比分别为 16.07% 和 44.64%。而在新加坡经济开发区的中资企业中，外派高管对英语掌握情况较好。

受访的中资企业外派高管完全不会和会一点英语的占比都为0%，可以用英语交流的占比达到了一半（50.0%），流利和非常流利地使用英语的，占比分别为25.0%。由此可见，在新加坡经济开发区内的中资外派高管总体综合素质较高。而在其他区内，调研中也未发现完全不会说英语的中资外派高管，会一点英语的占比16.67%，可以用英语交流的占比33.33%，能够流利和非常流利地用英语进行交流的占比分别为16.67%和33.33%。

综合数据来看，新加坡中资企业外派高管对英语的掌握程度较好，这一方面是因为新加坡经济发达，对中资企业高管要求较高，其次是中资企业自身也意识到高素质的高管才能将新加坡企业管理好。

表5-10　　　　　　　　　中资企业高管英语流利程度　　　　　（单位：%）

	完全不会	会一点	可以交流	流利	非常流利
工业	0.00	0.00	50.00	10.00	40.00
服务业	1.79	3.57	33.93	17.86	42.86
不在经济开发区	1.79	1.79	35.71	16.07	44.64
新加坡经济开发区	0.00	0.00	50.00	25.00	25.00
其他	0.00	16.67	33.33	16.67	33.33

接下来分析中资企业高管新加坡语言的流利程度（见表5-11）。新加坡由于有四种官方语言：英语、马来语、话语和泰米尔语，因而本题只要能够掌握其中一种语言即视为掌握新加坡语。

就工业企业来说，可以用新加坡语交流的达到四成（40.0%），能够流利交流的达到20.0%，非常流利地用新加坡语进行交流的达到40.0%。这说明工业企业高管并不存在语言障碍。就服务业和不在经济开发区企业来说，完全不会和会一点新加坡语都占1.79%，可以交流的达到三成以上（30.36%），流利交流的达到21.43%和17.86%，非常流利的达到四成以上（44.64%）。这说明对于服务业来说，中资企业还需要加强对企业高管的语言培训，提高对新加坡语的掌握程度。

这两项数据发生重合，有可能是大多数服务业都不是位于经济开发区内，也可能是此次调研范围过小导致的。就在新加坡经济开发区内的企业来说，可以用新加坡语进行交流的达到25.0%，流利使用新加坡语的占50.0%，非常流利地使用新加坡语的占比达到25.0%。这说明在新加坡经济开发区内的中资企业高管语言能力较好，能够解决日常生活和工作所需。对于部分其他企业来说，可以交流的中资企业高管达到了16.67%，可以流利交流的占调研对象的33.33%，而非常流利地使用新加坡语言的达到一半（50.0%）。就本次调研整体而言，新加坡中资企业高管能够较好地掌握新加坡语，素质较高。

表 5 - 11　　　　　　　　　企业高管新加坡语流利程度　　　　　（单位：%）

	完全不会	会一点	可以交流	流利	非常流利
工业	0.00	0.00	40.00	20.00	40.00
服务业	1.79	1.79	30.36	21.43	44.64
不在经济开发区	1.79	1.79	33.93	17.86	44.64
新加坡经济开发区	0.00	0.00	25.00	50.00	25.00
其他	0.00	0.00	16.67	33.33	50.00

二　中资企业对员工的培训情况

本部分主要分析新加坡中资企业对员工的培训内容，从而了解新加坡中资企业在新加坡更加注重企业员工哪方面素质的培养。从表5-12中可知，平均每家中资企业2018年对新加坡员工培训的均值人数为47.39人，培训次数均值为16.08次。其中，工业企业员工培训次数均值为34.33次，服务业企业员工的培训次数均值为12.17次。由此可见，中资企业中工业企业对于员工培训次数明显高于服务业次数，为2.82倍，这主要是工业企业内有较多技术性要求，行业更新换代快的特点，要求员工能够与时俱进。且工业行业对员工安全更为重视，故而中资企业工业企业员工培训次数高于服务业。

就调查所处的区域来看，不同区域之间的企业员工培训次数差异也较为显著。不在任何经济开发区的企业员工培训次数均值为 13.81 次，而其他企业员工培训次数均值为 51.67 次，新加坡经济开发区的企业员工培训次数暂无数据。不在任何经济开发区的企业员工培训次数比其他企业员工培训次数均值少 37.86 次。这或许与不在任何经济开发区的企业性质有关，不在开发区内的企业大多数是小型企业，机构灵活，人员少，发现的问题往往能及时解决，因而培训次数较少。

就有无企业工会的企业而言，从表 5 - 12 中可见，没有自身工会的企业员工培训次数均值为 4.0 次，有自身工会的企业员工培训次数均值为 16.32 次，二者相差达到 3 倍左右。一般而言，有企业工会的多为大中型企业，小型企业由于规模较小，员工数量较少，故而企业自身工会组织培训的次数较少。

表 5 - 12　　　　　　　　　企业培训人员规模与次数　　　　　　（单位：次）

	均值	标准差	最大值	最小值
2018 年培训的新加坡员工人数	47.39	141.51	1000	1
2018 年培训的次数	16.08	36.84	200	1
工业企业员工培训次数	34.33	49.71	150	1
服务业企业员工培训次数	12.17	32.92	200	1
不在任何经济开发区的企业员工培训次数	13.81	33.34	200	1
新加坡经济开发区的企业员工培训次数	无	无	无	无
其他企业员工培训次数	51.67	85.17	150	1
有自身工会的企业员工培训次数	4.00	0.00	4	4
没有自身工会的企业员工培训次数	16.32	37.17	200	1

从中资企业对员工培训的类型来看（见表 5 - 13）。企业对员工的培训类型主要集中在管理与领导能力，人际交往与沟通技能，写作能力，职业道德与责任心，计算机或一般 IT 使用技能，工作专用技能，英文读写能力，安全生产及其他技能这些方面。从调研数据可知，在行业分布、中资企业所在区域及有无工会是对中资企业员工培训产生较大影响的三个方面。

表 5 - 13　　　　　　　　　　企业对员工培训的类型　　　　　　（单位：%）

	管理与领导能力	人际交往与沟通技能	写作能力	职业道德与责任心	计算机或一般IT使用技能	工作专用技能	英文读写能力	安全生产	其他能力
工业	33.33	22.22	0.00	0.00	11.11	100.00	0.00	55.56	0.00
服务业	32.61	50.00	4.35	17.39	13.04	93.48	6.52	15.22	6.52
不在经济开发区	27.66	38.30	4.26	12.77	12.77	93.62	6.38	23.40	6.38
新加坡经济开发区	66.67	100.00	0.00	0.00	33.33	100.00	0.00	0.00	0.00
其他	60.00	80.00	0.00	40.00	0.00	100.00	0.00	20.00	0.00
有自身工会	50.00	50.00	0.00	50.00	0.00	100.00	0.00	50.00	0.00
无自身工会	32.08	45.28	3.77	13.21	13.21	94.34	5.66	20.75	5.66

从调研数据来看（见表 5 - 13），工作专用技能在所有培训比例中占比最高。具体而言，工业企业、新加坡经济开发区企业、其他地区的企业、有自身工会的企业达到了 100.0%。而服务业企业达到了 93.48%，不在经济开发区的为 93.62%，无自身工会的企业达到了 94.34%。这说明在新加坡中资企业目前都注重自身员工的培养，同时表明，中资企业员工素质能够跟上企业发展要求。

从管理与领导能力建设方面来看，工业企业占比为 33.33%，服务业企业占比为 32.61%，不在经济开发区企业占比为 27.66%，新加坡经济开发区企业占比为 66.57%，其他地区企业占比为 60.0%，有自身工会企业占比为 50.0%，无自身工会企业占比为 32.08%。从调研数据可知，在新加坡经济开发区的企业培训比例最高（66.7%），不在经济开发区工会的企业培训比例最低，为 27.66%，约为在新加坡经济开发区企业的一半。这与新加坡经济开发区内中资企业规模较大，管理规范有关。而不在经济开发区的企业，规模较小，企业主与员工之间沟通方便，故而对这方面的培训要求较小。

从人际交往与沟通技能培训方面来看，工业企业占比为 22.22%，服务业企业占比为 50.0%，不在经济开发区企业占比为 38.3%，新加坡经济开发区企业占比为 100.0%，其他地区企业占比为 80.0%，有自身工会企业占比为 50.0%，无自身工会企业占比为 45.28%。在新加坡经济开发区企业的培训比例最高（100.0%），而工业企业的培训比最低（22.2%），这与工业企业的自身属性有关，工业企业以技术为导向，主要解决技术性问题。

从写作能力培养方面来看，新加坡中资企业对此项技能的培训并不过于重视。其中工业企业、新加坡经济开发区企业、其他地区企业及有自身工会企业四项培训比例为 0，而另外几项培训比例也并不高。对写作能力培训比例最高的是服务业企业，但也仅为 4.35%，其次为不在经济开发区的企业，企业培训比例为 4.26%，最后是无自身工会企业，对员工写作能力培训的比例为 3.77%。这可能与新加坡当地员工素质较高有关，也与服务业类型企业对员工的文字表达能力要求较高有关。值得注意的是，服务业企业，不在经济开发区企业和无自身工会企业三项有可能有重叠，因而导致服务业企业对员工的写作能力培训比例最高。

就新加坡员工的职业道德与责任心的培训来说，除了工业企业和新加坡经济开发区地区企业未涉及这一项培训之外，其他中资企业都对员工进行了相关方面的培训。服务业企业的培训比例为 17.39%，不在经济开发区企业的培训比例为 12.77%，其他地区企业培训比达到了 40.0%，有自身工会企业达到 50.0%，无自身工会企业培训比例为 13.21%。从培训占比来看，新加坡中资企业中有自身工会的中资企业对员工的职业道德与责任心培养最为重视。

就计算机或一般 IT 使用技能来说，除了其他地区的企业和有自身工会的企业没有涉及这项数据，其余都有涉及此项相关培训。位于新加坡经济开发区的企业服务培训占比最高，但也仅有 33.33%，最低的是工业类企业，培训比为 11.11%，这与工业企业员工自身业务水平较高有关，故而企业无须进行更多的培训。

就英文读写能力培训来说，仅有服务业企业、不在经济开发区企业和无自身工会企业涉及此项数据，服务业企业对员工的英文读写能力培训比例最高，但也仅有 6.52%。中资企业英文读写能力培训比例较低与新加坡当地语言使用习惯有关。英文是居民的常用使用语言之一，故除了专业的读写需要培训外，中资企业无须过分关注员工的语言沟通能力。

就安全生产培训来说，除了在新加坡经济开发区企业没有涉及相关培训以外，其他在新加坡的中资企业都重视企业的安全生产。其中工业类企业最为重视，对员工的安全生产培训占比为 55.56%，其次是有自身工会的企业（50.0%），不在经济开发区企业（23.4%），无自身工会企业（20.75%）、其他地区企业（20.0%），最后是服务业企业（15.22%）。在新加坡经济开发区企业没有涉及相关培训，可能是因为这部分中资企业生产的产品属于高尖端产品，具有附加值高，员工少的特点，经济开发区管理处对相关企业的安全生产已经进行了相关管理。而工业类企业则是由于自身生产性质，员工需要进行有一定危险的操作，故而培训比例最高。

对于其他能力的建设上，仅有服务业企业、不在经济开发区企业和无自身工会企业三项有所涉及，其中服务业企业对员工的其他能力进行培训的比例最高，但是也仅为 6.52%，因此就其他能力的培训上，大多企业的培训较少，需要员工自身去提高自己的综合素质。

图 5 - 2 反映的是针对公司没有对员工进行正规培训的原因调查。根据调研数据，从图 5 - 2 可知，超过九成（90.91%）的企业认为不需要进行培训，有不到一成（9.09%）的人认为缺乏与企业工作相关的培训项目。认为不需要培训的企业问卷答案如此集中，可能与本次调研企业样本数量较少有关。

三　2018 年新加坡企业中资企业招聘遇到的问题

更多的中资企业到新加坡开拓海外市场的同时，新加坡中资企业内部也有仍未解决的问题，主要包括求职者数量过少、缺乏企业

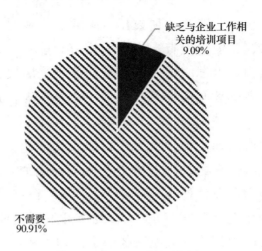

图 5-2　公司没有正规培训的原因

所需技能、期望薪酬过高、对工作条件不满或是交流困难等问题
（见表 5-14）。

表 5-14　　　　　　　2018 年企业招聘遇到的问题类型　　　　（单位：%）

	求职者 数量过少	缺乏企业 所需技能	期望薪酬 过高	对工作 条件不满	交流困难
工业	20.00	50.00	80.00	10.00	20.00
服务业	43.64	66.07	62.50	36.36	17.86
不在经济开发区	33.93	60.71	60.71	33.93	16.07
新加坡经济开发区	75.00	75.00	75.00	0.00	25.00
其他	80.00	83.33	100.00	40.00	33.33
有自身工会	0.00	50.00	100.00	50.00	0.00
无自身工会	41.27	64.06	64.06	31.75	18.75

　　从求职者数量来看，其他地区企业求职者遇到的问题最突出
（80.0%），其次是在新加坡经济开发区企业（75.0%），服务业企业
（43.64%），无自身工会企业（41.27%），不在经济开发区企业
（33.93%），而有自身工会企业目前并未面临求职者数量过少的问题。

从其他地区企业来看，新加坡中资企业依然面临着招聘难的现象，而有自身工会的企业，大部分问题可以由工会出面解决，因而暂未遇到招聘难的现象。

从求职者缺乏企业所需技能来看，每个行业都面临着招不到"对口"的员工现象。求职者缺乏企业所需技能依然是其他地区企业面临的最大困难（83.33%），其次是新加坡经济开发区企业（75.0%），服务业企业（66.07%），无自身工会企业（64.06%），不在经济开发区企业（60.71%），工业企业和有自身工会企业（50.0%）。

从求职者期望薪酬过高来看，其他地区企业和有自身工会企业在该项达到了100.0%，其次是工业企业（80.0%），新加坡经济开发区企业（75.0%），无自身工会企业（64.06%）和服务业企业（62.5%）。由此可见，其他地区企业因为行业繁杂，故而面临的问题更为复杂，而有自身工会企业，工会会尽可能为员工谋求各项福利，故而导致员工期望薪酬较高。相对而言，服务业行业员工薪酬较为透明，企业所面临的这方面问题较少。

就对工作条件不满来说，除了在新加坡经济开发区企业没有遇到此相关问题，其余中资企业皆面临这个问题。其中最高的是有自身工会企业，达50.0%，其次是其他地区企业（40.0%），服务业企业（36.36%），不在经济开发区企业（33.93%），无自身工会企业（31.75%），最后是工业企业（10.0%）。新加坡经济开发区企业由于受到当地经济开发区的管理，故员工对工作条件不满的现象较少。而有自身工会企业，由于工会在维护员工利益，故而员工自我意识较强，对工作环境过于挑剔。

就交流困难来说，求职者在各个行业遇到的交流困难现象较少。除有自身工会企业不涉及此项问题外，其余行业都存在这个现象，但是比例较低。其中其他地区企业面临的问题最为严重，但是仅为33.33%，而服务业企业遇到此类求职困难的比例仅为17.86%。考虑到新加坡是一个多元文化的国家，除了华人、马来人以及部分能够使用英语、华语交流的外籍员工外，求职者存在交流困难现象可以理解。

四　企业主对员工综合能力的态度

图 5 - 3 针对中资企业主对新加坡雇用员工的综合能力要求态度进行分析，问卷主要涉及了以下几个问题。语言方面主要包括员工的中文听说能力，英文听说能力，沟通能力；员工相关能力主要包括团队合作、独立工作、时间管理、问题解决、相关技能等能力。问卷卷面问题主要为"过去一年（2018 年），贵公司在雇用新加坡员工时，您认为以下哪些特征与技能更重要？请按重要性评分，1 分为最不重要，5 分为最重要"。选项按照评分从"1—5 分"打分，分别为"最不重要、不太重要、重要、很重要、最重要"几项。

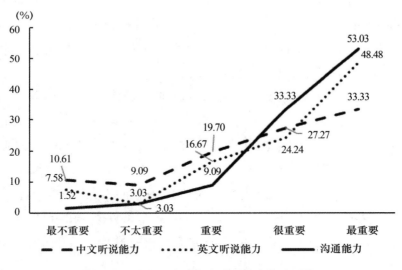

图 5 - 3　企业主认为语言沟通能力的重要性

从语言沟通能力上来看，有 10.61% 的企业主认为中文听说能力最不重要，而 33.33% 的企业主认为中文听说能力最重要，认为不太重要的占 9.09%，认为重要的占 19.7%，认为很重要的占 27.27%。虽然企业主认为中文听说能力"最不重要"和"最重要"彼此相差有 2 倍多，但是差距并不大。因为华语作为新加坡官方语言之一，在日常生活中被广泛使用，导致有些企业主认为中文听说能力最不重要。反之，有些中资企业主则认为，在中资企业里中文的听说能力更为重要。

就英文听说能力来说，有 7.58% 的企业主认为英文听说能力最不重要，3.03% 的认为不太重要，16.67% 认为重要，24.24% 认为很重要，认为最重要的企业主约占一半（48.48%），高于中文 15.15 个百分点。企业主认为英文听说能力"最不重要"和"最重要"相差 5 倍多。这说明在新加坡，企业主认为对于英语的掌握能力重要性已经高于对中文的掌握能力，也说明新加坡中资企业在进一步走向国际合作的舞台。

对于沟通能力的掌握来看，超过五成（53.03%）的中资企业主认为企业员工的沟通能力最重要，认为最不重要和不太重要占比分别为 1.52% 和 3.03%，这说明绝大多数（超九成）的企业主很重视员工的沟通能力。

根据调研数据，图 5-4 表现了中资企业主对员工相关能力的重要性。就新加坡员工团队合作能力的重要性而言，超过一半（56.06%）的企业管理人员认为员工的团队合作能力最重要，认为最不重要的占比为 0%，认为不太重要的占比为 1.52%，认为重要的占比 7.56%，认为很重要的占比为 34.85%。这说明，在新加坡中资企业里面企业主注重员工团队意识培养。

就新加坡员工的独立工作能力来看，超过四成（46.97%）的企业管理人员认为员工需要有独立工作的能力，认为最不重要的占比为 0%，不太重要的占比 1.52%，重要占比 4.55%，很重要占比也超过四成，达到 46.97%。这表明，新加坡中资企业管理人员在看中员工的团队合作能力同时，也注重企业员工的个人能力的建设。

就时间管理而言，认为最不重要的占比 4.55%，不太重要的占比 3.03%，重要的占比 15.15%，很重要的占比 28.79%，非常重要的占比 48.48%。这表明中资企业管理人员时间观念意识较强，超七成

（92.42%）的企业管理人员关注员工的时间管理能力。

就员工的问题解决能力而言，超过六成（60.61%）的中资企业管理人员需认为员工有解决问题的能力"最重要"，认为最不重要的占比为0，认为不太重要的占比4.55%，认为重要的占比7.58%，认为很重要的占比27.27%。在企业员工问题解决上，绝大多数（95.46%）的中资企业管理人员关注员工的问题解决能力。

就相关技能而言，有1.52%的中资企业管理人员认为其最不重要，7.58%认为其不太重要，19.7%认为其重要，31.82%认为员工相关技能很重要，39.39%的企业管理人员认为相关技能最重要。可见员工的相关技能对其在公司发展中有一定助力。

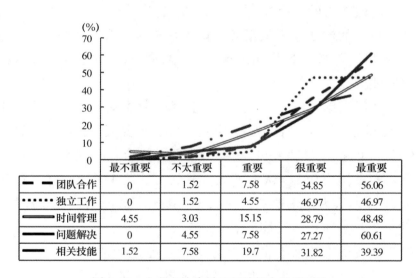

	最不重要	不太重要	重要	很重要	最重要
▬ ▬ 团队合作	0	1.52	7.58	34.85	56.06
▪▪▪▪ 独立工作	0	1.52	4.55	46.97	46.97
══ 时间管理	4.55	3.03	15.15	28.79	48.48
▬ 问题解决	0	4.55	7.58	27.27	60.61
▬ 相关技能	1.52	7.58	19.7	31.82	39.39

图5－4 企业主认为员工相关能力的重要性

第三节 新加坡中资企业劳资
纠纷及处理效果分析

中资企业由于"走出去"获得了快速发展，但是伴随着中资企业在新加坡"阵容"的不断扩大，一些隐性问题也逐渐显现出来，如员工的福利待遇保障问题，中资企业对当地法律法规的理解问题等。这些问题如没有被处理好往往会产生较大的矛盾，甚至引发集体罢工，反对中资企业等恶性事件。

一　中资企业工会及劳动争议的整体情况分析

根据本次调研数据来说，新加坡中资企业少部分出现了劳动争议情况，图 5－5 显示的是中资企业劳动争议持续时间占比分析。从受访企业最长劳动争议的持续时间看，没有出现劳动争议的企业占绝大多数（95.31%），持续时间在 1—7 天的为 1.56%，超过 7 天的企业占比为 3.12%。这说明绝大多数新加坡中资企业能够在有效的时间内将劳动争议解决。

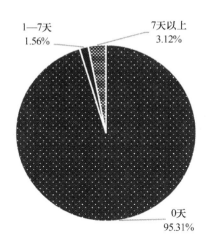

图 5 – 5　最长劳动争议的持续时间

从影响最大的劳动争议涉及人数来看（见图 5 – 6）。问卷卷面问题为"贵公司发生过的影响最大的一次劳动争议事件涉及的人数为_____人（值域：0—9999）"。从图中可见，超过九成（95.38%）的企业劳动争议涉及人数为 0。问题争议涉及人数在 0—50 人之间的占比 4.62% 。即在受调研企业中，较少部分企业卷入过劳动纠纷，而大部分企业能很好地运行。

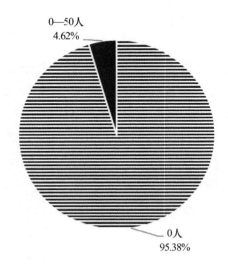

图 5 – 6 影响最大的劳动争议涉及人数

二 企业产生劳动争议的原因

新加坡中资企业与当地雇员发生纠纷的主要因素是中资企业对当地的法律法规及当地文化的理解不够深入。从法律法规上来看，新加坡中资企业对当地企业的理解不够透彻，企业与雇员签订雇用合同时双方存在误解，故而在工作期间双方易于产生矛盾。从对中资企业对当地文化的了解程度来看，中资企业出现了对新加坡本地文化、雇员自身文化等了解不清的现象，导致企业文化建设上出现损害新加坡雇员感情的现象。由于新加坡雇员素质较高，行为做事以新加坡法律作为行为准则，中资企业的一些违反当地法律法规的行为导致当地雇员产生不满，进而产生劳资纠纷（详见表 5 – 15）。

从工业企业来看，导致工资纠纷出现问题的仅有雇用员工工资纠纷，且所有受调查的工业企业（100.0%）都出现过雇员工资纠纷问题。就服务业企业来说，受调研企业导致劳动争议出现的原因为工资纠纷（33.33%）和雇用外籍员工引发的冲突（33.33%）。不在经济开发区企业产生劳动争议的主要原因为工资纠纷（66.67%）和雇用外籍员工引发的冲突（33.33%）。在有女性高管的企业中，导致企业劳动争议产生的原因主要为工资纠纷（66.67%）。无自身工会企业产生劳动争议的主要原因为工资纠纷（50.0%）和雇用外籍员工引发冲突（25.0%）。从调研数据而分析，企业的工资纠纷和外籍员工引发的冲突是导致企业产生劳动争议的主要原因。表中其他地区企业、无女性高管的企业及有自身工会企业则不涉及这项数据，并不代表这些企业没有出现过劳动争议的问题，而是此次调研受数据样本限制，有不全面之处。

表5-15　　　　　　　　企业产生的劳动争议的原因　　　　　　（单位：%）

	工资纠纷	社会保障纠纷	劳动合同纠纷	雇用外籍员工引发冲突	不满现有的安全生产条件	环境和资源保护力度不足	其他原因
工业	100.00	0.00	0.00	0.00	0.00	0.00	0.00
服务业	33.33	0.00	0.00	33.33	0.00	0.00	0.00
不在经济开发区	66.67	0.00	0.00	33.33	0.00	0.00	0.00
其他	0.00	0.00	0.00	0.00	0.00	0.00	0.00
有女性高管	66.67	0.00	0.00	0.00	0.00	0.00	0.00
无女性高管	0.00	0.00	0.00	100.00	0.00	0.00	0.00
有自身工会	无	无	无	无	无	无	无
无自身工会	50.00	0.00	0.00	25.00	0.00	0.00	0.00

表5-16主要分析了当企业出现劳动争议的时候，近三年中资企业是以何种途径解决上述争议的。当新加坡中资企业出现劳动争议时，企业主要的解决途径有与行业工会谈判解决，当地警察协助解决，中国商户居中调停，法律途径及其他途径解决，但各个行业有所差别。具体而言，就工业企业和其他类企业来说，当地企业都未涉及

上述途径，而是寻求其他途径来解决。工业企业寻找其他途径来解决劳动争议的占比为100.0%，而其他地区企业仅有50.0%企业有意愿寻找其他途径解决劳动争议，这说明其他类企业解决争议的意愿并不强烈。就服务业来说，寻求与行业工会谈判的意愿，寻找法律途径和其他途径的意愿都为25.0%。而就不在经济开发区的企业来说，解决劳动争议的主要途径有与行业工会谈判解决（33.33%），法律途径（33.33%）及其他途径（33.33%）。有女性高管企业中，解决劳动争议的主要途径为与行业工会谈判解决（25.0%）和其他途径解决（50.0%）。对无自身工会企业来说，解决争议的主要途径有与行会工会谈判解决（20.0%），法律途径（20.0%）以及其他途径（40.0%）。整体而言，当中资企业出现问题的时候，它们会积极寻找解决途径，主要途径为与行业工会谈判解决，法律途径解决和其他途径解决。

表5-16　　　　　　　企业近三年劳动争议解决途径　　　　（单位：%）

	与行业工会谈判解决		当地警察协助解决		中国商会居中调停		法律途径		其他途径	
	是	否	是	否	是	否	是	否	是	否
工业	0.00	100.00	0.00	100.00	0.00	100.00	0.00	100.00	100.00	0.00
服务业	25.00	75.00	0.00	100.00	0.00	100.00	25.00	75.00	25.00	75.00
不在经济开发区	33.33	66.67	0.00	100.00	0.00	100.00	33.33	66.67	33.33	66.67
其他	0.00	100.00	0.00	100.00	0.00	100.00	0.00	100.00	50.00	50.00
有女性高管	25.00	75.00	0.00	100.00	0.00	100.00	0.00	100.00	50.00	50.00
无女性高管	0.00	100.00	0.00	100.00	0.00	100.00	0.00	100.00	0.00	100.00
有自身工会	无	无	无	无	无	无	无	无	无	无
无自身工会	20.00	80.00	0.00	100.00	0.00	100.00	20.00	80.00	40.00	60.00

小　结

通过分析本次的调研数据，针对"新加坡中资企业的员工构成分析"来看，新加坡中资企业中女性员工占比较高，男性工人和女性相比并未占太大优势；一线生产员工占新加坡中资企业员工比重较少，从国籍来看，一线员工呈现多元化特点；从管理层来看，中国、新加坡两国的管理人员相差不大；企业技术人员中新加坡员工占比较高；而就中资企业人员流动情况来看，虽然大中小型企业员工流动状况差异较大，大型企业员工流动性较高，小型企业较为稳定，但总体来看，企业流失人员都能够得到有效补充，保证企业有效运转。

针对中资企业中企业主的雇用行为而言，中资企业高管派遣主要集中在超过六年的时间段上，高管驻新加坡时间长，对当地的市场经营状况较为了解；而从高管对于当地语言（英语和新加坡语）来说，中资企业高管的英语水平较高，虽然不同行业、企业所在地区呈现出不同的态势，但整体而言，新加坡中资企业高管可以用英语进行沟通，语言并未成为企业发展的障碍。从对员工培训的情况这一项来看，绝大部分的新加坡中资企业都关注对员工的培训，企业对于员工的素质要求较高。这从企业培训人员规模与次数可以看出。从调研数据可知，行业分布、中资企业所在区域及有无工会是对中资企业员工培训产生较大影响的三个方面。而在培训类型上，几乎所有的企业都关注员工的工作专用技能。就新加坡中资企业招聘遇到的问题来看，所调研的不同行业、区域企业数据显示，招聘中最常见的问题是员工期望薪酬过高。在员工所具有的相关工作相关技能上来看，发现员工具有的相关技能越多，其在中资企业的提升空间就越大。

针对新加坡中资企业劳资纠纷及处理效果分析。中资企业对待劳动争议较为谨慎，只有少部分出现了劳动争议的情况，绝大多数企业没有出现过该问题。而在出现了这些问题的企业中，涉及劳动争议的人数也大部分少于 50 人，涉及劳动争议的问题并未扩大化。对劳动产生劳动争议的原因进行调查，不同行业、地区的企业又有不同，但雇用员工工资是导致劳动争议的主要原因，其次是不同国籍员工引发的冲突。当劳动争议产生时，各个行业、地区的企业解决劳动争议所采取的途径有所不同，与行业工会谈判解决及法律途径是中资企业采取的主要途径。此外，为了解决问题，中资企业也会积极依法采取其他途径解决问题。

第 六 章

新加坡中资企业本地化经营与
企业国际形象分析

自"一带一路"倡议提出以来，中资企业在海外市场迅速发展，稳步扎根，在东道国不断扩大企业及中国国家影响力，使得中资企业的海外利益已成为企业整体利益和双方国家利益的重要组成部分，其跨国经营状况在很大程度上影响了当地经济社会发展质量和国家间外交关系。同时，受当地政府法律体系、政策法规、经济环境及文化风俗等因素影响，中资企业在"走出去"的过程中并不是一帆风顺，在企业利益、国家形象以及国际关系发展等方面存在众多挑战。从根本上看，提高中资企业本土化经营程度、全方位履行企业对东道国的社会责任，即可实现企业经济效益、东道国经济社会发展和中国国家形象宣传的多赢局面。

第一节　新加坡中资企业本地化经营程度

企业本地化经营是一套流程上实现生产和供销本地化，企业内部结构上实现人事架构本地化为一体的完整系统，开展本地化经营是企业在海外实现可持续发展的必经之路。从直接价值来看，企业开展本地采购、生产、销售，雇用本地员工，有助于企业削减资源和人力投入，降低经营成本和进行文化融合，同时能够带动当地相关产业发展、增加东道国就业岗位及实现企业社会责任。基于新加坡特有的政治和社会结构，以及中国、新加坡经济发展水平等因素，新加坡中资企业在新加坡本地化经营程度是影响新加坡中资企业和新加坡经济社会发展、中国在新加坡的国家形象，甚至中国、新加坡关系发展等较为基础性的因素。

一 新加坡中资企业供销本地化程度

供应商是为企业生产提供原材料的主要来源之一，销售商是企业产品和服务的销售渠道，供销商的本地化程度能够直接反映企业供销本地化水平。

从表6-1至表6-4中可以看出，受访的中资企业中，平均每家企业会有20家新加坡供应商和10家非新加坡供应商，15家新加坡经销商和5家非新加坡经销商。所有供应商的来源国多达116个，而没有销售商来自非新加坡国家，其中所受访的中国供应商达486家，没有中国销售商。有22家企业累计更换过185家供应商，另外2家企业更换过51家销售商。

表6-1　　　　　　　　　　中资企业供销商本地化程度　　　　　　　　　　（单位：个）

		数量均值	标准差	最大值	最小值
新加坡	供应商	20.39	33.52	99	0
	经销商	15.20	33.33	99	0
非新加坡	供应商	10.94	26.47	99	0
	经销商	5.00	15.81	50	0

表6-2　　　　　　　　　　非新加坡供应商、销售商来源国　　　　　　　　　　（单位：个）

	来源国数量	平均值	标准差	最大值	最小值
供应商	116	3.87	7.33	30	1
经销商	无	无	无	无	无

表6-3 　　　　　　　　　　　中国的供应商、销售商数量 　　　　（单位：个）

	中国的供应商、 销售商数量	平均值	标准差	最大值	最小值
供应商	486	18.00	30.10	99	1
经销商	无	无	无	无	无

表6-4 　　　　　　　　　　新加坡供应商、销售商更换数量 　　　（单位：个）

	更换过的企业	更换数量	平均值	标准差	最大值	最小值
供应商	22	185	8.41	8.81	30	1
经销商	2	51	25.50	34.65	50	1

　　进一步从新加坡中资企业的新加坡供应商和非新加坡供应商的百分比来看，据图6-1显示，有54.55%的受访企业表示没有一家新加坡供应商，48.48%的受访企业表示其所有供应商都来自新加坡。表示有1—10家新加坡供应商的受访企业占13.64%，而超过四分之一（28.78%）的受访企业表示有1—10家非新加坡供应商。自然的，在有10家以上供应商为非新加坡供应商的受访企业明显少于有10家以上新加坡供应商的企业。综上可以看出，在受访企业中，52%左右的企业都有1家以上不等的新加坡供应商，而只有45%左右的企业表示有非新加坡供应商，因此在受访企业中，拥有新加坡供应商的企业和拥有非新加坡供应商的企业数量接近，但新加坡供应商略多于非新加坡供应商。

　　其次从主要销售商数量来看，如图6-2所示，总体上说，新加坡销售商数量多于非新加坡销售商数量，只有10%的受访企业表示有非新加坡销售商，且有大于10家，而有30%的受访企业表示有新加坡销售商，其中20%的企业拥有10家以上新加坡销售商。

　　从不同供销商的合作年限上看，如图6-3所示，所有受访企业的供应商均是在2000年以后开始合作，其中接近四分之一（24.24%）的供应商是从2000—2005年期间开始合作，2006—2010

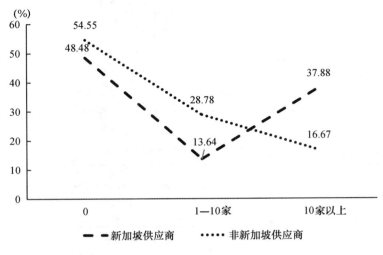

图 6 – 1　供应商数量百分比分布

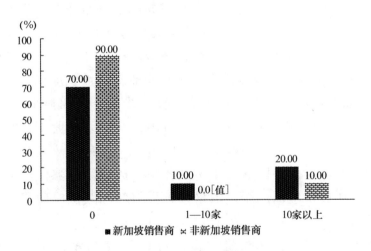

图 6 – 2　新加坡及非新加坡销售商数量的百分比

年期间开始合作的供应商较少，只有 15.15%，2010 年后，合作的供
应商数量开始上升，直到 2016 年以后开始合作的供应商达到
33.33%。所有的销售商都是从 2006 年以后才开始和受访新加坡中资
企业合作的，2006 年至今，每五年都会有几乎相同数量的销售商开

始和受访中资企业合作。而多年与来自如此多的国家的供应商和销售商合作，难免会出现经济纠纷，从表6-5、表6-6和表6-7中可以看出，首先，只有不到三分之一（28.57%）位于首都城市的中资企业与供应商发生过经济纠纷，而超过三分之二（71.43%）位于首都城市的中资企业和所有位于商业城市的中资企业都没有与供应商发生过经济纠纷，且所有中资企业都没有与经销商发生经济纠纷；其次，有女性高管的中资企业中，有87.50%的企业与供应商发生过经济纠纷，所有没有女性高管的中资企业都与供应商发生过经济纠纷；最后，与供应商的经济纠纷只发生在没有自身工会的企业中，而有自身工会的企业没有一家与供应商发生过经济纠纷。

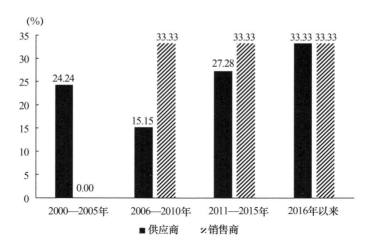

图6-3　新加坡供销商合作开始时间

表6-5　　　　　　　　　城市类型与经济纠纷情况　　　　　（单位：%）

	与供应商经济纠纷		与经销商经济纠纷	
	是	否	是	否
首都城市	28.57	71.43	0.00	100.00
商业城市	0.00	100.00	0.00	100.00
非城市	无	无	无	无

表 6 – 6 　　　　　　**企业高管性别与经济纠纷解决及其途径** 　　　　（单位：%）

	与供应商经济纠纷						与经销商经济纠纷					
	是	否	途径				是	否	途径			
			公司负责	商业合同	法律途径	谈判			公司负责	商业合同	法律途径	谈判
有女性高管	87.50	12.50	57.14	0.00	14.29	28.57	0.00	100.00	无	无	无	无
无女性高管	100.00	0.00	0.00	100.00	0.00	0.00	0.00	100.00	无	无	无	无

表 6 – 7 　　　　　　**企业工会、全国工会与经济纠纷解决及其途径** 　　　　（单位：%）

	与供应商经济纠纷						与经销商经济纠纷					
	是	否	途径				是	否	途径			
			公司负责	商业合同	法律途径	谈判			公司负责	商业合同	法律途径	谈判
有自身工会	无	无	无	无	无	无	无	无	无	无	无	无
无自身工会	90.00	10.00	44.44	22.22	11.11	22.22	0.00	100.00	无	无	无	无

　　根据上述数据可以看出，首先，在新加坡中资企业中，新加坡供销商的数量多于非新加坡供销商数量，说明新加坡中资企业大多由本地供应生产原始材料进行生产，大多在新加坡内部销售，供销本地化程度较高；其次，从 2010 年以后开始合作的新加坡供销商数量相对较多，不排除因 2008 年国际金融危机影响，中国经济受到的影响相对较小，新加坡供销商存在转向中资企业以求稳定的心态；再次，企业位于首都城市或商业城市、有无女性高管等因素对是否与供销商发生经济纠纷影响不大，真正对经济纠纷产生影响的是有无企业工会，因此可见，在新加坡中资企业无论是受新加坡经济形势、国情、传统等因素左右，还是企业质量、国际体制机制健全要求等情况影响，工会都在新加坡中资企业本地化经营中发挥了较大作用；最后，新加坡中资企业供销商本地化程度相对较高，是中国同新加坡经济和外交关系现状的体现。

二　新加坡中资企业生产本地化程度

生产设备是生产工具的一种，是生产过程中的核心部分，其发展水平和本地化程度对生产资料及其本地化程度起决定作用，而机器设备的本地化程度直接代表了企业生产本地化程度。

如图 6 - 4 所示，超过三分之一（37.88%）的新加坡中资企业没有新增固定资产和生产工具；拥有中国和非新加坡机器设备的中资企业最多，达到 22.73%，其次是拥有中国和新加坡两国机器设备的企业，达 13.64%；只有中国机器设备的企业数量（9.09%）和只有非新加坡机器设备的企业数量（9.09%），明显多于只有新加坡机器设备的企业数量（1.52%）；拥有中国、新加坡和非新加坡机器设备的企业达 6.06%。

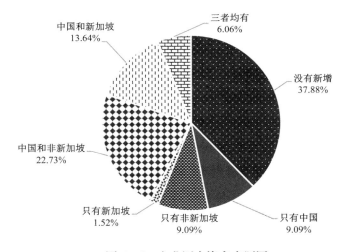

图 6 - 4　企业固定资产来源国

三　新加坡中资企业雇用本地化程度

在企业生产、经营过程中，人力资源是其间的核心要素。因此，人力资源本地化是跨国公司在本地化经营战略中的重要组成部分。自"一带一路"倡议推行以来，大量中国企业实行"走出去"战略，在这一过程中，实现人力资源本地化，促进企业在当地更好地进行本地化经营，使企业利益和企业在东道国的形象得到提升，履行解决东道国就业等民生问题和人才培养问题的国际社会责任，才能使"走出去"的企业真正做到留下来。因此，人力资源本地化程度是企业经营本地化程度非常重要的组成部分和条件。新加坡中资企业人力资源本地化程度将影响企业的效益甚至中国、新加坡关系。

据表6－8表示，首先从新加坡中资企业员工中本地员工的总数上看，有55.54%的员工为本地员工，说明受中资企业产业结构和新加坡劳动力价格等因素影响，在新加坡中资企业不太愿意雇用本地劳动力。其次从职位类别上看，各种职位类别中分布的新加坡员工数量较为平均，一线员工或生产员工中只有10.37%的新加坡本地劳动力，而相对较多的新加坡员工在企业中从事非生产类工作。说明新加坡员工在中资企业中的分布较为合理，一线员工或生产员工相对较少，技术、设计和管理人员相对较多。最后从学历层次看，受过大学本科及以上教育的新加坡员工占了所有员工的接近三分之一（27.94%），而初等教育及以下的新加坡员工只占员工总数的1.52%，也就是说，几乎所有的新加坡本地员工都是受过中等及以上教育的技术人员，甚至设计和管理人员学历层次相对较高，也因此印证了职位类别分布均衡，且一线员工或生产员工相对较少，非生产类员工相对较多。

表6－8　　　　　　不同条件下的新加坡员工占总体的比例　　　　（单位：%）

	均值	标准差	最大值	最小值
新加坡员工占比	55.54	32.84	100.00	0.00
中高层管理员工中的新加坡员工占员工总人数的比例	10.61	16.67	93.75	0.00
技术人员和设计人员中的新加坡员工占员工总人数的比例	11.31	20.43	92.86	0.00
非生产员工中的新加坡员工占员工总人数的比例	17.78	23.48	70.00	0.00
一线员工或生产员工中的新加坡员工占员工总人数的比例	10.37	24.31	100.00	0.00
初等教育及以下的新加坡员工占员工总人数的比例	1.52	10.60	83.33	0.00
中等教育的新加坡员工占员工总人数的比例	18.17	28.69	87.50	0.00
大学本科及以上的新加坡员工占员工总人数的比例	27.94	32.49	100.00	0.00

从新加坡本地员工在企业员工结构中的地位可以看出：首先，新加坡中资企业的大部分员工是非新加坡人，受新加坡国情影响，劳动力稀缺，成本较高可能是造成此现象的直接原因；其次，新加坡本地员工在职位类别中分布较为均衡，但一线员工相对较少，非生产员工、技术和设计人员相对较多，证明新加坡人在中资企业中发挥着比较重要，甚至影响决策的作用，这将有利于充分调动企业中所有员工积极性，打造员工培训和晋升平台，进一步促进中资企业与新加坡的经济合作和在新加坡站稳脚跟，实现长远可持续发展；最后，在中资企业中，新加坡员工相对数量较少，但质量较高，能够发挥重要作用，如果能够建立健全良好的管理体系，充分发挥新加坡员工作用，将是扎根新加坡，实现本地化经营的重要资源。

第二节　新加坡中资企业社会责任履行程度

随着世界经济发展模式的深度变化和国际间交往的不断深入，特别是中国提出构建新型国际关系和"一带一路"倡议以来，跨国企业发展的根本模式和经济增长方式发生了本质变化。跨国公司的企业社会责任越来越被重视，甚至成为地缘经济时代（有各国政府参与的经济竞争）国家形象宣传和公共外交的重要手段。新加坡中资企业在当地社会责任履行程度，不仅影响企业发展，甚至将对中国、新加坡两国关系产生重要作用。

一　中资企业社会责任履行情况

企业社会责任的履行受企业通过其社会责任履行态度在社会上传达出的评价、社会责任履行方式在社会上起到的社会效应和由内而外对其员工的关怀透露出的社会关怀所影响。

（一）中资企业履行社会责任的态度

现代企业制度是企业建立自身社会责任体系和输出效果的组织保

障，只有良好的现代企业制度和组织架构体系才能有效保障企业认真履行社会责任，实现地方经济增长和企业永续发展。同时，良好的社会责任体系能够代表企业对社会责任的态度，是影响企业和国家形象的重要因素。

据表 6-9 显示，总体来看，设置专门社会责任机构和人员负责企业社会责任事务、建立社会责任和公益行为准则等规章制度的新加坡中资企业很少，在企业年度计划中制订公益计划的中资企业较少，但较多中资企业越来越意识到履行企业社会责任的重要性，从 2016 年起开始逐年增加社会责任支出。具体来看，首先，参与国际标准化制定的新加坡中资企业中，都没有设立负责企业社会责任的机构，2016—2018 年的社会责任支出也没有变化，一半没有建立社会责任和公益行为的规章制度，一半没有制订年度公益计划；有小部分没有参与国际标准化制定的中资企业设置了负责社会责任的机构、建立了社会责任规章制度，四分之三没有参加国际标准化制定的中资企业制订了年度公益计划，三分之二在 2016—2018 年间增加了社会责任支出。其次，相对于服务业企业来说，有更多的工业企业设置了负责社会责任的机构、建立了社会责任规则和增加了社会责任项目支出，其中更是有 70.0% 的工业企业制订了年度公益计划；服务业企业在社会责任机构设置、规则制定等方面没有工业企业积极，但在 2016—2018 年间增加了社会责任支出。再次，相对于设在经济开发区的企业，更多没有设立在经济开发区的企业设置了负责企业社会责任的机构，所有设立在经济开发区的企业都没有社会责任年度计划。最后，所有设立了企业工会的中资企业都没有建立社会责任的准则规则，也没有制订社会责任年度计划，相反，在没有设立企业工会的中资企业中，有一些建立了社会责任准则，制订了社会责任年度计划，也增加了 2016—2018 年间的社会责任支出。

表6-9　　　　　　　　企业社会责任履行程度　　　　　（单位：%）

	设置专门社会责任办公室或相应主管		建立了社会责任、企业公益行为准则的规章制度		是否在公司年度计划中制订年度公益计划		2016—2018年企业社会责任支出变化	
	是	否	是	否	是	否	不变	增加
参与国际标准化制定	0.00	100.00	50.00	50.00	50.00	50.00	100.00	0.00
没有国际标准化制定	12.50	87.50	12.50	87.50	75.00	25.00	33.33	66.67
工业	10.00	90.00	20.00	80.00	70.00	30.00	42.86	57.14
服务业	5.36	94.64	7.14	92.86	16.07	83.93	33.33	66.67
不在经济开发区	5.36	94.64	7.14	92.86	25.00	75.00	35.71	64.29
新加坡经济开发区	0.00	100.00	25.00	75.00	0.00	100.00	无	无
其他	16.67	83.33	16.67	83.33	33.33	66.67	50.00	50.00
有自身工会	0.00	100.00	0.00	100.00	0.00	100.00	无	无
无自身工会	6.25	93.75	9.38	90.63	25.00	75.00	37.50	62.50

从上述数据可以看出，大部分在新加坡中资企业都不热衷于企业社会责任输出，面对企业社会责任大多不积极，但大多数企业在2016—2018年间都意识到企业社会责任的重要性，开始增加其社会责任方面的支出。相对来说，不同类型和不同时期企业面对社会责任存在差别。首先，没有参与国际标准制定的企业履行社会责任积极性相对高于参与国际标准化制定的企业；其次，不同行业企业对社会责任履行态度不同，工业企业相对服务业企业更加热衷社会责任，这可能是因为做实体经济的工业企业更加有实力来输出社会责任，但服务业企业也意识到社会责任的重要性，开始增加社会责任输出；再次，设立在新加坡经济开发区对社会责任输出的积极性相对弱于设立在经济开发区外的企业，可能由于经济开发区内的企业享受了更多的优惠政策和福利，处于养尊处优状态，而经济开发区外企业则只能靠吸引社会资源来获取发展，所以更加看重企业的社会效应；最后，没有自身工会的企业在制度上相对于有自身工会企业更加自由，所以履行社会

责任态度相对更为积极。

（二）中资企业履行社会责任的方式

如图 6 - 5 所示，简单的直接捐钱是新加坡中资企业最常见的社会责任履行方式，有 74.47% 的企业表示通过直接捐钱来履行社会责任。其次有 42.55% 的中资企业通过社会服务来履行社会责任，接近四分之一（23.40%）的企业通过文体交流活动和实物形式的公益慈善捐助履行社会责任，接近五分之一（19.15%）的企业通过教育援助履行其社会责任。通过培训项目、卫生援助、基础设施援助、修建寺庙、文化体育设施等方式履行社会责任企业较少，没有企业通过水利设施的方式履行其社会责任。

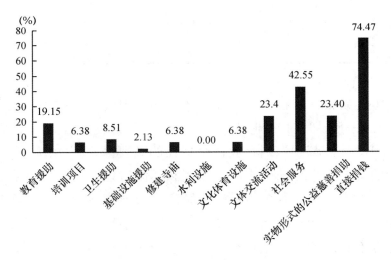

图 6 - 5　企业各项社会责任履行方式

（三）新加坡中资企业对员工的态度

员工是构成企业的细胞，对待员工的态度能显示企业对当地就业等民生问题的关注，体现企业社会责任，对待员工的方式和态度则能体现企业关怀。总之，企业对员工的方式和态度是企业在当地履行社会责任的深层次体现。本部分将从中资企业员工的福利待遇和企业对员工的亲疏程度两个角度进行分析。

从中资企业员工福利待遇情况来看（见表 6 - 10），从总体上看，大多数中资企业都对员工有加班要求、没有员工食堂或午餐安排、没有提供员工宿舍以及没有设立员工文体活动中心，但不同企业类型也存在不同情况。首先，所有参与国际标准化制定的中资企业员工有加班、没有设立员工食堂或提供午餐、没有员工文体中心，有一半的参与国际标准化制定的中资企业为员工提供了宿舍，而相对更多没有参与国际标准化制定的中资企业员工福利待遇优于参与国际标准化制定的企业。其次，88.89% 的工业企业有员工加班，而只有 69.64% 的服务业企业有员工加班；88.89% 的工业企业没有员工食堂或安排午餐，而接近三分之一的服务业企业有员工食堂或提供午餐（28.57%）；在员工宿舍和文体活动中心的提供方面，工业企业福利待遇优于服务业企业，有一半的工业企业都设有员工宿舍，五分之一的工业企业都设有文体活动中心。再次，设立在新加坡经济开发区的企业只有三分之一（33.33%）有员工加班，优于不在经济开发区的企业，但所有经济开发区内的企业都没有员工食堂或提供午餐，而有四分之一（25%）的不在经济开发区企业有此员工福利；有一半经济开发区内的企业提供员工宿舍，优于不在经济开发区企业，但所有经济开发区内企业都没有员工文体活动中心。最后，所有有自身工会的企业都有员工加班现象，而 71.43% 的无自身工会的企业有员工加班，但有 25.40% 没有自身工会的企业提供员工食堂或午餐，只有一半有自身工会的企业有此福利；有自身工会的企业都没有员工宿舍和文体活动中心提供，没有工会的企业此福利待遇更优。

表 6 - 10　　　　　　　　　　企业福利待遇比较　　　　　　　（单位：%）

	是否有加班		是否有员工食堂或午餐安排		是否提供员工宿舍		是否有员工文体活动中心	
	是	否	是	否	是	否	是	否
参与国际标准化制定	100.00	0.00	0.00	100.00	50.00	50.00	0.00	100.00
没有参与国际标准化制定	87.50	12.50	12.50	87.50	50.00	50.00	25.00	75.00

续表

	是否有加班		是否有员工食堂或午餐安排		是否提供员工宿舍		是否有员工文体活动中心	
	是	否	是	否	是	否	是	否
工业	88.89	11.11	11.11	88.89	50.00	50.00	20.00	80.00
服务业	69.64	30.36	28.57	71.43	19.64	80.36	5.36	94.64
不在经济开发区	73.21	26.79	25.00	75.00	21.43	78.57	8.93	91.07
新加坡经济开发区	33.33	66.67	0.00	100.00	50.00	50.00	0.00	100.00
其他	83.33	16.67	50.00	50.00	33.33	66.67	0.00	100.00
有自身工会	100.00	0.00	50.00	50.00	0.00	100.00	0.00	100.00
无自身工会	71.43	28.57	25.40	74.60	25.00	75.00	7.81	92.19

聚餐是一种国家性的文化，是社会心理距离的一种直接表现。从中资企业对新加坡员工的亲疏程度上看（见表6－11），绝大部分企业都会和新加坡员工聚餐。这说明新加坡中资企业和本地员工之间有较好感情，企业在为本地员工提供了较多非正式交流平台的同时，本地员工也愿意在这些平台上同企业进行交流，能够增加企业和员工间的互信，是企业履行社会责任的体现。

表6－11 　　　　　　　　企业与新加坡员工聚餐情况比较　　　　　　　（单位：%）

	与新加坡员工聚餐	未与新加坡员工聚餐
参与国际标准化制定	100.00	0.00
没有参与国际标准化制定	100.00	0.00
工业	100.00	0.00
服务业	87.50	12.50
不在经济开发区	89.29	10.71
新加坡经济开发区	100.00	0.00
其他	83.33	16.67
有自身工会	100.00	0.00
无自身工会	89.06	10.94

二　中资企业社会责任海外宣传情况和效果分析

企业，特别是跨国企业的社会责任的海外宣传，一方面本身就是一种国际社会责任的体现，另一方面也将进一步影响企业社会责任的效果。

就企业社会责任海外宣传情况来看，如表6-12所示，大部分企业没有进行过企业社会责任的海外宣传。其次，企业是否进行过海外宣传，与企业所属行业类型、是否设立在经济开发区内和是否存在自身工会等因素有关，与企业是否参与国际标准化制定无关（均各有50%的企业宣传过，另外一半没有宣传过）。有50%的工业企业对企业社会责任宣传过，仅有28.57%的服务业企业对社会责任进行过海外宣传；有超过三分之一（33.93%）设立在经济开发区外的企业进行过社会责任海外宣传，而没有一家经济开发区内企业进行过；有一半设置有工会的企业进行过宣传，只有不到三分之一（31.25%）的无自身工会企业进行过宣传。说明工业、经济开发区外和有自身工会的企业相对更加注重自身社会责任海外宣传。

表6-12　　　　　企业对社会责任进行过海外宣传比较　　　　（单位：%）

	对企业社会责任海外宣传过	对企业社会责任未海外宣传
参与国际标准化制定	50.00	50.00
没有参与国际标准化制定	50.00	50.00
工业	50.00	50.00
服务业	28.57	71.43
不在经济开发区	33.93	66.07
新加坡经济开发区	0.00	100.00
其他	33.33	66.67
有自身工会	50.00	50.00
无自身工会	31.25	68.75

之所以出现对自身社会责任进行海外宣传的工业化、经济开发区外和有自身工会的新加坡中资企业较多，有新加坡现状和企业自身建设两个层次的原因。首先，新加坡企业发展局交通与物流司司长饶忠明表示："借助实体互联互通，空运、海运连接，金融和商业服务的完善体系网络，新加坡为国际企业提供了强有力的平台。"① 因此，工业企业相对于服务业企业来说，更能够借助实体的互联互通来往宣传自身的社会责任。其次，经济开发区外的企业则不会享受到经济开发区内企业如此多的优惠政策，所以只能依靠自己社会责任的海外宣传，增强自身海外及本地影响力。最后，完善和专门的企业职能部门和制度体系，是企业社会责任在海外宣传的组织和制度保障，另一方面，有工会的企业也相对更加注重企业对待员工的态度，因此更加注重企业社会责任海外宣传。

三 各国国家社会责任履行效果分析

从具体参与社会责任类型、对待员工态度和企业社会责任进行海外宣传等层面对新加坡中资企业社会责任情况进行描述和分析后，新加坡中资企业社会责任履行效果非常关键。针对新加坡这样一个国际化市场，多国企业争相抢占的关键位置，通过包括中资企业在内的各国企业在新加坡社会责任履行效果比较能够直观地看出中资企业在新加坡的地位和受欢迎程度。调研小组将1—10的刻度作为受访企业对各国在新加坡社会责任履行效果的印象（"1"代表印象最不好，"10"代表印象最好），以此看出各国在新加坡社会责任的履行效果对比情况。

据图6-6显示，从总体上看，包括美国、日本、中国等在内的各大国在新加坡社会责任履行效果都较为均衡。具体来看，英国、美国、日本、德国和中国企业在新加坡社会责任履行效果最好，法国相对较差，印度和俄罗斯效果最差。

---

① 《"一带一路"上的新加坡：中企投资世界的新跳板》，《第一财经》2018年10月17日。

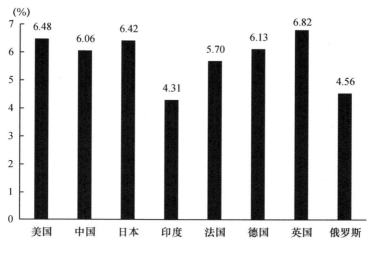

图6-6　各个国家社会责任履行效果对比

　　因此能够看出，中资企业在新加坡社会责任的履行效果较好，但依然竞争激烈。和美国、日本等传统强国企业相比，还存在较小差距。一方面能够看到，中资企业在新加坡经营和社会责任履行效果较好，这和"一带一路"倡议深入推进和中国实力增长有着不可忽视的关系；另一方面，中资企业，尤其是进入新加坡这样的国际经济环境中经营的中资企业，其企业自身建设、本地化经营和国际化影响及战略都还存在差距，新加坡中资企业应该苦练内功，加强企业自身文化和制度建设，培养在国际经济大环境中经营的战略眼光，强化企业经营效果宣传，是保障企业在新加坡实现永续发展的重要途径。

第三节　新加坡中资企业形象传播及新加坡认可度分析

　　随着"一带一路"倡议提出和不断深化，中资企业进入新加坡的数量、质量和速度都有显著提升，大多进入新加坡的企业实施的战略是以立足新加坡为基础，以新加坡为基地，拓展东南亚和南亚市场，且总体实力强、业务发展速度快，是中国"一带一路"倡议"走出去"中的代表企业，其形象一方面不仅代表企业自身和国家，另一方面是通过新加坡而面向全球的形象展示。因此，中资企业在新加坡的形象传播尤其重要，应该不仅站在新加坡本地化经营，而且以优化中资企业国际化形象，宣传"一带一路"倡议的角度和眼光去看待。

一　新加坡中资企业形象媒体宣传情况

从图 6 - 7 中可以看出，新加坡中资企业形象宣传手段较为丰富，利用本国媒体、华人媒体、新媒体等多种手段对其自身形象进行宣传，但也不乏"只做不说"的企业，从此图大概可以看出以下几点：第一，中资企业在新加坡的宣传手段中，利用如 Facebook、Twitter 和微信公众号等新媒体对其形象进行宣传的较多，其中 Facebook 和 Twitter 是较国际化的交流软件，微信公众号的受众大多为华人，利用二者宣传形象的企业数量各有接近一半（46.97%、45.45%），说明新加坡中资企业既看重国际视野的宣传，同时也重视企业形象在国内的传播和影响，新媒体在年轻人中的受追捧度也是企业形象塑造长期考虑的重要方面。第二，利用新加坡本国媒体进行形象宣传的企业数量次之，有接近三分之一（31.82%）的企业，再次是有 28.79% 的企业利用新加坡华人媒体进行宣传，覆盖新加坡三大族群之一的华人群体，受众面较大。第三，有 22.73% 的中资企业也选择了只做不说，抛开企业自身所考虑的因素不谈，将不利于企业长远发展。应该认识到，做大做强中国移动通信硬件和软件在海外的市场占有率和知名度，同样是"一带一路"倡议深入推进和海外中资企业深入当地发展的重要保障。

从上文看来，利用 Facebook、Twitter 和微信公众号等新兴媒体平台，已经成为中资企业自身形象宣传最为重要的途径之一，重要的是，受新兴媒体影响的青年人往往较多，利用此途径对其形象加强宣传必

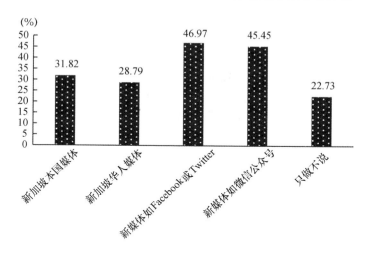

图6-7 企业形象宣传手段对比

将有利于企业在新加坡未来的发展，中资企业对新兴媒体的利用效果影响深远。

据图6-8可以看出，大多数（78.78%）的新加坡中资企业有1—6个社交媒体公众账号，还有1.52%的企业有6个以上公众账号，利用新媒体宣传渠道整体较好。但同时也能看到，有接近五分之一（19.70%）的在新加坡中资企业没有社交媒体公众账号。从此可以看出，只有一小部分企业没有使用社交公众账号，说明大多数企业重视自身形象宣传，并紧跟科技发展潮流，使用新媒体，以达到更精准、更有效的宣传效果。综上，笔者认为，新加坡中资企业的海外形象宣传是深入的、多样的，且有效的，并展现出与时俱进的趋势，足以证明通过多种方式的宣传，企业形象能够深入大部分民众心中。

二　新加坡中资企业及产品认可度分析

中资企业在新加坡的认可度，是企业形象宣传效果的最终评价，新加坡对中资企业的认可度不仅可以作为企业形象宣传效果的体现，还能在一定程度上反映出国家间关系的发展。本次调研将新加坡对中

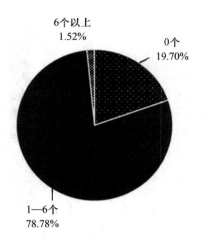

图 6 - 8　新加坡中资企业社交媒体公众账号数量比较

资企业好感度分为 1—10 的 10 个刻度，"1"代表好感度最低，"10"代表好感度最高，将不同类型中资企业在新加坡的认可程度做比较，分析得出提高中资企业在新加坡认可程度的有效路径。

　　从表 6 - 13 中可以看出，中资企业产品在新加坡的认可度受注册年限、是否参与国际标准化制定和企业类型影响都不大，表现出普遍较高的局面。其中没有参与国际标准化制定的企业产品认可度相对最高，服务业企业产品认可程度相对最低。可以说明实体的工业企业比服务业企业对人力、资源和政策等元素要求较多，从生产原料利用、人力资源管理和培训到产品质量和安全，整个流程都将对新加坡产生影响，接触的领域越多，自然发现问题越多；而服务业企业涉及领域较为单一，服务流程相对简单，只要能满足大多民众的需要就能获得较高认可。

表 6 - 13　　　　　　　　　　中资企业产品在新加坡的认可度对比

	均值	标准差	最大值	最小值
注册时间超过五年	7.81	1.24	10	0
注册时间低于五年	7.11	1.93	10	3
参与国际标准化制定	7.50	0.71	8	7

续表

	均值	标准差	最大值	最小值
没有参与国际标准化制定	8.00	0.93	9	6
工业	7.90	0.88	9	6
服务业	7.43	1.70	10	3
不在经济开发区	7.41	1.69	10	3
新加坡经济开发区	7.75	0.50	8	7
其他	8.17	1.17	10	7
有自身工会	7.50	0.71	8	7
无自身工会	7.50	1.63	10	3

因此，进一步从新加坡居民对中资企业在新加坡投资的态度来看，如图 6 - 9 所示，有接近一半（48.44%）新加坡居民对中资企业在新加坡投资表示明显欢迎，加上 9.38% 比较欢迎的新加坡居民，接近 60% 的居民欢迎中资企业在新加坡投资，但同时也有 6.25% 的居民明确表示不欢迎和排斥中资企业在新加坡投资。值得指出的是，有超过三分之一（35.94%）的居民持无所谓态度，这是很大部分能够争取的中间力量，中资企业在新加坡认可程度方面有较大发展空间。

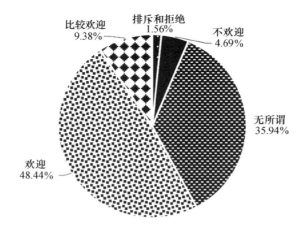

图 6 - 9　当地居民对于公司在新加坡投资的态度

从国家形象层面看，如表 6－14 所示，新加坡具有良好的国际经济大环境，自然对各国形象要求都较高，其中，日本在新加坡民众心中有着最好的国家形象，且标准差较小，意味着大多数企业认为日本国家形象最好；其次英国、德国，且标准差更小；再次是美国和中国，值得指出的是，中美在新加坡的国家形象差距不大，但从中国形象的数据中可看出，标准差明显小于美国标准差，因此认为，中国在新加坡形象应该略优于美国；最后，法国和印度在新加坡的国家形象最差。

表 6－14 国家形象打分对比

	均值	标准差	最大值	最小值
美国	7.08	2.25	10	1
中国	7.05	1.80	10	3
日本	7.69	1.71	10	3
印度	4.47	1.98	10	1
法国	6.91	1.44	10	5
德国	7.24	1.51	10	4
英国	7.54	1.37	10	5

因此可以看出，中资企业及地缘经济背景下作为企业"走出去"支持者和推手的国家在新加坡认可度都较高，但也要注意以下几点：一是新加坡具有十分开放的国际经济环境，多国实力聚集，中资企业在新加坡应尽力壮大自身实力，在国际化的经济浪潮中站稳脚跟，特别注重自身企业文化和社会责任建设，立足本地，服务好本地居民和企业，实现高水平的本地化经营；二是中资企业在新加坡发展环境和态势良好，下一步应更加注重企业为重要参与者的公共外交建设，重视经济、文化等软实力对新加坡的输出，实现中资企业在新加坡永续发展的同时，促进中国、新加坡关系以更高质量发展。

第四节　新加坡中资企业的公共外交分析

公共外交作为政府间外交的补充，在外交政策中的重要性逐渐增强。新加坡作为威权政治体制国家，中西方文化的交融给新加坡带来了不一样的国际政治视野。从新加坡建国初期的生存困境到成为亚洲金融中心之一，新加坡切身体会到了公共外交给国家形象国家品牌的构建、国际话语权的提升乃至整个国家的发展带来的好处。因此，我国应加以借鉴，大力发扬中资企业在新加坡的公共外交活动范围，发挥大国作用，打造中国国家品牌，完善好公共危机的应对机制，通过中资企业的公共外交向国际社会展示和传播一个真实的中国国家形象，与世界各国和谐共处，和平崛起。

一　中资企业与新加坡同类型企业高层管理者来往情况

了解与分析中资企业和新加坡同类型企业高层管理者的来往情况，能够直接看出中资企业在新加坡施展公共外交的水平和效果。据表 6－15 显示，首先从产业不同种类来看，工业方面，工业中资企业与新加坡同类型高层是有着密切的来往关系，甚至 60.0% 的中资工业企业表示有频繁的来往。从服务业方面来看，只有少部分的中资企业表示很少与新加坡的同类型服务业高层管理者有来往，其中有 7.14% 的中资企业表示"没有来往"，14.29% 的中资企业表示"较少来往"。但从数据结果来看，四分之三以上的服务业层面的中资企业显示与新加坡同类型企业的高层管理者有来往。其中近 35.71% 的中资企业表示与新加坡同类型企业高层管理者有来往，有 42.86% 的中资企业表示同新加坡同类型企业高层管理者"来往频繁"。

其次从是否在经济开发区来看，数据反映普遍中资企业都与新加坡同类型企业高层管理者保持来往关系。虽然不同的地区从总体上来看都保持着密切来往，但仍存在较小差距。不在经济开发区的中资企业有近20%的表示与新加坡同类型企业的高层管理者的来往情况相对较少，其中7.14%的企业表示与新加坡同类型企业的高层管理者没有来往，12.50%的企业表示与新加坡同类企业的高层管理者有较少来往。位于新加坡经济开发区的中资企业因处于经济贸易来往繁华地段，表现更为主动，因而中资企业均表示与新加坡同类型企业的高层管理者保持来往交流。此外，地理位置位于其他区域的中资企业虽有83.33%表示与新加坡同类型企业的高层管理者保持来往，但仍有16.67%的中资企业表示较少来往。

表6-15   中资企业与新加坡同类型企业的高层管理者的来往情况

（单位：%）

	没有来往	较少来往	有来往	来往频繁
工业	0.00	0.00	40.00	60.00
服务业	7.14	14.29	35.71	42.86
不在经济开发区	7.14	12.50	33.93	46.43
新加坡经济开发区	0.00	0.00	75.00	25.00
其他	0.00	16.67	33.33	50.00

二 中资企业与新加坡政府领导来往情况

从中资企业与新加坡政府领导来往情况能够看出中资企业与政府领导来往需求和意愿，能够体现出中资企业对新加坡政府方面的公共外交输出效果。

从企业与所在地的行政长官的来往情况能够看出中资企业对政治环境的需求和以企业为主体开展与基层政府外交的效果。从表6-16来看，不论从企业类型或是企业地理位置来看，中资企业都表示与所在地的行政长官或多或少存在来往关系。

表 6 – 16　　　　　　　企业与所在地的行政长官的来往情况　　　　（单位：%）

	没有来往	较少来往	有来往	来往频繁
工业	20.00	20.00	50.00	10.00
服务业	32.73	23.64	32.73	10.91
不在经济开发区	29.09	21.82	38.18	10.91
新加坡经济开发区	25.00	50.00	25.00	0.00
其他	50.00	16.67	16.67	16.67

　　首先从产业类型来看，工业层面与服务业层面的中资企业皆存在有缺乏来往和来往密切两种。从工业来看，共有80%的中资企业表示与所在地的行政长官有来往情况，仅有20%的中资企业表示与当地基层政府没有来往。从服务业来看，有67.28%的中资企业表示与当地基层政府有来往关系，有32.73%的中资企业则表示没有来往。这说明工业类企业比服务业企业更需要与当地行政长官来往，需要对当地政府开展政治或文化外交，施展自身影响力。

　　其次从企业地理位置来看，位于新加坡经济开发区的企业与当地基层政府来往频率反而较低。与所在地行政长官保持来往频率高的反而是新加坡经济开发区外的企业。这就说明经济开发区外的新加坡中资企业比经济开发区内的新加坡中资企业更需要与当地行政长官来往，为进一步了解政策和适应环境，争取进入经济开发区内生产和经营，享受经济开发区内的政策和优惠，增强企业在当地的影响力。

　　从企业与新加坡行业部门的政府领导的来往情况，如表6 – 17所示，工业企业与新加坡行业部分的政府领导来往多于服务业企业，经济开发区外与行业部门政府领导的来往的频率高于经济开发区内的企业。其中，有约26%的新加坡中资企业表示与新加坡行业部门的政府领导来往密切。这可能是因为经济开发区外的企业限于规模，较少享受到经济开发区内的优惠政策，仍需花时间与精力去处理相关事务。在新加坡经济开发区的中资企业虽与新加坡行业部门的政府领导来往密切度不及经济开发区以外的企业，但皆表示与新加坡行业部门的政府领导保持来往，而在经济开发区以外的企业虽与行业部门政府领导来往密切度高于经济开发区内的企业，但存在大部分企业与当地行业部门政府领导无来往的情况。这就说明，经济开发区以外的企业限于地理位置或者政策，来往机会和渠道较少。在经济开发区的中资企业在高层次上开展公共外交更为有利。

表6-17　　　　　企业与新加坡行业部门的政府领导的来往情况　　　　（单位：%）

	没有来往	较少来往	有来往	来往频繁
工业	10.00	20.00	60.00	10.00
服务业	33.93	16.07	39.29	10.71
不在经济开发区	30.36	14.29	44.64	10.71
新加坡经济开发区	0.00	50.00	50.00	0.00
其他	50.00	16.67	16.67	16.67

从企业与当地规制或行政管理部门的主要领导来往情况看，如表6-18所示，仍然是工业方面中资企业与当地规制或行政管理部门的主要领导的来往密切度高于服务业方面的中资企业。从区域来看，新加坡经济开发区的中资企业和经济开发区以外的中资企业相比，与当地规制或行政管理部门的主要领导的来往密切度稍弱。但整体来看，在新加坡经济开发区的企业与当地规制或行政管理部门的主要领导都有来往，而经济开发区以外的中资企业则有50%以上的缺乏与当地规制或行政管理部门主要领导的来往。

表6-18　　　　企业与当地规制或行政管理部门的主要领导的来往情况　　　（单位：%）

	没有来往	较少来往	有来往	来往频繁
工业	10.00	20.00	70.00	0.00
服务业	39.29	16.07	37.50	7.14
不在经济开发区	35.71	14.29	44.64	5.36
新加坡经济开发区	0.00	50.00	50.00	0.00
其他	50.00	16.67	16.67	16.67

三　中资企业管理层对新加坡政治环境评估情况

新加坡作为亚洲乃至全球范围内一个发展活跃的国家，市场广阔，一直以其理想的投资环境，活跃的金融市场及健全的法律制度吸引了众多中资企业来新加坡发展。特别是中国政府制定了鼓励中国企业"走出去"的长期战略政策，而新加坡政府也提出了"搭乘中国经济发展顺风车"的经济发展构想，为中资公司在海外发展特别是在新加坡发展提供了得天独厚的有利条件。因此大多数在新加坡的中资企业管理层对新加坡的政治环境是持乐观的态度。具体情况可从图 6 - 10 中看出。

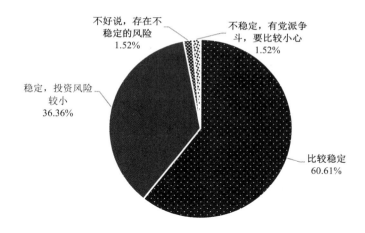

图 6 - 10　企业管理层认为新加坡政治环境情况

从数据上，如图 6 - 10 显示，新加坡的中资企业普遍对新加坡政治环境持积极态度。绝大部分的中资企业管理层（占 60.61%）认为新加坡政治环境情况比较稳定。此外 36.36% 的中资企业管理层认为新加坡政治环境"稳定，投资风险较小"。只有一小部分占比为 1.52% 的中资企业管理层认为"不好说，存在不稳定的风险"，还有另一小部分中资企业管理层（占 1.52%）认为"不稳定，有党派斗争，要比较小心"。

　　如图 6 – 11 与图 6 – 12 所示，无论是从行业划分还是从经济开发区划分来看，二者类型的中资企业绝大部分未与新加坡政党领导产生过接触，仅有少部分的工业企业和服务业企业表示与新加坡政党领导有来往，值得指出的是，有来往的是不在经济开发区内的二等中资企业，新加坡经济开发区内的中资企业虽有来往但大多情况是来往不多的。

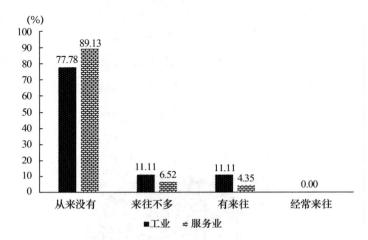

图 6 – 11　按行业划分的企业与该政党的领导交往程度对比

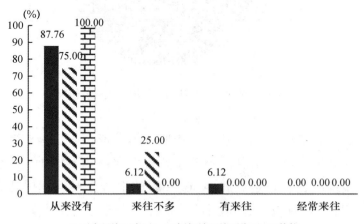

图 6 – 12　按是否在经济开发区划分的企业与该政党的领导交往程度对比

小　结

新加坡中资企业在新加坡经营情况不仅是企业在新加坡立足的基础，而且是中资企业以新加坡为跳板走向全球的机遇，社会责任的履行是企业在新加坡实现永续发展的重要方式，施展企业公共外交则是企业顺利开展经营活动和履行更高层次社会责任的根本保障。在"一带一路"倡议下，建设、发展和维护好企业和国家海外利益，必须做到以下几点。

一是转变本地化经营观念，实现高质量经营。

新加坡是东西方经济交会的地方，是国际经济贸易的窗口国家，新加坡中资企业供销商基本来自包括中国在内的多个国家，企业生产工具等固定资产和企业员工也大多来自以中国为主的世界各国。这不仅不能说明新加坡中资企业在新加坡本地化经营程度低，而且恰好说明中资企业在新加坡适应了国际经济形势，经营水平质量较高，能够高质量地服务当地经济建设。同时考虑新加坡城市国家的实际情况，"一带一路"倡议下的中资企业在新加坡这样的窗口国家，应该做的是转变依靠本地供销商、本地生产设备和本地员工来实现更加稳固的本地化经营的传统观念和评价标准，积极适应新加坡和国际经济形势提出的新要求，重视打造自身经营质量，实现由本地化数量到本地化质量的提高。

二是强化新加坡中资企业社会责任履行。

首先，大多数新加坡中资企业在社会责任方面的体制机制保障不够健全，没有足够的机构、制度、经费为基础的保障体系，企业社会责任履行不可持续，是影响企业在新加坡实现永续发展的障碍；其次，大多数新加坡中资企业在新加坡的社会责任履行选择了直接以金钱或物资捐赠的形式，其次是社会服务、文体交流和教育援助等文化层面，存在社会责任履行方式不够优化的问题；最后，大多数新加坡中资企业对员工福利待遇的体制机制保障不够完善，没有充分保障员工应该享有的福利待遇。可以看出，出现这些问题的原因根源在于企业没有对海外社会责任引起重视，应该将社会责任的重要性和企业的生存发展放在同等重要位置，视为对新加坡和进一步进军海外市场的投资，旨在提高企业社会价值，以获得长期经营合法性；直接原因在于没有完善的体制机制保障，应该设立专门机构、制订专门计划、筹措专门经费予以保障实施。同时，企业应该将社会责任与员工的态度和情感培养结合起来，社会责任从最小层面应体现对人的责任，对企业内部员工的态度和感情培养是企业社会责任履行的基础。

三是增强新加坡中资企业公共外交能力。

大多数企业在积极开展企业公共外交活动，与当地地方政府行政官员来往交流，但与新加坡政党间来往交流活动较少，企业开展公共外交层次较低，效果有待提升。首先，在地缘经济时代，国家是企业"走出去"的背后推手和力量，国家层面应将中国"走出去"企业纳入国家公共外交加以重视，以国家名义加强与新加坡政党的来往交流，提高企业在新加坡的交流和活动平台。其次，在新加坡这样的国际经济环境下，企业应该将公共外交放在国际环境和新加坡实际相结合的角度进行考量，新加坡多国势力聚集，中资企业要在国家的指引下，突出中国优势和"一带一路"倡议中"亲诚惠容"的理念，倾听民意，加强与各国企业的政府的沟通，消除国家间分歧和误解，为"一带一路"建设走得更远提供保障。

第七章

中资企业员工的职业发展与工作条件

　　员工的职业发展与工作条件是企业和员工共同发展进步的重要途径，企业与员工在这两方面是相辅相成的。企业为员工提供良好的职业发展道路与完备舒适的工作条件，员工便能以更高效、积极的工作态度投身到企业建设当中。本章将从新加坡中资企业员工的职业发展与工作条件两个部分的调查展开研讨。在职业发展方面，本章主要分析员工的工作经历和环境、就业情况、职业培训和晋升等内容。在工作条件方面，调查则包括了员工的工作环境、工会组织、社会保障、收入情况以及家庭经济状况等内容。

第一节　职业经历和工作环境

　　本节主要调查统计了新加坡中资企业员工的基本工作经历及工作环境概况等内容。

　　图7-1呈现的是受访员工在当前企业工作时长的分布情况。如图7-1所示，调查结果呈现两极化分布。有25.57%的受访员工在当前企业工作超过六年，另有19.84%的员工工作了一年左右，还有17.54%的受访员工表示在当前企业工作不满一年，10.98%的受访员工工作两年左右。剩余各有不到一成的员工表示其在当前企业工作三到六年不等，在当前企业工作达到五年和六年的员工最少，分别仅占4.92%。

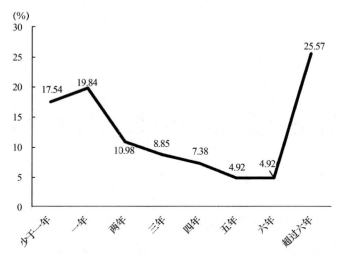

图 7 - 1　员工在当前企业的工作时长分布（N = 610）

调查还统计了受访员工获得当前工作的主要途径。其中通过亲戚朋友介绍或帮助而得到现工作的人数最多，占比 31.14%。通过招聘广告进而得到现工作的人数次之，占比 19.93%，另外有 15.82% 的受访员工是在职业介绍机构登记之后得到的工作，另外也有少部分是企业雇主直接联系或者直接到企业应聘的员工。通过学校就业中心找到现工作的受访员工最少，仅占 2.97%（见表 7 - 1）。

表 7 - 1　　　　　员工获得现工作的主要途径　　　　　（单位：个、%）

获得此工作主要途径	频数	百分比
在职业介绍机构登记求职	96	15.82
参加招聘会	28	4.61
通过学校就业中心	18	2.97
看到招聘广告	121	19.93
通过亲戚朋友	189	31.14
直接来企业应聘	68	11.20
雇主直接联系你	67	11.04
其他	20	3.29
总计	607	100.00

　　除针对员工获得现工作的途径进行统计之外，调查还统计了员工家人在本企业工作的数量分布情况（如表 7 - 2 所示）。有近六成（57.58%）的员工有一个家人在本企业工作，另有近两成（18.18%）员工表示其有两个家人在企业内，15.15% 受访员工有四个及以上的家人在本企业，表示有三个家人在企业内的员工最少，仅占不到一成（9.09%）。

表 7 - 2　　　　　　　　　　　　员工家人在本企业的数量　　　　　　　　（单位：个、%）

有几个家人在本企业	频数	百分比
一个	19	57.58
两个	6	18.18
三个	3	9.09
四个及以上	5	15.15
总计	33	100.00

　　在本节的最后，调查统计了不同性别员工日常工作使用电脑的情况，如表 7 - 3 所示。调查结果表明，有近九成的女性员工在日常工作中使用电脑，男性员工在工作中使用电脑的情况较女性员工少，仅占 68.91%。这一明显差异是否由于女性员工承担更多的是文秘工作，而男性员工承担的工作更多地需要进行体力劳动或者外出办公这一状况造成，有待今后的调查持续关注。

表 7 - 3　　　　　　按性别划分的员工日常工作使用电脑状况（$N = 612$）　　　（单位：%）

日常工作是否使用电脑	男	女
是	68.91	87.17
否	31.09	12.83
总计	100.00	100.00

第二节　工作时间与职业培训、晋升

本节主要为工作时间、职业培训和职业晋升三个部分的内容。员工工作时间反映了企业生产经营的时间。职业培训则是为了提高员工的知识、技术和能力，以期员工能进行更高效的生产工作。职业晋升则是一种面向未来的长期发展规划，关系到员工和企业的未来发展。为更全面地呈现新加坡中资企业员工的职业发展与工作条件状况，本节调查统计了企业对受访员工的培训情况、员工在企业内的晋升情况以及受访员工每周的工作时间。

表7-4呈现的是受访中资企业的不同性别管理人员占比分布情况。如表7-4所示，男性管理人员比女性管理人员要多10.65个百分点，为42.49%，女性管理人员仅占31.84%。总体来看，男性员工为管理人员的占比较多，女性员工从事企业管理相关工作的人员较少。

表7-4　　　　按性别划分的管理人员与非管理人员分布（$N=609$）

（单位：%）

是否是管理人员	男	女
管理人员	42.49	31.84
非管理人员	57.51	68.16
总计	100.00	100.00

另外，调查也从性别维度上统计了不同性别员工入职后接受培训的内容差异情况，如表7-5所示。在男性员工中，其接受最多的是技术性技能和安全生产相关的培训，分别占比46.11%和44.56%，另有27.2%的男性员工表示其入职后没有接受过培训。相比男性员工，25.22%的受访女性员工表示接受过技术性技能的培训，仅有11.06%的女性员工接受过安全生产相关的培训，有38.5%的表示其入职后没

有接受过相关培训。另外，从表中数据可以看出，新加坡中资企业员工入职后的培训内容还包括管理技能、人际交往技能、职业道德和计算机技能等。没有接受过培训的女性员工（38.50%）要略多于男性员工（27.20%），有理由推测这是由于较多男性员工从事技术性工作和生产工作而造成的。

表7－5　　按性别划分的员工入职后的培训内容（多选题）（N=612）

（单位：%）

入职后培训或进修内容	男	女
管理技能	17.36	16.37
人际交往技能	11.40	18.14
写作能力	3.37	4.42
职业道德	14.25	13.72
中文读写	1.55	2.21
英文读写	12.95	5.75
计算机技能	13.99	13.72
技术性技能	46.11	25.22
安全生产	44.56	11.06
其他	3.37	7.52
没有培训	27.20	38.50

除入职培训的情况外，调查也统计了受访员工最近一次接受培训的主要内容，如表7－6所示，技术性技能仍是企业组织培训的主要内容，分别都有超过三成的员工接受了技术性技能的培训，从不同员工性别来看，有一半的男性员工表示最近一次接受的培训内容为安全生产相关，持相同表态的女性员工占比也高达37.50%。另外，安全生产相关的培训内容也是受访中资企业举办员工培训的另一主要内容，其受众主要为男性员工，占比40.86%。综上看出，受访企业为员工安排较多的是技术性技能和安全生产相关的培训，同时，可能由于在新加坡的中资企业较多涉及生产工作，所以企业会更注意男性员工在安全生产方面的培训。

表7-6　　按性别划分的员工最近一次的培训内容（多选题）（N=415）

（单位：%）

最近一次培训的内容	男	女
管理技能	10.39	20.59
人际交往技能	6.81	16.18
写作能力	1.43	2.94
职业道德	5.38	6.62
中文读写	0.72	0.74
英文读写	5.38	3.68
计算机技能	10.04	16.91
技术性技能	50.90	37.50
安全生产	40.86	8.82
其他	4.30	15.44
没有培训	1.43	2.21

表7-7呈现的是不同性别员工的职业晋升情况。总体来看，均有六成以上的员工在进入企业之后没有得到职位晋升的机会，在余下的近四成员工中，获得晋升机会的男性员工比女性员工多2.79个百分点，可以看出，员工的性别对于其是否获得晋升的影响并不显著。有理由推测，当地员工在中资企业的晋升难度较大，抑或晋升渠道不多，或者是当地员工本身的工作能力和素质难以达到中资企业要求等。确切原因有待今后的调查持续关注。

表7-7　　　　　按性别划分的员工的职业晋升状况（N=608）　　　（单位：%）

进入本企业后是否有职业晋升	男	女
是	36.72	33.93
否	63.28	66.07
总计	100.00	100.00

　　工作时间又称法定工作时间，是指劳动者为履行工作义务，在法定限度内，在用人单位从事工作或者生产的时间。

　　中资企业管理人员与非管理人员在上月（调查时）平均每周工作天数的差异情况如表7-8所示。从表7-8中看到，表示上月每周平均工作天数在5天和6天的受访员工最多，占比均超过四成，在上月平均每周工作6天的员工中，管理人员与非管理人员的差异并不明显；在表示平均每周工作5天的员工中，管理人员比非管理人员多6.87个百分点。另有11.08%的非管理人员表示上月每周平均工作时间为7天，较管理人员多出6.77个百分点，这可能是由于在非管理人员中有一定数量的员工负责企业不间断生产或其负责工作时常需要连续工作造成的。

表7-8　管理人员与非管理人员上月平均每周工作天数的差异（$N=602$）

（单位：%）

上月平均每周工作天数	管理人员	非管理人员
4	0.43	0.27
5	49.57	42.70
6	45.69	45.95
7	4.31	11.08
总计	100.00	100.00

第三节　工会组织与社会保障

　　本节主要讨论关于企业工会以及员工社会保障的基本情况。企业工会不仅有助于增强员工凝聚力以及保障员工相关权益，也有助于企业充分调动员工的生产积极性。而社会保障则是从一定程度上为员工的生活提供相关保障，从而使员工对企业和工作能更加投入，使其生产更加高效。本节的调查将针对新加坡中资企业对员工的工会组织以及社会保障两方面进行统计，从而更全面地呈现中资企业员工工作条件的基本情况。

首先，调查统计了不同性别员工加入企业工会的情况，从表7-9中看到，总体上加入企业工会的员工仅占33.72%，没有加入企业工会的员工较多。加入企业工会的男性员工比女性员工多4.85个百分点，可以推论，性别因素对于员工是否加入企业工会的影响并不显著。

表7-9　　　　按性别划分的员工加入企业工会状况（N=86）　　（单位：%）

本人是否加入企业工会	男	女	总计
是	34.85	30.00	33.72
否	65.15	70.00	66.28

其次，调查还统计了不同性别员工加入行业工会的情况，如表7-10所示。总体来看，在当地没有行业工会的情况极少的状况下，在589份样本中，只有极少数受访员工加入了当地行业工会，有91.85%的员工没有加入。加入行业工会的男性员工仅比女性员工多1.13个百分点，所以性别因素对员工加入当地行业工会与否并无明显影响。但在当地有一定行业工会的情况下，却鲜少有中资企业员工加入相关行业工会。鉴于工会对于员工的重要程度，这一特殊数据波动背后的缘由有待在今后的调查中持续关注。

表7-10　　　　按性别划分的员工加入行业工会状况（N=589）　　（单位：%）

本人是否加入行业工会	男	女	总计
是	6.54	5.41	6.11
否	91.55	92.34	91.85
当地没有行业工会	1.91	2.25	2.04

接下来调查从受访员工是否为企业管理人员的维度出发统计了中资企业社会保障的情况。新加坡当地的社会保障类型主要以医疗保险、养老保险为主。如表7-11所示，呈现的是管理人员与非管理人员享有

社会保障的情况。总体来看，18.34% 的管理人员和 28.01% 的非管理人员没有社会保障，中资企业的大部分员工享有社会保障。具体为享有社会保障的管理人员占比 81.66%，非管理人员占比 71.99%，享有社会保障的企业管理人员比非管理人员多 9.67 个百分点，由此推论，员工是否为管理人员对员工享有社会保障的情况有较为明显的影响。

表 7 – 11　　　　管理人员与非管理人员是否享有社会保障（$N = 586$）

（单位：%）

是否享有社会保障	管理人员	非管理人员
是	81.66	71.99
否	18.34	28.01
总计	100.00	100.00

调查继续统计了企业员工享有社会保障的类型分布情况，如表 7 – 12 所示。总体来看，有超过九成的中资企业员工社会保障类型主要是医疗保险，另有两到三成左右为养老保险。相比之下，享有医疗保险和养老保险的管理人员都要比非管理人员多出 10 个百分点左右，对于非管理人员享有医疗保险和养老保险的较少的情况，可以推测这是由于非管理人员中可能有部分雇员的合同条款没有包含为其购买相关社会保障，而管理人员的劳动合同会较非管理人员全面，所以造成表中相应的调查结果。

表 7 – 12　管理人员与非管理人员享有的社会保障类型（多选题）（$N = 444$）

（单位：%）

享有哪些社会保障	管理人员	非管理人员
医疗保险	98.40	89.49
养老保险	35.83	24.51
其他	4.28	8.95
不清楚	0.53	1.95

表7-13 呈现的是调查统计员工为管理人员与否对其加入行业工会的影响情况。从表7-13 中看出，不论受访员工是否为管理人员，均有九成以上的员工没有加入行业工会。是否为管理人员这一因素对员工是否加入行业工会来说几乎没有影响。综合表7-10 的统计结果发现，总体上，中资企业东道国员工加入工会的积极性都不强，这是否是由于员工自身的维权意识不强，抑或中资企业对员工的待遇已足够好所以员工不需要考虑加入工会这一选择，或是加入工会手续过于烦琐等因素导致加入工会员工的占比极低这一情况，有待今后进行深入调查。

表7-13　　　　　管理人员与非管理人员加入行业工会状况（N=586）

（单位：%）

是否加入行业工会	管理人员	非管理人员
是	6.99	5.60
否	90.83	92.44
当地没有行业工会	2.18	1.96
总计	100.00	100.00

最后调查统计了管理人员与非管理人员解决纠纷方式的差异，如表7-14 所示。找企业管理部门投诉是近五成受访员工的解决方式，另有三成左右受访员工选择向劳动监察部门投诉。鉴于双方数据差异并不显著，可以推断，有可能中资企业和新加坡当地的监管机制都已相对完善，所以上述两个解决方式是受访员工的大部分选择，同时推断，是否为管理人员对员工选择解决纠纷方式的影响并不明显。

表7-14　　　　　管理人员与非管理人员解决纠纷方式的差异（N=571）

（单位：%）

最有可能采取的解决纠纷方式	管理人员	非管理人员
找企业管理部门投诉	46.40	48.42
找企业工会投诉	2.70	2.01

续表

最有可能采取的解决纠纷方式	管理人员	非管理人员
找行业工会投诉	1.80	1.15
向劳动监察部门投诉	30.18	27.51
独自停工、辞职	2.25	4.87
参与罢工	0.90	0.29
上网反映情况	0.00	0.57
没有采取任何行动	8.11	7.74
其他	7.66	7.45
总计	100.00	100.00

第四节　个人和家庭收入

　　企业员工的个人和家庭收入对其生活质量以及工作效率有着显著的影响。对员工收入情况进行全面分析有助于完善对中资企业员工整体状况的调查。本节将针对中资企业内东道国员工的个人和家庭收入情况进行调查，以期全面呈现东道国员工的职业发展现状。

　　调查首先统计了企业内不同职位的人员被拖欠工资的情况，如表7-15所示。在608个样本中，几乎没有员工表示有过工资拖欠的情况，在极少数被拖欠工资的员工中，表示曾被拖欠工资的非管理人员（1.87%）比管理人员（0.43%）多出1.44个百分点。总体来看，拖欠员工工资的情况在新加坡中资企业中极少发生，而在极少发生的个案中，调查结果显示非管理人员更易被拖欠工资。

表7-15　　　　管理人员与非管理人员工资拖欠状况（N=608）　　（单位：%）

未结算工资超过1个月	管理人员	非管理人员
超过一个月	0.43	1.87
未拖欠工资/拖欠未超过一个月	99.57	98.13
总计	100.00	100.00

在调查了工资发放情况之后，调查还统计了不同维度上中资企业员工的收入层次分布情况，如表 7 - 16 至表 7 - 20 所示。

表 7 - 16　　　　　按性别划分的员工月收入层次分布（$N = 376$）　　　（单位：%）

分类\性别	700—1930 新加坡元	1931—2600 新加坡元	2601—3440 新加坡元	3441—4600 新加坡元	4601 新加坡元及以上
男	20.83	18.18	15.91	22.35	22.73
女	14.29	29.46	27.68	16.96	11.61
总计	18.88	21.54	19.41	20.74	19.41

表 7 - 16 呈现的是不同性别员工的月收入层次分布情况。结果显示，男性员工的收入层次分布情况较为两极化，而女性员工大多属于中低收入人群。月收入在 3441—4600 新加坡元和 4601 新加坡元及以上的男性员工（22.35%、22.73%）比女性员工（16.96%、11.61%）要多，而月收入为 1931—2600 新加坡元和 2601—3440 新加坡元的层次中，女性员工（29.46%、27.68%）占比明显高于男性员工（18.18%、15.91%）。而在最低收入层次中，男性员工占比再次超过女性员工。据此推测，在高收入职位，例如高管或技术人员等职位上，男性员工多于女性员工，而在低收入职位，例如体力劳动者，男性员工占比也明显高于女性员工。

表 7 - 17 呈现的是不同年龄段的员工收入层次分布情况。调查将员工按 19—25 岁、26—35 岁、36 岁及以上分为三个组，分别统计了收入分布状况。总体来看，员工年龄越小，收入就越低，月收入在 4601 新加坡元及以上的员工大多为 36 岁及以上，没有 19—25 岁的员工收入超过 4600 新加坡元。绝大部分 19—25 岁的受访员工工资为 700—2600 新加坡元，属于较低收入人群。26—35 岁的员工收入分布较为均衡，每个收入层次均有一定员工数量分布。而在 36 岁及以上的员工中，收入超过 3441 新加坡元甚至达到 4601 新加坡元及以上的员工占比最多。可以推测，年龄因素对于员工的收入分配有着较为显著的影响。

表 7-17　　　按年龄组划分的员工月收入层次分布（N=376）

（单位：%）

分类 年龄组	700—1930 新加坡元	1931—2600 新加坡元	2601—3440 新加坡元	3441—4600 新加坡元	4601 新加 坡元及以上
19—25 岁	46.15	41.03	7.69	5.13	0.00
26—35 岁	20.42	14.79	23.24	22.54	19.01
36 岁及以上	12.31	22.56	18.97	22.56	23.59
总计	18.88	21.54	19.41	20.74	19.41

　　从受教育程度这一维度进行的收入分布调查结果如表 7-18 所示。未上过学的员工收入最低，均为 700—1930 新加坡元。仅有 13.33% 拥有小学学历的员工收入达到 4601 新加坡元及以上，绝大部分收入较低（700—2600 新加坡元）。拥有中学学历的员工收入水平同样也较低（700—2600 新加坡元），相比小学学历的受访员工，有 19.61% 的中学学历员工月收入为中等水平（2601—3440 新加坡元）。收入较高的是有本科及以上学位的员工，有 30.88% 的收入超过了 4600 新加坡元，仅有 24.02% 的员工收入较低。综合来看，员工学历和其收入水平成正比，学历越高，收入水平也越高。

表 7-18　　　按受教育程度划分的员工月收入分布（N=374）　　（单位：%）

受教育程度	700—1930 新加坡元	1931—2600 新加坡元	2601—3440 新加坡元	3441—4600 新加坡元	4601 新加 坡元及以上
未上过学	100.00	0.00	0.00	0.00	0.00
小学学历	40.00	40.00	6.67	0.00	13.33
中学学历	27.45	30.72	19.61	18.30	3.92
本科及以上	10.29	13.73	20.59	24.51	30.88
总数	18.98	21.66	19.52	20.86	18.98

表 7 – 19 呈现的是员工出生地对其收入水平的影响情况。从表 7 – 19 中可以看出，有近一半出生在农村的员工收入较低（700—2600 新加坡元），较少有农村出生的员工收入达 4601 新加坡元及以上。反之，城市出生的员工收入总体较高，有近一半城市出生的员工收入为 3441 新加坡元以上。不难看出，出生地对于企业雇员的收入影响同样较为显著，城市出生的员工收入总体略高于农村出生的员工。有理由推测，出生地大环境以及当地教育资源水平的差距是造成这一调查结果的潜在原因。

表 7 – 19　　　按出生地划分的员工月收入分布（N = 373）　　　（单位：%）

出生地 \ 分类	700—1930 新加坡元	1931—2600 新加坡元	2601—3440 新加坡元	3441—4600 新加坡元	4601 新加坡元及以上
农村	24.54	25.15	22.09	18.40	9.82
城市	13.81	18.57	17.62	22.86	27.14
总计	18.50	21.45	19.57	20.91	19.57

最后，表 7 – 20 从受访员工职位的层面进行了收入分布调查。结果显示，管理人员的收入水平明显高于非管理人员，仅有极少（4.51%）的管理人员收入最低，而在非管理人员中有 26.97% 的员工收入位于最低水平（700—1930 新加坡元）；反之，有 35.34% 的管理人员收入高达 4601 新加坡元及以上，而相同收入水平的非管理人员仅占 10.79%。

表 7 – 20　　　管理人员与非管理人员的月收入分布（N = 374）　　　（单位：%）

是否管理人员 \ 分类	700—1930 新加坡元	1931—2600 新加坡元	2601—3440 新加坡元	3441—4600 新加坡元	4601 新加坡元及以上
管理人员	4.51	12.03	20.30	27.82	35.34
非管理人员	26.97	26.56	18.67	17.01	10.79
总计	18.98	21.39	19.25	20.86	19.52

综上五个表格得出，男性员工的收入水平虽然略高于女性员工，但性别因素对员工收入水平的影响并不算显著。年龄因素、受教育程度、出生地以及职位四个因素对员工收入水平的影响最为明显，年龄越大，受教育程度越高，相应其收入水平会更高，城市出生和企业管理人员等相关背景也是影响员工收入的重要因素。

在本节的最后，调查统计了新加坡中资企业员工家庭年收入的基本状况，如表7-21所示。调查设置了五个收入水平，调查结果显示，受访员工家庭收入水平分布较为均衡，并没有出现极高或极低的占比，每一收入档次均有两成左右家庭分布。

表7-21　　　　　　　　　　　家庭年收入状况　　　　　　　　　　（单位：%）

家庭年收入	频数	占比
2500—24000 新加坡元	54	20.85
24001—45600 新加坡元	50	19.31
45601—70000 新加坡元	54	20.85
70001—110000 新加坡元	46	17.76
110001 新加坡元及以上	55	21.24
总计	259	100.00

第五节　家庭地位和耐用消费品

本节主要讨论的是员工家庭的经济地位以及家庭内耐用消费品的拥有和使用情况。家庭社会经济地位是相关个体的收入、教育、职业的社会表现，通过评估个体或家庭在收入、教育背景、以及职场状况等因素便可得出其家庭社会经济地位的大体情况。另一方面，家庭耐用消费品包括了私人交通工具、大型家电、手机等设备，对家庭耐用品的拥有率体现着人们的物质生活状态以及受其教育、职位等因素影响下的消费水平与消费结构。

　　首先，表 7 - 22 呈现的是受访员工对于其当前和刚进入企业时的家庭社会经济地位的自评情况。调查设置了由 1—10 分的自评标准，结果显示，不论当前还是刚进入企业时，受访员工对其家庭社会经济地位的平均自评分数为五分左右，大体上没有较大突破。但从前后均值相差 0.40 这一波动可以看出，一定数量的受访员工当前的家庭社会经济地位有略微提升。

表 7 - 22　　　　　当前和进入企业时的家庭社会经济地位自评　　（单位：%）

时间点	样本量	均值	标准差	最小值	最大值
当前	592	5.50	1.64	1	10
进入企业时	587	5.10	1.77	1	10

一　家庭耐用消费品拥有率

　　与收入水平的统计分析类似，在对家庭耐用品拥有率的统计过程中，调查也从不同维度统计了数据。

　　表 7 - 23 呈现的即是受访员工的受教育程度对受访员工家庭拥有家庭耐用消费品的影响情况。纵向来看，手机是绝大部分受访员工所必需的电子产品，不论受教育程度的高低，手机的拥有率是最高的。电视和冰箱的拥有率次之，未上过学的员工当中电视、冰箱的拥有率最低（50.00%），随着学历的升高，电视和冰箱的拥有率也随之增高。受学历因素影响最为明显的是对于汽车的拥有率，没有未上过学的员工表示其拥有汽车，本科及以上学历的受访员工表示拥有汽车的占比最高。总体来看，手机和摩托车的拥有程度最不受学历因素的影响，而汽车的拥有率则与受访者的学历呈正比关系。

表 7 - 23　　　　按受教育程度划分的家庭耐用消费品拥有率 （N = 606）

（单位：%）

	汽车	电视	摩托车	手机	冰箱
未上过学	0.00	50.00	25.00	100.00	50.00
小学学历	23.53	94.12	29.41	100.00	94.12
中学学历	31.53	81.77	26.11	100.00	86.14
本科及以上	48.17	91.10	17.02	99.74	94.26
总计	41.58	87.79	20.46	99.84	91.25

　　表 7 - 24 则是按受访员工出生地划分的家庭耐用消费品的拥有率。从表 7 - 24 中看出，手机仍然是拥有率最高的耐用消费品。其次是冰箱和电视，虽然农村和城市员工都有着较高的拥有率，但城市员工中有高达九成以上表示其拥有电视和冰箱，而农村员工仅占八成左右。新加坡当地有着较为发达的公路网络，所以汽车在当地也较为普及，农村和城市都有一定的汽车保有量，但拥有汽车的城市出生员工仍比农村员工多 17.28 个百分点，而在摩托车的拥有情况上，农村员工的拥有率明显高于城市员工。可以推测，由于摩托车相比汽车更为经济实惠，所以农村背景的员工会对摩托车更为青睐。

表 7 - 24　　　　按出生地划分的家庭耐用消费品拥有率 （N = 608）

（单位：%）

出生地	汽车	电视	摩托车	手机	冰箱
农村	30.33	79.62	31.28	99.53	85.71
城市	47.61	92.44	14.61	100.00	94.47
总计	41.61	87.99	20.39	99.84	91.45

　　最后，表 7 - 25 呈现了不同月收入水平的家庭对各耐用消费品的拥有情况。手机仍然是拥有率最高的消费品。在汽车、电视、冰箱的

拥有率上，收入越高，相关产品的拥有率也相应增高。值得注意的是，受访员工的家庭对摩托车的拥有情况，横向比较来看，摩托车在新加坡的拥有率并不算高，但通过纵向比较可以发现，在中低收入水平的家庭中摩托车有着三成左右的拥有率，随着家庭月收入的增高，摩托车的拥有率开始骤减——在月收入超过 4601 新加坡元及以上的家庭中，摩托车拥有率仅为 8.22%。造成这一特殊数据波动的原因很可能是当家庭收入较高时，人们都会选择更为舒适和安全的汽车代步，而更为经济实惠但缺少舒适度及安全性的摩托车则会是收入较低家庭的首选。

表 7-25　　　　　按月收入划分的家庭耐用消费品拥有率（N=376）

（单位：%）

收入	汽车	电视	摩托车	手机	冰箱
700—1930 新加坡元	22.54	74.65	32.39	100.00	78.87
1931—2600 新加坡元	41.98	91.36	24.69	100.00	90.12
2601—3440 新加坡元	36.99	84.93	31.51	100.00	93.06
3441—4600 新加坡元	37.18	89.74	21.79	100.00	91.03
4601 新加坡元及以上	52.05	94.52	8.22	100.00	100.00
总计	38.30	87.23	23.67	100.00	90.67

二　家庭耐用消费品的原产国分布情况

调查继续统计了各类新加坡中资企业员工家庭耐用消费品的原产国分布情况。由于主要产品出口国长期出口的大型家庭耐用消费品均有一定的特征，例如，日本生产的各类汽车价格略低但耐用而欧洲特别是德国汽车价位则相对较高、中国和日本发达的电视产业产出的电视、中国生产的各类摩托车以及美国生产的手机等，各国产品均有相对固定的价格区间。通过分析当地家庭耐用消费品的来源国有助于分析当地中资企业东道国员工的消费水平和消费结构情况。

如图 7-2 所示，在受访的 254 个样本中，极少有员工选择购买新加坡生产的汽车。有 44.49% 的受访员工表示他们的家用汽车来自日本，15.75% 来自中国，极少来自美国和印度。总体看来，受访员工在选择家用汽车的时候更偏向于性价比较高的日本产汽车。同时需注意到，有相当一部分员工（35.04%）选择了其他国家生产的汽车，这有可能包含来自德国、法国等欧洲汽车出口国的汽车，而这类汽车的价格相比日本产汽车略高，可以推测，在受访员工中，选择平价汽车的员工和选择价格稍高的汽车品牌的员工占比不相上下——也有近四成员工能够负担除日本、美国之外的原产国的汽车，即在中资企业的员工中有相当一部分员工经济能力较好。

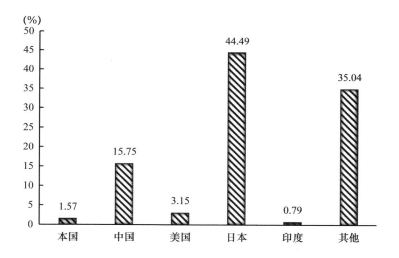

图 7 – 2　家庭拥有轿车/吉普车/面包车的原产国百分比分布（多选题）（N = 254）

图 7 – 3 呈现的是受访员工家庭所拥有电视机的原产国分布情况。从图中可以看出，使用来自日本和中国产电视的受访员工占比略高，有 29.98% 受访员工员工表示其家用电视来自日本，另有 25.70% 表示其电视来自中国，极少来自本土、美国和印度。可以看到，中国近年来跃升成为全球电视生产大国之一，逐渐在海外市场能与老牌电视出口大国之一的日本几乎平分市场份额。另外，有 35.01% 的员工表示其

家用电视来自其他原产国，关于这些员工家用电视的来源国有待今后深入调查，以更全面地了解其消费构成以及各出口国在其进口电视市场份额占领的情况。

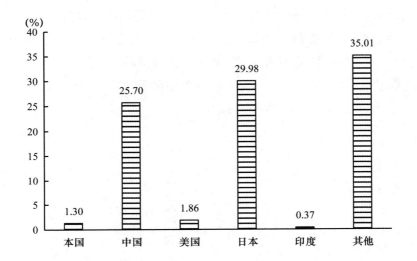

图 7 - 3　家庭拥有彩色或黑白电视的原产国百分比分布（多选题）（$N = 537$）

调查也统计了新加坡中资企业员工家庭拥有的摩托车、滑板车或轻便摩托车的原产国分布情况，如图 7 - 4 所示。在 125 个拥有家用摩托车、轻便摩托车的员工中，有超过一半的摩托车来自中国。产自日本的摩托车次之，但占比 19.20%。另外，随着近年来印度经济的崛起，调查中也发现有少部分员工家用摩托车产自印度。总体来看，中国出口的摩托车在新加坡有相当强的市场竞争力并且成功占据了大部分的市场份额。

图 7 - 5 呈现的是受访员工家庭所拥有的移动电话原产国的分布情况。如图所示，美国产的移动电话在新加坡有着较强的市场竞争力，其占比高达 54.66%。而中国近年来随着各家电子通讯制造商的迅速发展，中国产移动电话也在对国际市场进行着强有力的冲击，可以看到

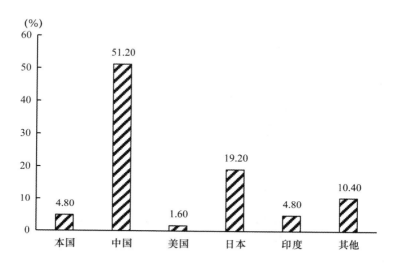

图 7 - 4　家庭拥有滑板车/摩托车/轻便摩托车的原产国百分比分布
（多选题）（N = 125）

有 52.21% 的受访员工表示其拥有的移动电话来自中国。相关数据说明中国产手机近年来在新加坡市场的销售与美国产手机的市场份额占比几乎平分秋色，说明中国产手机正逐步获得海外市场认可，并对长久以来占据手机市场的美国品牌形成了一定冲击。

　　最后，调查统计分析了受访员工家庭所拥有冰箱的原产国分布情况，如图 7 - 6 所示。日本或中国产的冰箱是大部分受访员工的首选，均有近三成（27.42%、24.55%）左右的拥有率。极少员工表示其家用冰箱产自本土、美国或印度。值得注意的是有另外近三成（25.99%）员工表示其家用冰箱来自其他原产国，由于韩国和欧洲也有着实力强大的家电生产巨头，有理由推测这一部分受访员工的家用冰箱很可能便来自上述地区。总体看来，中国产的冰箱在新加坡也是具有较强的市场竞争力的。

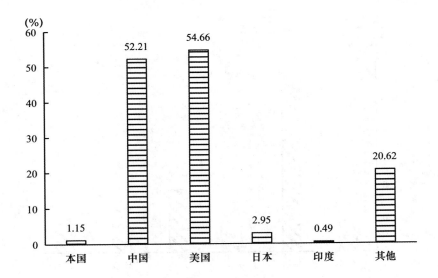

图 7 - 5　家庭拥有移动电话的原产国百分比分布（多选题）（（*N* = 611）

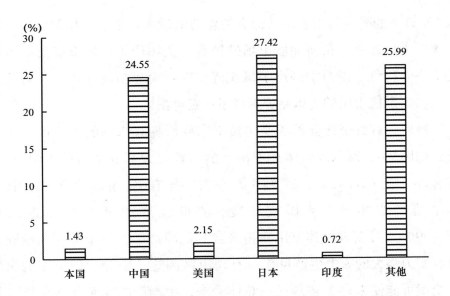

图 7 - 6　家庭拥有冰箱的原产国百分比分布（多选题）（*N* = 558）

小　结

本章主要调查研究了新加坡中资企业员工的职业发展情况与工作条件。在职业发展方面，本章主要描述分析了员工的工作经历、就业情况、工作内容、职业培训、职业前景等内容。在工作条件方面，则包含了员工的工作环境、工作时间、工会组织、社会保障及员工家庭经济地位自评和消费能力等内容。

从职业经历与工作环境来看，在新加坡中资企业员工中，有两成左右工作超过六年，另外近两成工作一年左右，还有两成工作不满一年。在受访企业工作超过五年的员工最少，仅有不到一成。可以推测，在同一个企业工作超过五年的员工较少，受访企业员工的流动性较大。另外，员工的入职途径也呈现多样化，三成左右是通过亲戚朋友介绍入职，两成左右是通过招聘广告前来应聘，也有一定数量员工通过中介机构和直接联系应聘。

从员工工作时间和职业培训及晋升方面来看，有三到四成的新加坡员工在企业担任管理职务，男性管理人员比女性管理人员多一成左右，可以推测大部分的管理职位仍是由中方人员担任的。员工进入企业后，六至七成员工都接受过相关的职业培训，调查结果显示，企业组织关于安全生产和技术性技能的培训较多。从新加坡员工的晋升情况来看，有三到四成的员工职位得到过提拔，没有得到职位晋升的新加坡员工仍占多数。最后，关于员工工作时长方面，不论是否为管理人员，大部分员工每周工作五至六天不等，极少有人工作七天。

调查还包含了新加坡中资企业工会组织与员工社会保障的基本情况。总体来看，新加坡中资企业的员工大部分没有加入本企业工会，仅有三成左右是加入工会的。在享有社会保障的情况方面，绝大多数员工享有社会保障，享有社保的管理人员要比非管理人员多一成左右。

另外，在员工个人和家庭经济收入情况方面，受访员工总体呈现了较好的经济状况。受访企业几乎没有发生过拖欠工资的情况，且收入分配较为平均，并没有出现大规模的低薪或高薪的情况。调查发现，员工年龄与受教育程度是影响其收入水平的重要因素，年龄和受教育程度越高，相应收入水平均得到了一定提升。员工对其家庭社会经济地位的自评情况显示，大部分员工认为在进入新加坡中资企业工作后其家庭社会经济地位略有提升。在家庭耐用消费品的拥有情况上，手机是所有群体的必需品，另外，电视和冰箱的拥有率也随着受访员工的学历、收入水平的提高而增加。城市出生的员工对于上述家庭耐用消费品的拥有率略高于农村出生的员工，城市出生的员工更多选择汽车代步，而大部分农村出生的员工则选择了摩托车。

最后，调查比较了家庭耐用消费品的原产地情况，大部分汽车产自日本，少部分来自中国；而摩托车则绝大部分产自中国。在手机原产地方面，美国产手机占比接近一半，另有三成左右来自中国。受访员工家庭拥有的冰箱和电视机则主要来自日本和中国。

第 八 章

交往与态度

　　处在"一带一路"沿线国家中的中资企业，正逐渐因为这一命运共同体性质的合作倡议而逐渐成为沿线中资企业员工和企业生活交往的大熔炉。与此同时，员工的工作与生活也越发紧密地联系在了一起。本章的探讨将新加坡中资企业员工间的交往情况以及所持态度分为社会交往与社会距离、员工对企业的综合评价以及员工对公共议题所持的观点三个部分。在社会交往方面，将以员工个人为单位，根据员工性别以及是否为管理人员，衡量员工在企业内外所拥有的中国朋友数量。在社会距离方面，分别设立了对于美国人、中国人、印度人和日本人的交往亲疏距离，从最亲密到最疏远，共设八个衡量尺度，从而分析中资企业员工与中、美、印度、日四国的社会距离分布情况。在企业评价方面，我们根据员工的族群、宗教信仰以及是否为企业管理人员调查了员工对企业是否尊重其宗教信仰风俗习惯、员工对企业作息时间的态度以及对中外员工晋升制度是否一致等议题的评价，从而获取员工与企业之间关系的分析结果。最后，我们尝试在性别、年龄、受教育程度和联网状态的不同维度上探讨企业员工对各方面公共议题的观点与态度。

第一节　社会交往与社会距离

中资企业的东道国员工在新加坡中资企业工作生活的过程中，必定会产生一定的文化碰撞，这是个体于社会中进行各种生产生活活动而必然产生的。本节中，我们对中资企业员工的社会交往情况以及社会距离进行考察，借以呈现性别、是否为管理层对员工个体社交情况的影响，探讨中资企业员工对不同国家人民的主观亲疏程度而反映的社会距离状况。

一　社会距离

社会距离体现的是人与人之间关系亲近或疏远的程度。作为理解社群融合和社群隔离的重要指标，我们在调查中设置了八个由亲近到疏远的人际关系选项，分别为：成为伴侣、成为朋友、成为邻居、成为同事、点头之交、居住在同一城市、拒绝来我们国家以及以上均不，借以研究中资企业员工对于在日常生活交往过程中所遇到的四个代表性国家人群的交往态度及亲疏距离，如图8-1所示。

从图8-1中可知，在受访员工对美国人的社会距离所持态度中，有超过四成的受访员工选择愿意与美国人成为伴侣，近四成表示愿与美国人成为朋友。

受访员工对中国人的社会距离评价是最为亲密的。有超过八成的受访员工选择愿与其成为伴侣。其次成为朋友。几乎没有人选择比朋友更疏远的社会距离。

在对日本人的社会距离调查中，我们可以看到仍有近四成的受访员工表示愿意接纳其为伴侣或者朋友，一成左右愿意与日本人成为邻居。选择较疏远交往程度的员工均不到一成。

在对印度人的社会距离上，很少有受访员工选择愿意与其成为伴

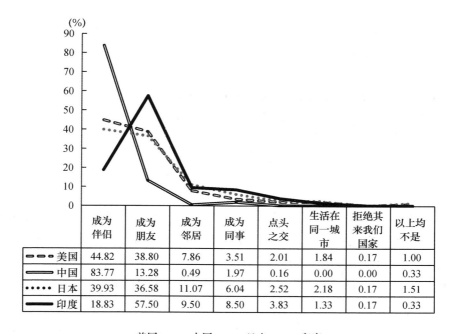

	成为伴侣	成为朋友	成为邻居	成为同事	点头之交	生活在同一城市	拒绝其来我们国家	以上均不是
美国	44.82	38.80	7.86	3.51	2.01	1.84	0.17	1.00
中国	83.77	13.28	0.49	1.97	0.16	0.00	0.00	0.33
日本	39.93	36.58	11.07	6.04	2.52	2.18	0.17	1.51
印度	18.83	57.50	9.50	8.50	3.83	1.33	0.17	0.33

美国　中国　日本　印度

图 8 - 1　员工与中美印度日四国民众的社会距离分布（N = 610）

侣，占比不到两成。选择愿意与印度人成为朋友的占比最高，为 57.50%。其他交往程度的选择人数均不到一成。

　　总体来看，在受访的 610 份样本中，中资企业员工对于不同国家的人群持有不同的社会距离概念。受访员工对中、美、印度、日四国民众都持较友好的态度，在愿与其成为伴侣和成为朋友这两档社会距离的受访员工占比较高，较少有员工选择邻居、同事等社会距离较远的选项。

二　社会交往

　　社会交往是人们社会生活的重要组成部分，也是中资企业员工工作生活必不可少的环节，这在一定程度上影响着中资企业员工的工作和生活质量。

首先，调查统计分析了不同性别人群在本企业内拥有的中国朋友数量差异，如表8-1所示。

表8-1　　　　　　按性别划分的员工在本企业拥有的中国朋友数量差异　　（单位：个）

性别	样本量	均值	标准差	最小值	最大值
男	378	15.31	29.18	0	400
女	221	8.29	11.50	0	100

从表8-1可以看出，在599个样本员工中，男性员工在中资企业内平均拥有中国朋友15.31个，女性员工平均拥有中国朋友8个左右，但男性员工的标准差（29.18）和最大值（400）均略高于女性员工，是男性员工拥有中国朋友数量的个体差异较大，女性员工的中国朋友数量则较为平均。

鉴于企业的性质，调查也从管理人员和非管理人员的维度统计分析了管理人员和非管理人员的企业内中国朋友数量，如表8-2所示。

表8-2　　　　管理人员与非管理人员在本企业拥有的中国朋友数量差异　　（单位：个）

是否管理人员	样本量	均值	标准差	最小值	最大值
管理人员	230	18.03	26.67	0	200
非管理人员	366	9.46	22.42	0	400

从表8-2中看出，在230个管理人员样本中，平均拥有本企业内中国朋友18.03个，最多拥有200个。而在366个非管理人员样本中，平均拥有9个左右的本企业内中国朋友，最多拥有400个。管理人员和非管理人员样本的标准差差异不大，而在非管理人员中样本量远高于管理人员样本量，且非管理人员的最大值也高于管理人员最大值的基础上，非管理人员的平均企业内中国朋友数比管理人员少了8—9个。据此分析出，是否管理人员这一因素对于结交企业内中国朋友有较为

显著的影响。

　　考虑到中资企业员工的日常生活，调查还统计了不同性别、是否管理人员的员工样本在企业外拥有中国朋友的数量，以期更全面地探讨中资企业员工的社会交往情况。

　　首先，依然从不同性别这一维度，统计并计算了中资企业员工在企业外的中国朋友数量情况，如表8－3所示。

表8－3　　　　按性别划分的员工在企业外拥有的中国朋友数量差异　（单位：个）

性别	样本量	均值	标准差	最小值	最大值
男	376	18.72	41.55	0	500
女	218	20.66	97.69	0	999

　　从表8－3中可以看出，在376份男性员工样本中，平均拥有18.72个的企业外中国朋友，最多的拥有500个，最少的拥有0个。另外，在218份女性员工样本中，平均拥有企业外中国朋友20.66个，比男性员工稍多，最多拥有999个，最少拥有0个。对比发现，两组数据的标准差有着巨大差异，男性员工样本的标准差为41.55，女性员工样本的标准差为97.69，相比之下女性员工样本的数据浮动较大，说明女性员工样本拥有的企业外中国朋友数量的个体差异与男性员工样本相比要较大一些。

　　最后，调查从是否为管理人员这一维度统计了中资企业员工的企业外拥有中国朋友数量的情况，如表8－4所示。

表8－4　　　　管理人员与非管理人员在企业外拥有的中国朋友数量差异　（单位：个）

是否管理人员	样本量	均值	标准差	最小值	最大值
管理人员	228	25.22	74.04	0	999
非管理人员	363	15.89	63.54	0	999

从表 8 - 4 可以看出，在 228 个管理人员样本中，平均拥有 25.22 个的企业外中国朋友，最多拥有 999 个。而在 363 个非管理人员样本中，平均拥有 15.89 个的企业外中国朋友，比管理人员样本少了 9 个左右。纵观两组数据的标准差，管理人员样本的标准差略高于非管理人员样本，而最大值和最小值却都相同，可以推断，参与调查的管理人员的企业外中国朋友数量的个体差异较大，而非管理人员所拥有的企业外中国朋友数量的个体差异较小，人均实际拥有朋友的数量较管理人员均衡。

通过以上四个表格，分析比较了性别差异、是否为管理层这两种因素对员工拥有企业内外中国朋友数量的影响。在总体样本数量浮动不大的情况下，所有参与调查的员工所拥有的企业内中国朋友数量略低于企业外朋友数量，这可能是新加坡当地的职场环境以及生活习惯使员工将工作和生活界限划分较为明显而导致的。另外可以看到，管理人员不论在企业内还是企业外，其拥有的中国朋友数量均高于非管理人员，可以推测，造成这一现象的主要原因很可能是由于管理人员处于管理岗位，从而有更多的机会和人脉来扩展其社交范围。

第二节　企业评价

员工在企业的多方面待遇往往决定了员工为企业工作的质量，调查统计员工对企业的评价概况能以员工的切身感受为依据来考察企业对待员工的尊重与否以及员工在企业内的工作生活状况。另外，由于调研对象为在新加坡的中资企业，而新加坡又是一个以中华文化为主导，但也有复杂宗教和文化背景交织在一起的国家，企业对所雇用员工的风俗习惯和宗教信仰的态度从某种程度上也影响着企业在新加坡的发展。本节将从不同族群、不同信教群众、是否为管理人员的维度去调研探讨员工认为的企业对员工及新加坡当地风俗习惯和宗教信仰尊重与否，以及员工对企业制定的工作作息以及晋升制度是否满意，以呈现对新加坡中资企业全面的企业评价。

一　风俗习惯

调查首先探讨了从不同族群的维度出发，员工是否认为本企业尊重了本地的风俗习惯，调查结果如表8-5所示。

表8-5　按族群划分的是否同意"本企业尊重本地风俗习惯"（$N=600$）

（单位：%）

族群	完全不同意	不同意	一般	基本同意	完全同意
华人	0.40	1.01	11.34	43.12	44.13
马来人	0.00	0.00	23.08	61.54	15.38
印度人	0.00	4.55	18.18	50.00	27.27
其他	1.41	0.00	21.13	38.03	39.44
总计	0.50	1.00	13.00	43.17	42.33

在表8-5中看到，受访员工绝大部分认为其所在企业尊重了新加坡当地的风俗习惯。纵向对比发现，华人群体对于这一议题的认同度最高，有超过四成的受访员工表示完全同意，另有四成表示基本同意。在马来人和印度人群体中，均有超过半数的受访员工对这一议题持基本同意的态度，极少有人表示不同意。需要注意的是，马来人和印度人选择基本同意的人数较多，选择完全同意这一议题的人数较少。可以推测，在尊重当地风俗习惯这一方面，可能新加坡中资企业并没有完全获得全部主要族群员工的完全认同，但也并没有遇到大规模的反对。

其次，调查也从不同信教群众的维度统计了员工是否同意企业尊重了本地风俗习惯。结果如表8-6所示。

表8-6　　　　　　　　　按宗教信仰划分的是否同意
"本企业尊重本地风俗习惯"（N=597）　　（单位：%）

宗教信仰	完全不同意	不同意	一般	基本同意	完全同意
佛教	0.76	3.79	19.70	46.97	28.79
基督教	1.54	0.00	6.15	41.54	50.77
伊斯兰教	0.00	2.38	30.95	42.86	23.81
道教	0.00	0.00	37.50	37.50	25.00
印度教	0.00	0.00	18.75	50.00	31.25
其他	0.00	0.00	0.00	17.65	82.35
不信仰任何宗教	0.32	0.00	8.74	43.04	47.90
总计	0.50	1.01	13.23	43.05	42.21

从表8-6看出，基督教员工对这一议题的赞同度最高，有50.77%的基督教员工表示完全同意"本企业尊重本地风俗习惯"，另有41.54%表示基本同意。其他教派如：佛教、伊斯兰教、道教、印度教员工也均有两到三成表示完全同意这一议题，另有超过四成表示基本同意，只有极少数的受访者认为企业没有尊重当地风俗习惯。同时我们还发现，在伊斯兰教和道教群体中有三到四成的受访员工持既不否认也不同意的中立观点，佛教和印度教员工中也有近两成左右持相同观点。没有伊斯兰教、道教和印度教员工对企业在这一议题上持否定态度。

最后，从受访员工是否是管理人员的维度调查了此项议题，如表8-7所示。表示完全同意这一议题的管理人员占比要比非管理人员多出9.01个百分点。总体上看，不论管理人员与否，针对该企业对新加坡风俗习惯的态度基本是一致的。几乎没有人持不同意态度，仅一成左右的员工表示中立，超过八成的员工表示同意本企业尊重本地风俗习惯这一议题。综合来看，不论管理人员与否，数据的趋势并没有大相径庭，反而有一定的相似，可见受访中资企业对新加坡当地风俗习惯的态度总体上是得到绝大部分员工认可的。

表 8 - 7 管理人员与非管理人员是否同意

"本企业尊重本地风俗习惯"（ $N = 598$ ） （单位：%）

是否是管理人员	完全不同意	不同意	一般	基本同意	完全同意
管理人员	0.86	0.43	10.30	40.77	47.64
非管理人员	0.27	1.37	14.79	44.93	38.63
总计	0.50	1.00	13.04	43.31	42.14

通过以上三个表格可以推测，企业对当地风俗习惯的尊重得到了绝大部分员工的认可。值得注意的是，调查中马来人、伊斯兰教、道教等员工对该议题的认同程度不是特别高，且管理人员和非管理人员的认同程度也有一定差异。

二 宗教信仰

关于企业是否尊重员工宗教信仰这一议题，调查也从族群、信教群众以及是否管理人员这三个维度进行了统计。

从表 8 - 8 中看出，几乎没有受访员工不同意"本企业尊重我的宗教信仰"这一议题。对这一议题赞同度最高的是华人员工，有 49.65% 表示完全同意，38.35% 表示基本同意。印度人族群次之，有 38.10% 表示完全同意，47.62% 表示基本同意。表示基本同意这一议题的马来人族群占比最高（61.54%），另有 23.08% 马来人表示对这一议题没有看法（一般）。这一特殊数据波动是否由于马来人相关的文化或者政治背景而导致，有待今后调查持续关注。

表 8 - 8 按族群划分的是否同意"本企业尊重我的宗教信仰"（ $N = 530$ ）

（单位：%）

族群	完全不同意	不同意	一般	基本同意	完全同意
华人	0.24	0.47	11.29	38.35	49.65
马来人	0.00	0.00	23.08	61.54	15.38
印度人	0.00	0.00	14.29	47.62	38.10
其他	0.00	1.41	21.13	35.21	42.25
总计	0.19	0.57	13.02	38.87	47.36

表 8 - 9 反映的是从不同信教群众的维度出发，拥有不同宗教信仰的受访员工对于此项议题的态度。仅有 2.29% 的佛教员工表示不同意这一说法。绝大部分受访员工同意"本企业尊重我的宗教信仰"这一议题。基督教员工对该议题也有较高的赞同度，有近 48.48% 的基督教员工表示完全同意这一议题。特别的，表示对该议题没有观点的伊斯兰教和道教员工占比接近三成，而持相同观点的其他员工仅占一到两成。形成这一波动的原因是否与该企业文化与道教及伊斯兰教教义有些许不同，有待今后深入调查。

表 8 - 9 　　　　　　　　　按宗教信仰划分的是否同意
"本企业尊重我的宗教信仰"（ N = 528 ）　　　　（单位：%）

宗教信仰	完全不同意	不同意	一般	基本同意	完全同意
佛教	0.00	2.29	18.32	42.75	36.64
基督教	0.00	0.00	13.64	37.88	48.48
伊斯兰教	0.00	0.00	26.19	50.00	23.81
道教	0.00	0.00	31.25	31.25	37.50
印度教	0.00	0.00	12.50	43.75	43.75
其他	0.00	0.00	0.00	20.00	80.00
不信仰任何宗教	0.41	0.00	7.44	36.36	55.79
总计	0.19	0.57	13.07	38.83	47.35

最后，从受访员工是否为管理人员的维度来看，表 8 - 10 显示出不论受访者是不是管理人员，几乎没有人表示不同意"本企业尊重我的宗教信仰"这一议题。主要的数据差异发生在表示完全同意的员工中间。管理人员表示完全同意这一议题的占比为 52.53%，比非管理人员多出 8.55 个百分点，这可能是由于管理人员认为企业的相关政策和行为已经足够尊重员工宗教信仰，但是在普通员工中间却有一定数量的不同意见造成的。

表 8 - 10　　　　　　**管理人员与非管理人员是否同意**

"本企业尊重我的宗教信仰"（N = 530）　　（单位：%）

是否是管理人员	完全不同意	不同意	一般	基本同意	完全同意
管理人员	0.51	0.51	9.09	37.37	52.53
非管理人员	0.00	0.60	15.66	39.76	43.98
总计	0.19	0.57	13.21	38.87	47.17

通过以上三个表格可以推测，企业对于员工宗教信仰的尊重得到了绝大部分员工的认可。值得注意的是，调查中马来人、伊斯兰教、道教等员工对于该企业尊重宗教信仰的认同程度不是特别高，并且与对企业是否尊重风俗习惯相关调查的结果类似，非管理人员对于该议题的赞同度比其管理人员要低一些。

三　工作作息

调查员工对企业评价的另一个重要衡量标准便是员工是否喜欢自己所在企业要求的工作作息制度。

首先，调查也从不同族群的维度调查了员工对其所在企业的工作作息满意与否，如表 8 - 11 所示。

表 8 - 11　按族群划分的是否同意"喜欢本企业工作时间作息"（N = 611）

（单位：%）

族群	完全不同意	不同意	一般	基本同意	完全同意
华人	1.39	3.39	15.74	49.20	30.28
马来人	0.00	0.00	15.38	76.92	7.69
印度人	0.00	0.00	13.64	40.91	45.45
其他	2.70	5.41	21.62	27.03	43.24
总计	1.47	3.44	16.37	46.81	31.91

　　从表8-11可以看到，没有不喜欢其所在企业工作时间作息的马来人和印度人，仅有极少数华人员工表示不同意该议题，除15%左右持中立态度的受访员工外，绝大部分员工表示赞同这一议题。值得注意的是，表示完全同意这一议题的马来人仅占7.69%，是三个表示完全同意的族群中占比最少的。可以推测，企业的工作时间作息有可能与马来人自己的生活习惯有一些细微的冲突，所以造成了这一特殊数据波动。

　　表8-12反映的是不同宗教信仰的员工对本企业工作时间作息的态度。表示完全同意这一议题的印度教员工占比最高（56.25%），基督教（34.85%）和佛教（32.85%）员工次之。表示基本同意这一议题的基督教员工占比最高（53.03%），佛教（42.34%）和伊斯兰教（40.91%）员工次之。总体来看，绝大部分受访员工较为喜欢其所在企业的工作时间作息，仅有极少数员工表示不赞同这一议题，其中伊斯兰教和佛教员工表示不赞同的数据占比较为明显。

表8-12　按宗教信仰划分的是否同意"喜欢本企业工作时间作息"（N=608）

（单位：%）

宗教信仰	完全不同意	不同意	一般	基本同意	完全同意
佛教	1.46	5.11	18.25	42.34	32.85
基督教	0.00	3.03	9.09	53.03	34.85
伊斯兰教	2.27	6.82	25.00	40.91	25.00
道教	0.00	6.25	37.50	37.50	18.75
印度教	0.00	0.00	12.50	31.25	56.25
其他	0.00	0.00	17.65	29.41	52.94
不信仰任何宗教	1.92	2.56	15.38	50.32	29.81
总计	1.48	3.45	16.61	46.71	31.74

　　最后考虑的是管理人员与否这一因素对于员工是否喜欢本企业工作时间作息的影响，如表8-13所示。

表 8－13　　　　　　　　管理人员与非管理人员是否同意
"喜欢本企业工作时间作息"（N = 609）　　　（单位：%）

是否管理人员	完全不同意	不同意	一般	基本同意	完全同意
管理人员	1.28	3.40	13.62	48.09	33.62
非管理人员	1.60	3.48	18.45	45.45	31.02
总计	1.48	3.45	16.58	46.47	32.02

绝大多数员工并不反对所在企业的工作作息时间，并且有超过七成的员工表示较喜欢本企业的工作时间作息。不到一成员工对这一议题持否定态度。纵向比较来看，是否管理人员这一因素对于此议题的数据结果有着一定影响，有可能作为管理人员，其本身就参与了工作作息制度制定，也可能身处管理岗位对于该工作作息已经非常适应，所以管理人员中表示喜欢本企业工作作息时间的员工要比非管理人员略多一些。

四　晋升制度

晋升制度是调动员工积极性，提升员工个人素质和能力的重要机制，而一个企业的晋升制度是否公平公正，也影响着员工工作的积极性，进而关系到整个企业的生产和运作的效率及质量。关于这一议题，调查仍然从不同族群、不同宗教信仰以及管理人员与否三个维度统计分析了受访员工对于所在企业的中外员工晋升制度的态度，以期与企业对于新加坡风俗习惯、员工宗教信仰的尊重与否以及企业工作作息时间一起，呈现员工对于企业的全面评价。

在表 8－14 中，表示完全同意其所在企业中外员工晋升制度一致的受访员工占比较少，表示完全同意的华人员工仅占 28.60%，印度员工仅占 20.00%，没有马来员工对该议题表示完全同意。但仍有大部分员工表示基本同意，其中华人员工占比 43.47%。印度员工占比较高，为 65.00%，表示基本同意的马来员工占比最高，为 75.00%。另一方面，有一成左右的华人和印度人员工对这一议题持否定态度。总体来看，绝大部分员工较同意所在企业的晋升制度对中外员工是较为公平的，但相比之下，其他族裔员工对该议题的赞同程度最低，这一数据波动背后的原因有待今后继续深入调查。

表 8 – 14　　按族群划分的是否同意"中外员工晋升制度一致"（*N* = 535）

（单位：%）

族群	完全不同意	不同意	一般	基本同意	完全同意
华人	0.68	12.61	14.64	43.47	28.60
马来人	0.00	0.00	25.00	75.00	0.00
印度人	5.00	5.00	5.00	65.00	20.00
其他	5.08	16.95	27.12	32.20	18.64
总计	1.31	12.52	15.89	43.74	26.54

表 8 – 15 反映的是宗教因素影响下的员工针对这一议题的态度变化。从表中可以看到，比较多的员工对该议题表示基本同意，ADW 中印度教员工占比最高，为 64.29%，伊斯兰教员工（48.72%）和基督教员工（45.45%）次之。表示完全同意的员工略少于表示基本同意的员工，在选择完全同意的员工中，基督教（25.45%）和佛教（20.51%）员工占比最高，道教（15.38%）员工次之。值得注意的是，有相当数量的受访员工对该议题持否定态度，即他们不认为所在企业的晋升制度对中外员工是平等的。表示不同意的道教员工最多，占比高达 30.77%，另有 19.66% 的佛教员工表示中外员工晋升制度不一致，在基督教和伊斯兰教员工中也有少部分认为中外员工晋升制度不一致。结果表明，虽然大部分员工认为其所在企业晋升制度较为公平，但仍有一部分员工对该观点持否定态度。

表 8 – 15　按宗教信仰划分的是否同意"中外员工晋升制度一致"（N = 533）

（单位：%）

宗教信仰	完全不同意	不同意	一般	基本同意	完全同意
佛教	0.85	19.66	18.80	40.17	20.51
基督教	0.00	7.27	21.82	45.45	25.45
伊斯兰教	5.13	7.69	25.64	48.72	12.82
道教	0.00	30.77	23.08	30.77	15.38
印度教	7.14	0.00	7.14	64.29	21.43
其他	7.14	28.57	14.29	28.57	21.43
不信仰任何宗教	0.71	10.32	12.81	44.13	32.03
总计	1.31	12.57	16.14	43.53	26.45

最后，表 8 – 16 呈现的是管理人员与非管理人员对于"中外员工晋升制度一致"这一议题的态度统计情况。在管理人员中，完全同意该议题的员工占比 28.30%，表示基本同意该议题的占比 45.28%。而在非管理人员中，表示完全同意的员工为 25.23%，表示基本同意的员工占比为 42.37%。纵向比较来看，表示不赞同该议题或对该议题没有评价的非管理人员要略多于管理人员，而赞同该议题的非管理人员则少于管理人员。

表 8 – 16　　　　管理人员与非管理人员是否同意
"中外员工晋升制度一致"（N = 533）　　　　（单位：%）

是否是管理人员	完全不同意	不同意	一般	基本同意	完全同意
管理人员	0.94	11.32	14.15	45.28	28.30
非管理人员	1.56	13.40	17.45	42.37	25.23
总计	1.31	12.57	16.14	43.53	26.45

与上文关于员工工作作息时间的分析相似的是，由于管理人员更多地参与到了企业相关政策和决策的制定当中，所以他们自认相关制度是一致且合理的，但由于非管理人员是更多承担政策决策后果的群体，所以这两类员工在相关问题上会有一定的态度差异。但总体来看，受访中资企业的晋升制度是得到大部分员工的认可的。

小　结

在本章的调查中，统计的内容包含三个部分，即员工的社会交往状况、员工对企业的态度以及员工对新加坡公共议题的态度，借以全面地分析和呈现"一带一路"沿线中资企业员工的社会交往状况以及员工对企业和新加坡当地公共议题的态度。数据显示，从总体情况来看，员工社会交往状况较良好，大部分员工对企业持肯定态度，并对所在国各项具有代表性的公共议题所持态度也较正面。不同的是，在三个部分的调查中，仍有关于社会距离、宗教信仰、受教育程度和互联网因素对员工的具体态度产生不同的影响。

在"一带一路"倡议和全球化浪潮的影响下，为了更全面地探讨中资企业员工的社交状况，调查首先统计了中资企业员工对于新加坡分布数量较有代表性的美国人、中国人、印度人和日本人的社会距离。通过调查发现，总体来看，中资企业员工对于中国人和美国人的接纳度较高，对印度人的接纳程度较低。超过八成受访员工表示愿意接纳中国人为伴侣，愿意接纳美国人和日本人成为伴侣的员工占比在四成左右。受访员工都表示愿意与上述四个国家的人成为朋友，或结成更亲密的关系。极少数选择了较为疏远的社会距离。

另外，关于员工社会交往状况方面，男性员工社交面相对女性员工更广。其次，管理人员由于负责企业的运营生产管理，在其工作与日常生活中均需要与更广泛的人群接触，于是形成了管理人员人脉比普通员工厂的状况，所以在调查中，管理人员不论企业内还是企业外的中国朋友数量均高于非管理人员。在员工对于企业评价方面，大部分的员工认为企业尊重了新加坡当地的风俗习惯以及员工的宗教信仰，大多数员工也认可企业的工作作息和晋升制度。

第 九 章

媒体与文化消费

在当今信息技术飞速发展的时代，新媒体作为传播信息的重要媒介，成为了信息传播的主流渠道。在本章中，我们将对新加坡的信息传播媒体和文化消费情况进行梳理分析。本章主要分为四节：在第一节中，我们将分析新加坡员工获取与中国相关信息的主要渠道，并将性别、年龄、受教育程度、收入与之进行交互，分析不同层次的员工在渠道选择上的共性与差异性；在第二节中，将对新加坡员工的影视剧观看选择情况进行分析，比较华语、美国、韩国、日本以及印度影视剧在新加坡的被收看情况，此外，还将对新加坡员工对各国音乐的喜爱程度进行调查了解；在第三节中，我们将分析新加坡中资企业与中国形象的关联性，以及随着时代的发展，中资企业为改善中国形象起到了何种作用；在最后一节中，我们将分析目前华语影视剧在新加坡的地位和作用，并对其未来发展趋势进行预测及提出相关建议。

第一节　互联网和新媒体

互联网与新媒体作为重要的传播媒介，日趋成熟，在我们的生活中正发挥着不可估量的作用，它们带来的影响几乎无处不在，无时不有。在此次调查中，我们对多种传播媒介进行了调查比较，并且将其与性别、年龄、受教育程度、月收入这些变量联系起来进行分析，从而得出受访者们主要采取的了解渠道以及倾向了解的信息类型。

一　新加坡员工获取中国信息的主要渠道

通过上图9－1，我们可以看到，面对本国电视、本国网络、本国的报纸杂志、中国传统媒体、中国新媒体、企业内部员工、企业内部资料这七类渠道时，人们更倾向于选择本国网络和中国新媒体渠道来了解中国，尤其是本国网络渠道，近一年内使用该方式来了解中国信息的员工占比达六成，其次是中国新媒体渠道，有近一半的员工曾通过这一渠道来对中国信息进行了解。本国电视渠道位居第三，通过这一渠道了解中国的员工达35.46％；通过本国的报刊杂志、中国传统媒体、企业内部员工这三类渠道来了解中国信息的员工占比相差不大，均为两成多；占比最低的是企业内部资料这一渠道，这是新加坡员工近一年内最不常用的渠道。

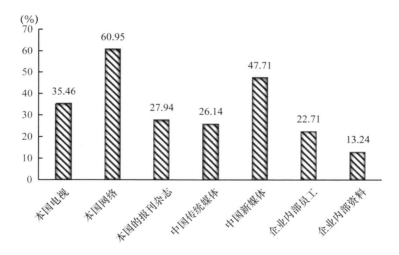

图9－1　近一年内员工了解中国信息的渠道分布（多选题）（N=612）

通过上图我们得知，新加坡员工了解中国信息最主要的渠道是本国网络，其次是中国新媒体，最不常用的渠道是企业内部资料。

二 不同层面的新加坡员工了解中国的不同渠道

通过上图 9 - 2 我们可以看到，无论男女，他们在选择渠道时都有明显的倾向性和集中性，各渠道之间占比差异较大，波动明显。男女在大多渠道的选择上具有一致性，他们都更愿意通过本国网络和中国新媒体渠道来了解中国信息，有六成的男性和女性通过本国网络来了解中国，中国新媒体是他们的第二选择，使用这一方式了解中国的男性和女性占比分别为 49.48% 和 44.69%，企业内部资料渠道都是他们最少采用的渠道，仅有一成多的员工使用该方式。虽然在大多数渠道的选择中，男女表现较为一致，但在本国的报刊杂志和中国传统媒体这两个渠道的选择上，男性与女性的选择有着明显差异。男性在这两个渠道上的占比相差较小，在中国传统媒体渠道上的占比仅比在本国报刊杂志上的占比多 1.20%，女性在这两个渠道上的占比则有明显差异，选择本国报刊杂志的人数明显多于选择中国传统媒体的人数。此外，在本国网络、中国新媒体渠道上，男性的占比均高于女性，然而在本国电视渠道上，女性的占比高于男性。这说明相对于中国传统媒体，女性更常通过本国的报刊杂志来了解中国，相对于男性，女性使用本国电视来了解中国信息的几率更高。

通过上图 9 - 3 我们可以看出，各年龄阶段的员工主要采取的渠道都是本国网络和中国新媒体，19 - 25 岁的员工中通过本国网络了解中国的超过五成，26 - 35 岁的员工表现更为明显，有六成以上的员工都通过该渠道了解中国信息，36 岁以上的员工中也有近六成的员工选择该渠道了解中国信息。通过中国新媒体渠道来了解中国信息的人数占比与年龄增长成正比，19 - 25 岁的员工中通过中国新媒体渠道了解中国的超过四成，26 - 35 岁员工中通过这一方式了解中国的人数占比达 47.33%，36 岁以上的员工中通过这一方式了解中国的人数占比达 48.54%，呈递增趋势。对于 19 - 25 岁的员工而言，选择中国传统媒体渠道的人数多于选择本国电视的人数，更多于选择本国的报刊杂志的

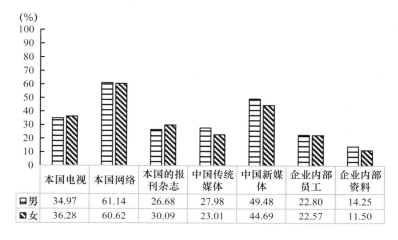

(%)	本国电视	本国网络	本国的报刊杂志	中国传统媒体	中国新媒体	企业内部员工	企业内部资料
男	34.97	61.14	26.68	27.98	49.48	22.80	14.25
女	36.28	60.62	30.09	23.01	44.69	22.57	11.50

図男　　　　図女

图9-2　按性别划分的近一年内员工了解
中国信息的渠道分布（多选题）（*N = 612*）

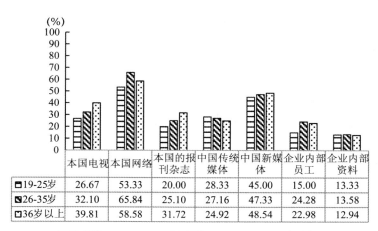

(%)	本国电视	本国网络	本国的报刊杂志	中国传统媒体	中国新媒体	企业内部员工	企业内部资料
19-25岁	26.67	53.33	20.00	28.33	45.00	15.00	13.33
26-35岁	32.10	65.84	25.10	27.16	47.33	24.28	13.58
36岁以上	39.81	58.58	31.72	24.92	48.54	22.98	12.94

図19-25岁　　　図26-35岁　　　図36岁以上

图9-3　按年龄组划分的近一年内员工了解
中国信息的渠道分布（多选题）（*N = 612*）

人数，然而对于 26 - 35 岁和 36 岁以上的员工而言，相对于中国传统媒体，人们更愿意选择本国电视这一方式来了解中国，但是在本国报刊杂志和中国传统媒体的选择上，他们有所区别。26 - 35 岁的员工中选择中国传统媒体渠道的人数多于选择本国的报刊杂志的人数，而 36 岁以上的员工的选择与之相反，选择本国的报刊杂志的人数更多。在本国电视和本国的报刊杂志这两个渠道的选择上，其占比与年龄的增高成正比，在中国传统媒体这一渠道的选择上，则是成反比。

通过上图 9 - 4 我们可以看出，未受过教育的员工和受过教育的员工在渠道选择上有明显差别，未受过教育的员工只采取三类渠道来了解与中国相关的信息，分别是本国网络、中国传统媒体和中国新媒体，其最主要的了解渠道是本国网络。有一半的人选择通过该渠道来了解与中国相关的信息，而受过教育的员工几乎每个渠道都有涉及。小学学历的员工在各渠道的占比分布较为均衡，选择本国电视、本国网络和中国新媒体的人数占比均为 29.41%。本国网络是中学学历的本科及以上学历的员工了解中国的主要渠道，中学学历的员工中有一半通过该渠道了解中国，本科及以上学历的员工在这一渠道上的占比更高，接近七成。随着学历的升高，中国新媒体渠道的占比随之上升。企业内部资料这一渠道是各学历的员工最少选择的渠道，未受过教育和小学学历的员工中更是无人选择这一渠道。大体来看，学历高的员工在各渠道上的占比都高，这也说明高学历的员工更愿意从多种渠道来了解中国。

通过上图 9 - 5 我们发现，无论收入高低，各渠道之间的占比相差悬殊，波动大。收入在 700 - 1930 新加坡元的员工的主要了解渠道与其他收入水平员工的不一样，前者的主要渠道是本国网络和本国电视，而后者主要选择通过本国网络和中国新媒体来了解中国。收入在 1931 - 2600 新加坡元的员工的选择与收入在 2601 - 3440 新加坡元、3441 - 4600 新加坡元、4601 新加坡元及以上员工的选择有所不同，收入在 1931 - 2600 新加坡元的员工选择中国新媒体渠道的最多，选

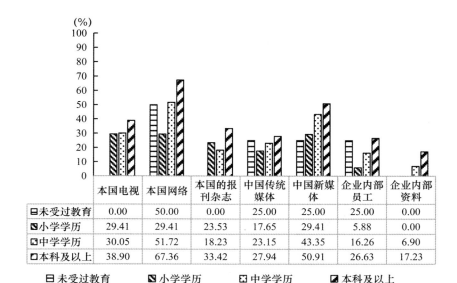

	本国电视	本国网络	本国的报刊杂志	中国传统媒体	中国新媒体	企业内部员工	企业内部资料
未受过教育	0.00	50.00	0.00	25.00	25.00	25.00	0.00
小学学历	29.41	29.41	23.53	17.65	29.41	5.88	0.00
中学学历	30.05	51.72	18.23	23.15	43.35	16.26	6.90
本科及以上	38.90	67.36	33.42	27.94	50.91	26.63	17.23

日 未受过教育　　　　◤ 小学学历　　　　⊡ 中学学历　　　　◣ 本科及以上

图 9 - 4　按受教育程度划分的近一年内员工
了解中国信息的渠道分布（多选题）（N = 607）

择本国网络的次之，而收入在 2601 - 3440 新加坡元、3441 - 4600 新加坡元和 4601 新加坡元及以上员工中选择本国网络渠道的最多，且占比远高于中国新媒体的占比。收入在 3441 - 4600 新加坡元的员工中选择本国网络渠道的人数占比达六成多，收入在 4601 新加坡元及以上员工在该渠道上的占比超过七成。收入在 700 - 1930 新加坡元的员工在中国传统媒体和中国新媒体渠道上的占比一样，均不到两成，而收入在 1931 新加坡元以上的各收入水平的员工选择中国新媒体渠道的人数均在一半以上。对于 700 - 1930 新加坡元的员工来说，本国的报刊杂志是其了解中国的第三选择，对于收入在 1931 - 2600 新加坡元的员工来说排名第三的是中国传统媒体，对于收入在 2601 - 3440 新加坡元、3441 - 4600 新加坡元和 4601 新加坡元及以上员工而言，本国电视渠道位居第三。此外，选择本国报刊杂志、企业内部员工、企业内部资料的员工人数占比均与收入高低成正比。企业内部资料仍是员工们最少采用的渠道，但收入中等偏上的员工采取这一方式的占比明显高于收入偏低的员工。整体来看，收入在 4601 新加坡元及以上的员工在各渠道上的占比都是最高的，这说明收入高的员工了解中国的方式更为全面、多元。

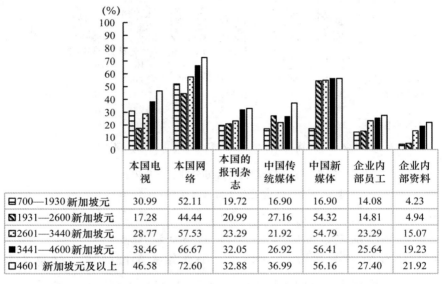

(%)	本国电视	本国网络	本国的报刊杂志	中国传统媒体	中国新媒体	企业内部员工	企业内部资料
▣ 700—1930 新加坡元	30.99	52.11	19.72	16.90	16.90	14.08	4.23
▨ 1931—2600 新加坡元	17.28	44.44	20.99	27.16	54.32	14.81	4.94
▤ 2601—3440 新加坡元	28.77	57.53	23.29	21.92	54.79	23.29	15.07
■ 3441—4600 新加坡元	38.46	66.67	32.05	26.92	56.41	25.64	19.23
□ 4601 新加坡元及以上	46.58	72.60	32.88	36.99	56.16	27.40	21.92

▣ 700—1930 新加坡元　　　▨ 1931—2600 新加坡元　　　▤ 2601—3440 新加坡元
■ 3441—4600 新加坡元　　　□ 4601 新加坡元及以上

图 9 - 5　按月收入划分的近一年内员工了解中国信息的
渠道分布（多选题）（N = 376）

三　新加坡员工通过新加坡媒体关注中国信息的情况

表 9 - 1 展示了近一年内员工是否从新加坡媒体收看中国相关新闻的状况，在表中列出了四类与中国相关的新闻，通过该表中的数据我们可以看到：通过新加坡媒体收看中国大使馆对本国捐赠的新闻的员工和收看中国援助本国修建道路、桥梁、医院和学校新闻的员工超过三成，但都不足一半，而收看本国学生前往中国留学的新闻和中国

艺术演出的新闻方面的情况与上述二者的情况大为不同，根据调查显示，通过新加坡媒体观看本国学生前往中国留学的新闻的人达六成多，收看中国艺术演出的新闻的人数占比接近八成。

表 9 – 1　　　近一年内员工是否从新加坡媒体收看中国相关新闻的状况

（单位：%）

有关中国的新闻	样本量	是	否
中国大使馆对本国捐赠的新闻	539	30.80	69.20
中国援助本国修建道路、桥梁、医院和学校的新闻	531	34.09	65.91
本国学生前往中国留学的新闻	562	65.66	34.34
中国艺术演出的新闻	580	78.28	21.72

因此，我们发现新加坡员工是否通过新加坡媒体来了解与中国相关的新闻，与新闻的类型有着密切的关系。

第二节　文化消费

文化消费是指人们根据自己的主观意愿，选择文化产品和服务来满足精神需要的消费活动①。它的基本特征体现在两个方面：一方面它所满足的是消费主体的精神需要，使主体感到愉悦、满足；另一方面是满足主体需要的对象主要是精神文化产品或精神文化活动②。文化消费作为一种发展性消费和精神消费，与人们的生活方式和社会发展水平息息相关。该节涉及了新加坡员工的文化消费的情况，我们在此比较新加坡员工对中、美、日、韩、印度的电影/电视剧的观看频

---

① 《文化消费》，百度百科，https://baike.baidu.com/item/文化消费/942672? fr = aladdin。

② 同上。

率和对音乐的喜爱程度。

通过表 9 - 2 我们可以看到，在经常和很频繁这两个选项上华语电影/电视剧占的比重是最大的，其次是美国电影/电视剧，有近四成的新加坡员工经常观看华语电影/电视剧，近三成的员工经常观看美国电影/电视剧，然而很少人选择经常看日本、韩国、印度电影/电视剧，占比不到一成；选择有时观看这一项的员工的占比从高到低依次是美国、中国、韩国、日本、印度，在这一选项上，华语影视剧的占比低于美国，选择有时观看美国电影/电视剧的员工超过三成，选择有时看华语电影/电视剧的员工刚好三成，只有一成的员工选择有时看印度电影/电视剧，对于印度影视剧，绝大多数的员工是选择从不和很少这两个选项，占比超过八成，对于日韩影视剧，也有六成多的员工选择从不、很少观看日本电影和韩国电影，而对于华语影视剧，只有近两成的员工选择从不、很少选项。

表 9 - 2　员工观看不同国家的电影/电视剧的频率分布（N = 611）　（单位：%）

频率	华语电影/电视剧	日本电影/电视剧	韩国电影/电视剧	印度电影/电视剧	美国电影/电视剧
从不	6.38	36.82	30.16	55.67	13.11
很少	14.24	37.32	32.79	28.08	16.72
有时	30.44	19.97	26.89	11.33	35.74
经常	39.28	5.07	8.52	3.12	28.03
很频繁	9.66	0.82	1.64	1.81	6.39

通过表 9 - 3 我们可以看出，在非常喜欢和喜欢这两个选项上，华语音乐占有明显的优势，超过两成的员工表示非常喜欢华语音乐，近一成的员工对美国音乐表示非常喜欢，对韩国、印度、日本音乐表示非常喜欢的员工非常少；有一半的员工对华语音乐表示喜欢，对美国音乐表示喜欢的也近四成，对日本、韩国音乐表示喜欢的超过一成；在选择一般选项的占比上，韩国、日本、美国音乐名列前茅，华语音

乐的占比最少；从不喜欢和非常不喜欢这两项的占比之和来看，最不
受欢迎的是印度音乐，超过六成的员工表示不喜爱印度音乐，其次是
日本音乐，韩国音乐不受欢迎的程度与日本音乐相差不大，接近四成，
不喜爱华语音乐的人最少，不到一成。

表 9 - 3　　　　　员工对不同国家音乐喜爱程度的频率分布　　　　（单位：%）

喜欢程度	华语音乐 N = 599	日本音乐 N = 580	韩国音乐 N = 589	印度音乐 N = 584	美国音乐 N = 599
非常喜欢	24.54	1.55	3.57	3.25	8.68
喜欢	54.09	17.07	15.96	8.56	39.57
一般	16.03	40.52	42.28	27.57	32.89
不喜欢	4.67	36.38	33.11	50.51	16.86
非常不喜欢	0.67	4.48	5.09	10.10	2.00

第三节　新加坡中资企业与改善
中国形象的关联

　　随着中国"走出去"战略的推进，中国海外企业已经成为了全球
化过程的重要参与者，也是塑造中国国家形象的主要行为体。[1] 海外中
资企业代表着中国的国家形象，企业发展与国家形象之间的关系是相
辅相成的。[2] 企业形象的好坏直接影响到一个国家的形象，一荣俱荣、
一损俱损，作为海外中资企业，必须意识到这一点，积极履行企业社
会责任，做好企业公共外交，担负起塑造、改善中国形象的重任。

―――――――――

　　[1]　陈积敏：《海外企业与中国国家形象塑造》，《江南社会学院学报》2015 年第 3 期。
　　[2]　周进：《中国企业公共外交与国家形象塑造研究》，硕士学位论文，华中师范大
学，2017 年。

一 新加坡中资企业很大程度上代表了中国形象

通过上述图表，我们可以看到，通过中国企业员工和中国内部资料了解中国的员工共计接近三成，仅次于作为了解中国的首要渠道——新媒体渠道，这说明中资企业是当地员工了解中国的重要方式之一。在新加坡民众眼中，中资企业是中国与新加坡的接口，也是中国形象的缩影，其所作所为很大程度上代表着中国这个国家，因而，我们应该对中资企业的文化建设、形象管理和企业外交加以重视，为塑造良好的中国形象打下基础。

国人在走向世界的过程中，都要时刻记住自己代表的是中国的形象，更何况是一个企业，中资企业在走向国际的过程中带来的影响如同一把双刃剑，有利有弊，但是如何扬长避短，经过时间的淬炼，走入新加坡的中资企业已经取得了显著的成效。随着中国经济的发展进步，驻新加坡中资企业在数量和质量上都有了进一步提高。中国自加入世贸组织以来，众多中国企业落地新加坡，开展面向东南亚地区的经贸合作。近些年来，中资企业逐渐向多领域发展，走向多元化，许多实力雄厚的企业积极寻求转型，力求思变，顺应社会发展的潮流。此外，在开展经贸来往之时，中国企业遵守当地的法律法规与市场规则，尊重当地的风俗习惯与传统，被认定为"总体实力强、信誉好、业务发展迅速"①，这无疑也是对中国良好形象的肯定与认可。企业的发展与国家形象的塑造之间是相辅相成的关系，越来越多的中资企业在新加坡发展得越来越好，这也代表了中国真诚、包容、守法、富强的形象。

二 新加坡中资企业对改善中国形象的重要作用

正如上文所说，中资企业很大程度上代表了中国形象，该企业在

---

① 陶杰：《融入与互利：中资企业与新加坡共谋发展》，《经济》2011 年第 10 期。

不断完善加强自身的过程中，也悄然地改变了中国的形象。有学者认为，"国家形象塑造需要企业开展公共外交，企业开展公共外交是国家提升国际竞争力和吸引力、塑造国家形象的客观需要。企业公共外交与塑造形象具有内在统一性"①。企业公共外交现在越来越被重视，企业也成为了外交的主体之一。公共外交的方式是多元的，包括公关、传播、人文交流、援助等一系列方式，我国驻新加坡中资企业在这一方面有着良好表现，尤其是人文交流与援助方面，中资企业做出了不可否认的贡献。

目前，驻新加坡中资企业众多，这些企业几乎涉足建筑、餐饮、金融等各个领域，主要有中冶、中石油、中石化等公司，它们在新加坡遵纪守法，按规则办事，积极履行企业社会责任，并为当地人谋福利，做公益，获得了当地民众的肯定。新加坡的许多中资企业在节假日时，都会举行公益演出，这不仅传播了中国传统文化，与当地进行了良好的人文交流，还同时促进了公益事业的发展，一举多得。通过这些丰富的企业活动，中国人热情、助人、友好的形象飞入新加坡民众的心里。此外，众多企业加入了1999年成立的中资企业协会，据统计，目前已有400多家公司参会。协会制定的一些规则，有利于有组织地管理在新加坡的各中资企业，约束其遵守当地的法律法规，加强与当地民众的交流与联系，传递中国精神与文化；中资企业还可以互相帮助，为打算进入或刚进入新加坡的企业提供经验借鉴，让中国企业能更快、更好地融入当时的营商环境，减少与当地的摩擦，更大程度地避免产生不良行为与不良影响。2019年，中企协会会员就参加了"中国营商环境及新外商投资法介绍"研讨会，通过参加这样的活动，中资企业能更及时、更深入地了解在新加坡的经商形势与政策，少走弯路。此外，中资企业协会还会组织中资企业举行文化、公益活动。今年，"中国银行·唱响世界"京剧荟萃专场音乐会亮相狮城，庆祝中

---

① 陶杰：《融入与互利：中资企业与新加坡共谋发展》，《经济》2011年第10期。

华人民共和国成立70周年，这是"中国银行·唱响世界"音乐会第四次在新加坡举办。近年来，中国银行新加坡分行已陆续在本地开展和参与逾160场中国、新加坡两国之间金融、经贸、投资合作、文化、艺术、教育等各类互联互通促进活动，打造中国、新加坡人文交流的靓丽名片[①]。中建也举行了"公益同行，健康同在"中资企业协会第一届中建南洋公益健步走活动，这次的公益健步走活动，在倡导健康生活的同时，还鼓励中资企业（新加坡）协会会员以公司的名义募捐善款，帮助新加坡弱势群体，为公益事业尽一份绵薄之力[②]。此外，互帮互助的团结精神也能感染当地民众，增加企业的信赖度。

近几年，中国越来越重视企业公共外交的重要性，积极履行企业责任，这使得驻新加坡中资企业的形象越来越好，中国形象也在发生着日新月异的变化。

第四节 华语影视剧在新加坡消费情况的延伸调查

文化软实力是一个国家综合实力的重要组成，华语影视剧作为中国文化软实力的一部分，尤为重要。通过调查华语影视剧在新加坡的消费情况，不仅可以了解新加坡民众对于华语影视剧的喜爱程度，还可以认识到中国文化在新加坡的处境，并与西方文化的影响进行对比，进一步探索新加坡当代社会的变化、变化原因和未来的走向。

---

① 中资企业（新加坡）协会：《公益中行、文化中行，搭建新时代中新友谊新桥梁》，2019年12月1日，http：//www.cea.org.sg/zhongguoyinhang/。

② 中资企业（新加坡）协会：《"公益同行，健康同在"中资企业协会第一届中建南洋公益健步走活动圆满落幕》，2019年12月1日，http：//www.cea.org.sg/gongyitongxing/。

一　中国影视产品是新加坡人重要的精神消费品

随着全球经济的发展，当今社会正渐渐从物质消费时代向精神消费时代转变，人们的消费态度也在一点一滴地发生着变化，精神消费品也越发变得举足轻重。

根据上述图表，我们发现近五成的员工在日常生活中常以看中国影视剧作为生活的调味剂，观看华语影视剧的比例远高于看其他国家电视剧的比例，只有三成多的员工选择美国影视剧，而选择韩国、日本、印度的更是一成不到，通过比较，显而易见，华语影视剧是新加坡人最喜闻乐见的消遣方式。

每一个社会现象的产生，背后都有着深层次的原因。新加坡作为一个华人国家，华人占比超过七成，且新加坡一直实行双语教育，在目前的新加坡，仍有大多数人使用汉语普通话甚至广东话、福建话，这使得他们在观看华语影视剧时，有着语言上的便利；其次，新加坡对国民进行以儒家伦理为主的东方价值观的教育，将儒家伦理作为新加坡精神文明理论形成的思想基础，在新加坡精神文明建设的实践中占据了主导地位，成为了新加坡精神文明建设的指导思想，当今新加坡社会广泛流行的文化和价值观中，华人价值观（儒家文化）是新加坡社会占主流的东方传统文化或价值观，[①] 新加坡的华人不可避免地受到中华传统文化的影响，[②] 这让他们在观看华语影视剧时能产生强烈的共鸣和亲切感，能给他们带来愉悦的心情，满足他们精神的需要，因而，华语影视产品成为了新加坡人重要的精神消费品。

二　华语影视剧在新加坡的"幸"与"不幸"

华语影视剧在新加坡的"幸"与"不幸"，不仅表明了华语影视剧

---

① 朱春珠：《新加坡精神文明的特色》，《浙江学刊》2002 年第 3 期。
② 林琳：《当代新加坡华人宗教信仰研究》，硕士学位论文，福建师范大学，2015年。

在新加坡的市场占比和受欢迎的情况，也暗示了当今新加坡社会文化的变化。

通过图表，我们可以看到，目前华语影视剧在新加坡还是广受大众欢迎的，相对于各国的影视剧作品，更多的新加坡人明显更倾向于选择观看华语影视剧，在市场占比和受欢迎程度上的成功，这是它的"幸"；然而，随着西方文化的强势进入，新加坡社会方方面面都广受影响，虽然图表中，在选择很频繁、经常观看的比例上，美国影视剧的占比无法和华语影视剧相比，但是在"有时看"一项的选择上，美国影视剧的占比却超过了华语影视剧，这表明，在当今的新加坡，有大量的民众在尝试观看美国或者其他国家的影视剧作品，那么这是否意味着，新加坡民众在慢慢地接受西方影视剧作品，而华语的影视剧作品的市场遭遇挤压，随着时间的推移，是否华语影视剧不再是新加坡民众主流的精神消费品，这是它可能将会面临的难题，也是它在新加坡的"不幸"。

为了避免"不幸"，我们也应当适时地采取对策。争取在文化价值方面能够更好地影响世界，是当下发展华语影视的一项重要目标任务和事关长远的梦想追求，毫无疑问，华语影视应该讲好华人的生活及故事，这是其能够影响世界的一个重要基础。[①] 此外，我们还应当多结合社会现象，寓生活道理于其中，打造更具有新加坡社会的本土化特征的影视作品。

三　华语影视剧在新加坡的发展趋势

就目前而言，观看华语影视剧的人群在数量上遥遥领先于其他国家的影视剧作品，华语影视剧在新加坡还将保持主流地位，但是美国等其他国家的后继力量也不可小觑，在"有时看"这一选项上，观看美国影视剧的比例达到了三成半，如果华语影视剧还不采取行动，随

---

① 倪祥保：《华语影视如何才能更好影响世界》，《中国社会科学报》2014 年 4 月 9 日第 B02 版。

着西方文化的发展，华语影视剧将会受到以美国为首的西方国家的影视剧的巨大冲击，甚至未来观看美国影视剧的比例可能会逐渐追上华语影视剧，现在华语影视剧采取行动还为时不晚。

小　结

本章主要分析了新加坡员工了解中国的主要渠道，在不同年龄段、性别、受教育水平、月收入的情况下，受访者在选择了解中国的渠道上的共性和区别以及其对了解信息的类型的影响，此外，还将中资企业与中国形象的关联性进行了梳理，最后还对华语影视剧在新加坡的消费情况进行了延伸调查分析。

通过调查，我们发现，在企业内部员工、企业内部资料、本国的电视、本国的报纸杂志、网络、中国传统媒体、中国新媒体这七类渠道中，本国网络是了解中国信息最主要的渠道，中国新媒体这一渠道次之，企业内部资料这一渠道是新加坡员工近一年内最不常用的渠道。此外，我们考虑到了性别、年龄、受教育水平、月收入的因素，并做了相关分析。在性别不同的情况下，我们发现男女在本国网络、中国新媒体等主要渠道上的选择区别不大，区别较大的渠道在于本国的报刊杂志和中国传统媒体渠道，在面对此二者的选择时，男性的选择比较均衡，女性的选择差异较大，女性选择本国的报刊杂志的占比远大于男性，选择中国传统媒体的占比远小于男性。在年龄段不同的情况下，员工们的选择较为一致，选择本国网络和中国新媒体比例远高于其他各渠道的占比。通过本国电视、中国新媒体和本国的报刊杂志渠道了解中国信息的人数占比与年龄增长呈正比，通过中国传统媒体渠道了解中国信息的人数占比与年龄增长呈反比，各年龄段在企业内部资料渠道上的人数占比相差甚小。对于 19—25 岁的员工而言，选择中国传统媒体渠道的人数多于选择本国电视的人数，更多于选择本国的报刊杂志的人数，然而对于26—35岁和36岁以上的员工而言，相对于中国传统媒体，人们更愿意选择本国电视这一方式来了解中国。在受教育水平不同的情况下，未受过教育的员工只采取三类渠道来了解与中国相关的信息，分别是本国网络、中国传统媒体和中国新媒体，其最主要的了解渠道是本国网络，受过教育的员工几乎每个渠道都有涉及。值得注意的是，小学学历的员工没有人选择通过企业内部资料来进行了解，此外的几个渠道的选择上小学学历员工的选择较为均衡。本科及以上学历的员工在各渠道上的占比都是最高的，这也说明高学历的员工更愿意从多种渠道来了解中国。在月收入条件不同的情况下，收入在700—1930新加坡元的员工的主要了解渠道与其他收入水平员工的不一样，前者的主要渠道是本国网络和本国电视，而后者主要选择通过本国网络和中国新媒体来了解中国。收入在700—1930新加坡元的员工在中国传统媒体和中国新媒体上的占比一样，均不到两成，而收入在1931新加坡元以上的各收入水平的员工选择中国新媒体的人数均在一半以上。此外，选择本国报刊杂志、企业内部员工、企业内部资料的员工人数占比均与收入高低成正比。企业内部资料仍是员工们最少采用的渠道，但收入中等偏上的员工采取这一方式的占比明显高于收入偏低的员工。整体来看，收入在4601新加坡元及以上的员工在各渠道上的占比都是最高的，这说明收入高的员工了解中国的方式更加全面和多元。

在他们了解的新闻类型的侧重点方面，我们也进行了相关分析。我们发现，是否选择通过新加坡媒体来了解与中国相关的新闻与新闻的类型有着密切的关系。通过新加坡媒体收看中国大使馆对本国捐赠的新闻的人和收看中国援助本国修建道路、桥梁、医院和学校新闻的员工较少，在收看本国学生前往中国留学的新闻和中国艺术演出的新闻方面的情况与上述二者的情况大为不同，通过新加坡媒体观看本国学生前往中国留学的新闻的人和收看中国艺术演出的新闻的人数较多，尤其是收看中国艺术演出的新闻的人，达到了八成。

　　在文化消费方面，在经常和很频繁这两个选项上，华语影视剧占的比重是最大的，其次是影视剧，选择经常看日本、韩国、印度影视剧的员工极少；选择有时观看这一项的员工的占比从高到低依次是美国、中国、韩国、日本、印度，这表明新加坡员工对华语影视剧的认同度远高于其他国家的影视剧，对美国影视剧也正处于尝试接触阶段，对于印度影视剧的认同度最低。华语影视剧目前是新加坡主要的精神消费品，必不可少，也极为重要，为新加坡大多数民众所接受并喜爱，这是它的"幸"，这与新加坡的文化、价值观密切相关，新加坡十分重视儒家文化是其原因之一，但是，随着社会的变革，时代的发展，新加坡与西方文化的接触不断密切，这也可能给华语影视剧招致"不幸"，面对西方影视剧的强势入侵，华语影视剧的未来必然不会像以前一样一帆风顺，将会面临许多挑战，但是只要我们对华语影视剧有充分的信心，及时采取相应措施，制定策略，华语影视剧依旧能岿然不败。

第 十 章

中资企业员工对中国品牌、企业社会责任的认知及大国影响力评价

本章主要根据新加坡中资企业员工调查问卷所涉及的问题，包括中国品牌、企业社会责任以及大国影响力三个模块，根据员工回答制成的图表进行分析。中国品牌部分相关的问题主要包括是否知道本企业以外的中国品牌，以及员工印象最深的中国品牌，进而了解中国品牌在员工中的认知情况。企业社会责任模块主要是访问员工所在的新加坡中资企业开展援助的类别情况，以及员工希望企业进一步开展的援助有哪些，从而建议企业有针对性地履行社会责任，提升企业形象。大国影响力部分是本章关注的重点之一，主要是访问员工认为的目前亚洲地区最有影响力的国家，并对中美两国的影响力进行正负面评价。同时还就新加坡未来发展应借鉴的国家以及对新加坡援助最多的国家进行了调查访问。

第一节 中国品牌

新加坡员工对品牌的选择实际上包含了对品牌的认可、喜爱和信任等重要的无形资产。而中国品牌关乎中国企业的形象，进而关系到中国在新加坡的声誉、地位、国家形象和软实力。因此，明确新加坡员工对于中国品牌的认知非常有必要。通过了解新加坡员工整体上对

中国品牌的认知程度以及中国哪些品牌在员工中具有较高的知名度，为今后在新加坡发展中国品牌提供参考价值。

一　新加坡员工对中国品牌的认识

这部分具体在问卷中体现的问题为"除了本公司的产品（如有）之外，您是否知道中国其他的产品品牌"，回答选项包括"是""否"。如图 10－1 所示，在 602 个有效样本中，可以看到按性别划分的员工对本企业以外的中国品牌的认知状况为：超过八成（85.22%）的男性员工知道中国的其他产品品牌，知道本企业以外的中国品牌的女性员工比例接近九成（89.69%），说明中国品牌在新加坡员工中有相当高的认知度，而女性员工相较男性员工，对中国品牌的认知度更高。

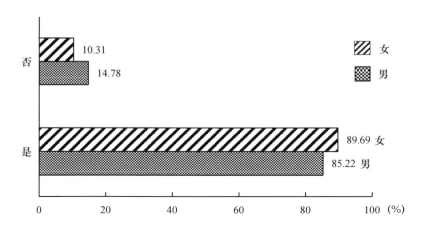

图 10－1　按性别划分的新加坡员工对本企业外的

中国产品品牌的认知状况（$N=602$）

如图 10－2 所示，在 597 个有效样本中，按受教育程度划分的新加坡员工对本企业外的中国品牌的认知状况来看，对中国品牌认知度最高的为本科及以上学历员工，比例超过九成（90.19%），说明中国品牌在知识层次较高的员工中具有非常高的认知度。中学学历员工知道

本企业外的中国品牌的比例居第二，为八成（82.09%），未上过学的
员工知道本企业外的中国品牌的比例（25.00%），远低于小学学历的
员工比例（80.00%）。说明学历越高对于中国品牌的认知度相应较高，
而中国品牌在一定程度上已扩散到较低知识层次的员工中，但同时深
入的程度还远远不够。因此，中资企业应该加大在新加坡普通民众中
的宣传力度，努力在新加坡普通民众中树立良好的品牌形象。

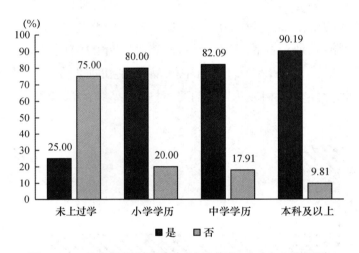

图 10-2　按受教育程度划分的新加坡员工对本企业外的
中国产品品牌的认知状况（N = 597）

　　如图 10-3 所示，在 600 个有效样本中，按管理人员与非管理人
员划分的对本企业外的中国品牌的认知状况来看，管理人员知道中国
品牌的比例超过九成（92.77%），非管理人员知道中国品牌的比例
也超过八成（83.01%）。这表明中国品牌在员工中确实有较高的
认知度，但管理人员的认知度相对而言要高于非管理人员，因此，
新加坡中资企业可进一步采取措施提高中国品牌在普通员工中的认
知度。

　　上网频率在一定程度上可以反映员工通过互联网接触外界信息的
情况。按上网频率划分的员工对本企业外的中国品牌的认知状况来

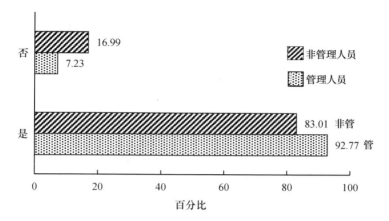

图 10 - 3 管理人员与非管理人员对本企业外的中国产品品牌的认知状况 （ *N* = 600 ）

看，如表 10 - 1 所示，在 602 个有效样本中，除了少数数据存在一定的偏差外，大体而言，上网频率与对中国品牌的认知度呈正相关，即上网频率越高对中国品牌的认知度越高。上网频率为一天几个小时的员工知道中国品牌的比例为 88.70% ，而上网频率为几乎不上网的员工知道中国品牌的比例为 40.00% ，因此也可以看出，通过网络宣传品牌是一种很好的途径，也有一定的效果，但对于上网频率较低的员工而言，网络宣传意义就不是特别明显。因此，中资企业在新加坡本地的品牌推广方式需因地制宜，以便达到更好的宣传效果。

表 10 - 1 　　　　　　　**按上网频率划分的新加坡员工对本企业外的中国产品品牌的认知状况 （ *N* = 602 ）** 　　　　（单位：% ）

上网频率	是	否
一天几个小时	88.70	11.30
一天半小时到一小时	89.22	10.78
一天至少一次	72.73	27.27
一周至少一次	33.33	66.67
一个月至少一次	100.00	0.00
几乎不	40.00	60.00
从不	50.00	50.00
总计	86.88	13.12

二 新加坡员工印象最深的中国品牌

在各个层面了解了员工对中国品牌的认知程度之后，为了进一步深入了解新加坡员工具体对中国的哪些产品品牌有更高的认知度。这在问卷中体现为填空题"请列举 3 个中国品牌"。图 10 - 4 根据受访者回答的第一个中国品牌的比例制作而成。由图 10 - 4 可知，在 386 个有效样本中，男性员工选择其他品牌的比例超过两成（21.50%），选择华为的比例超过五成（51.04%），选择小米的比例为 3.89%，选择 OPPO 的比例为 5.44%，选择美的的比例为 1.81%。这些数据说明中国手机品牌在员工中有较高的认知度，总比例（华为、小米、OPPO 比例之和）超过六成（60.37%），这其中又以华为最为突出（51.04%）。而也有选择其他品牌的，说明手机以外的其他品牌在员工中也有一定的知名度，但总体而言占比不及图中列出的品牌。而如图 10 - 5 所示，在 226 个有效样本中，在女性员工印象最深的中国品牌中，选择其他的比例依然较高，为 23.89%，选择华为的比例达到五成以上（56.64%），选择小米的比例为 3.98%，选择美的的比例为 3.10%。总体而言，男女性员工印象最深的中国品牌占比较大的为华为，其他诸多中国品牌也有涉及，但单个品牌所占比例并未超过华为品牌。同时，男性员工未回答的比例为 16.32%，女性员工未回答的比例为 11.06%，说明中国品牌在新加坡发展仍有很大的拓展空间。

而按上网频率划分的新加坡员工印象最深的中国品牌分布来看，如表 10 - 2 所示，在 612 个有效样本中，在上网频率为一天几个小时的员工中，选择其他品牌的比例为两成（23.87%），未回答的比例为 12.04%，其余的选项按照比例分布，依次为华为超过五成（53.33%），小米的比例为 4.30%，美的的比例为 2.80%，OPPO 的比例为 3.66%。在上网频率为一天半小时到一小时的员工中，未回答的员工占比为 12.50%，选择其他品牌的比例为 17.31%，选择华为、小米、美的和 OPPO 的比例分别为 62.50%、1.92%、0.96%、

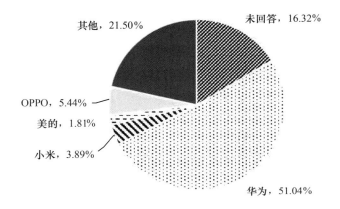

图 10 - 4　男性员工印象最深的中国企业分布（$N = 386$）

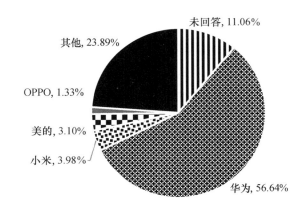

图 10 - 5　女性员工印象最深的中国企业分布（$N = 226$）

4.81％。而在上网频率为一天至少一次的员工中，未回答的比例为27.27％，其次为华为，占比40.91％，其他占比18.18％，OPPO占比9.09％。其中未回答存在两种可能的情况，一种是知道中国品牌但说不出具体品牌名字，另一种是确实不知道中国品牌。无论哪种，都反映出中国品牌在员工中有一定的认知度，但仍存在很大的发展空间。选择"其他"选项的比例相对较大，说明中国有很多品牌在员

工中有一定的认知度，但比较分散，未能在员工中形成很强大的品牌
效应。员工对华为的认知度相对较高，对小米、OPPO 和美的也有一
定的认知度，但远不及华为。由此可见，中国品牌宣传可能在很大程
度上依赖于网络宣传，这使得上网频率较低的员工对中国具体品牌的
认知度相对较低。

表 10 - 2　　　　　　　按上网频率划分的新加坡员工印象最深的
中国企业分布（N = 612）　　　　（单位：%）

上网频率	未回答	华为	小米	美的	OPPO	其他
一天几个小时	12.04	53.33	4.30	2.80	3.66	23.87
一天半小时到一小时	12.50	62.50	1.92	0.96	4.81	17.31
一天至少一次	27.27	40.91	4.55	0.00	9.09	18.18
一周至少一次	66.67	0.00	0.00	0.00	0.00	33.33
一个月至少一次	50.00	0.00	50.00	0.00	0.00	0.00
几乎不	60.00	0.00	0.00	0.00	0.00	40.00
从不	62.50	37.50	0.00	0.00	0.00	0.00
总计	14.38	53.10	3.92	2.29	3.92	22.39

第二节　企业社会责任

　　企业社会责任不仅已经成为社会和市场评价企业的重要标准，也
是提升企业形象的必要途径。经常参与社会责任事业的企业，相比而
言更具知名度，更易获得人们的好感。企业承担社会责任可以获得更
多的品牌忠诚度，从事公益慈善会使企业拥有良好的社会效应，树立
良好的企业形象，提高核心竞争力。良好的企业形象是企业生存和发
展的根本，具有良好形象的企业，消费者更愿意购买该企业的产品或
接受其提供的服务。

一　新加坡员工对中资企业履行社会责任情况的认知

为了解新加坡员工对中资企业履行社会责任的认知情况，调查问卷就各种类别的援助项目具体开展情况对员工进行了访问。如表10－3所示，在610个有效样本中，就援助项目来看，员工认为开展援助比例最高的是以钱或实物形式进行公益慈善捐赠，比例超过五成（53.85％），其次是文体交流活动，比例接近四成（39.93％），再次是履行教育援助，比例为36.07％，接着是开展培训项目，比例32.08％，提供卫生援助的比例为26.51％。其余类别的援助项目选择"有"的比例均不超过三成，最低的为援助修建寺院，比例为9.48％。在"不清楚"的选项中，比例最高的是修建寺院的援助，比例为44.44％，而不清楚是否开展下表援助项目类别中的援助，除以钱或实物形式进行公益慈善捐赠一项外，其余类别选择"不清楚"比例均超过三成。说明中资企业在新加坡开展以钱或实物形式进行公益慈善捐赠援助的认可度相当高，更多是以捐钱捐物的方式进行公益慈善活动。相对而言，中资企业也比较关注文体交流活动方面的援助，具体的教育援助、培训项目也有涉及。但就修建寺院、水利设施、电力设施以及其他基础设施和社会服务设施援助而言，员工认为企业没有开展援助的比例也相对较高。

表10－3　员工对企业在本地开展援助项目类型的认知状况（$N=610$）

（单位：％）

援助项目类别	有	没有	不清楚	总计
教育援助	36.07	27.38	36.56	100.00
培训项目	32.08	33.39	34.53	100.00
卫生援助	26.51	34.37	39.12	100.00
基础设施援助	21.24	38.40	40.36	100.00
修建寺院	9.48	46.08	44.44	100.00

续表

援助项目类别	有	没有	不清楚	总计
水利设施	16.50	41.50	41.99	100.00
电力设施	17.32	40.52	42.16	100.00
文化体育设施	23.20	39.05	37.75	100.00
文体交流活动	39.93	28.15	31.91	100.00
社会服务设施	30.56	33.17	36.27	100.00
以钱或实物形式进行公益慈善捐赠	53.85	17.84	28.31	100.00

二 新加坡员工最希望中资企业开展的援助

为深入了解中资企业履行社会责任情况，调查问卷中还涉及新加坡员工对希望本企业开展的援助项目类别的访问。如下图 10-6 所示，在 612 个有效样本中，员工希望新加坡中资企业开展教育援助的比例最高，为 64.54%；其次是培训项目援助（39.71%），选择直接捐钱、卫生援助和文体交流活动援助的比例分别为 14.54%，38.89% 和 23.53%。由此可见，在员工最希望企业开展的具体援助中，企业进行公益慈善捐赠和文体交流活动援助是做得相对很好的，既符合员工希望的援助需求，同时也是企业已经履行并被员工高度认可的。因此，在这两个方面的援助应继续保持。而就社会服务设施援助而言，从表 10-11 可知，此项是三成左右（33.17%）员工认为企业没有做，但又比较希望企业开展援助的类别，占 29.74%（如图 10-6）。因此，今后企业应该加强在这方面的援助。在文体交流活动和实物捐赠方面，企业在这两方面的援助已经获得较高的认知度，今后可以根据实际需求酌情维持这两方面的援助，并在员工最希望的援助类别中投入更多的资源。同时也应当加强对当地的电力设施、水利设施、基础设施方面的援助。

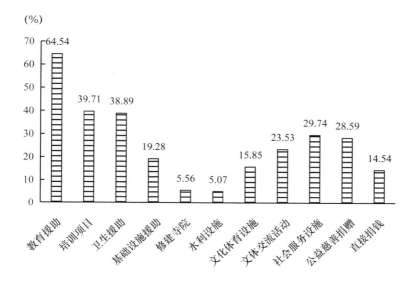

图 10 – 6 员工最希望本企业在本地开展的援助类型分布（多选题）（N = 612）

第三节 大国影响力评价

新加坡独立以来，基于其重要的地缘特殊性在对外政策上一直采取较为务实的均势策略，努力平衡与大国的关系，从而让新加坡获得了一个相对安宁的发展空间，由此进入发达国家行列，成为东盟最具影响力的国家之一。本节主要基于对图表数据的描述性分析，从实证的角度了解新加坡员工对各大国影响力及其对新加坡产生影响的态度。换言之，从员工层面上反映出各大国在新加坡输出实力的具体效果，感知当前新加坡对各大国影响力的认可程度以及对这些国家未来在新加坡发展的预期。

一 大国在亚洲地区影响力

（一）当前亚洲最有影响力的国家

对于在亚洲最有影响力的国家的评价，在问卷中具体体现为问题"在亚洲哪个国家的影响最大"，其回答选项包括"中国"、"日本"、"美国"、"印度"和"其他"。如表 10 - 4 所示，在 577 个有效样本中，从性别划分的员工来看，74.24% 的男性员工认为，中国在亚洲的影响力最大，19.67% 的男性认为美国在亚洲影响力最大，认为日本在亚洲的影响力最大的比例为 3.88%。而女性员工认为在亚洲影响力最大的国家排序分别为中国、美国、日本、印度和其他，其比例分别为 75.00%、18.52%、3.70%、0.46% 以及 2.31%。由此可见，在大体分布上，男女差异性不大，均认为中国在亚洲的影响力最大，美国次之，日本排第三。但对中国在亚洲影响力最大的评价方面，女性选择的比例略微超过男性。男女性员工在印度在亚洲的影响力选择比例上有较大差异。以上说明大部分员工认为中国在亚洲的影响力最大，这可能是出于历史、文化和地缘因素的原因，使得新加坡更容易感受到中国的影响力。

表 10 - 4　　　　　　按性别划分的员工认为哪个国家
在亚洲的影响力最大（N = 577）　　　　（单位：%）

性别	中国	日本	美国	印度	其他
男	74.24	3.88	19.67	2.22	0.00
女	75.00	3.70	18.52	0.46	2.31
总计	74.52	3.81	19.24	1.56	0.87

按年龄组划分的新加坡员工来看，如表 10 - 5 所示，在 577 个有效样本中，新加坡年轻员工相较更年长的员工更为认可美国在亚洲的

影响力。而年龄越大的员工，认为中国在亚洲影响力最大的比例越高，36 岁及以上的员工超七成（75.60%）认为中国在亚洲的影响力最大。而对美国的认知则恰恰相反，即年龄越小的员工，认为美国在亚洲的影响力最大的比例越大，26—35 岁的员工组在三个年龄组中认为美国在亚洲影响力选项中选择比例排名第一（20.09%），其余两个年龄组的员工认知大体接近（19.30% 和 18.65%）。就总体分布而言，按年龄段划分的员工认为哪个国家在亚洲影响力最大的排序依然是中国、美国、日本、印度和其他。同时，在受访所有员工看来，印度在亚洲地区的影响力仍然很小，特别在 19—25 岁年龄段的员工基本不认可印度对亚洲有影响力。由此可知，随着中国持续改革开放，国际影响力逐渐增强，新加坡不同年龄段的员工均认可中国对亚洲的最大影响力，基于美国和新加坡长期传统友好关系，近两成不同年龄段的受访者仍然认为美国对亚洲有较大影响力。

表 10 - 5　　　　　按年龄组划分的员工认为哪个国家在亚洲的
影响力最大（N = 577）　　　　　　（单位：%）

年龄组	中国	日本	美国	印度	其他
19—25 岁	71.93	8.77	19.30	0.00	0.00
26—35 岁	73.80	2.18	20.09	2.18	1.75
36 岁及以上	75.60	4.12	18.56	1.37	0.34
总计	74.52	3.81	19.24	1.56	0.87

按受教育程度划分的新加坡员工来看，如表 10 - 6 所示，在 572 个有效样本中，基本态势是倾向于在中美两国之间进行选择。其中本科及以上学历的员工认为中国在亚洲影响力最大的比例最高，超过七成（73.84%），该学历层次选择美国的比例超过两成（22.89%），选择日本的比例不足一成（3.00%），选择其他国家的比例为 0.27%，选择印度的比例为 0%。与中学学历的员工选择相比较，排名上无明显差别，主要是比例上差别，即本科及以上学历对美国影响力的比例为中学学

历的 2 倍。未受过教育的员工选择呈现一边倒的态势。小学学历的员工选择较为特殊，影响力排名和其他受访员工群体有所不一致，其中对中国的影响力的比例是在四个受访群体中最低的，不到六成（57.14%），此外对于印度和其他的选择也大幅度高于其他受访群体，这可能是处于该学历阶段样本量有限造成的，但总体判断依然是中国在亚洲的影响力大于美国。由此可见，学历层次相对高的员工同样认为中国在亚洲地区的影响力最大，这与按性别和年龄段划分的选择结果较为一致。

表 10 - 6　　　　　　**按受教育程度划分的员工认为哪个国家**

在亚洲的影响力最大（N = 572）　　　　　（单位：%）

受教育程度	中国	日本	美国	印度	其他
未上过学	100.00	0.00	0.00	0.00	0.00
小学学历	57.14	0.00	28.57	7.14	7.14
中学学历	77.25	5.82	11.64	4.23	1.06
本科及以上	73.84	3.00	22.89	0.00	0.27
总计	74.65	3.85	19.23	1.57	0.70

按族群划分的新加坡员工来看，如表 10 - 7 所示，在 576 个有效样本中，除了马来族群认为中美两国在亚洲影响力持平外（均为 41.67%），其余族群均认为中国在亚洲的影响力最大。四个族群员工虽都认可中国在亚洲影响力最大，但各个族群的选择比例悬殊较大，华人族群认为中国在亚洲的影响力最大的比例接近八成（79.54%），印度族群次之，超过六成（64.71%），马来族群和其他族群均在五成以下（41.67% 和 48.53%）。美、日、印度三国在不同族群员工的选择中，排名有所不同，如印度族群选择印度影响力次于中国但高于美国，而马来族群员工除选择中国、美国和日本以外，未选择印度和其他族群。新加坡作为多元族群社会，除了华人、马来人和印度人外，还有其他族群，从对其他族群员工受访结果来看，除了认可中美

两国的影响力外，也有相当比例的员工认可日本、印度和其他国家的影响力。

表 10 - 7　按族群划分的员工认为哪个国家在亚洲的影响力最大（N = 576）

（单位：%）

族群	中国	日本	美国	印度	其他
华人	79.54	2.71	16.91	0.21	0.63
马来人	41.67	16.67	41.67	0.00	0.00
印度人	64.71	5.88	11.76	17.65	0.00
其他	48.53	8.82	32.35	7.35	2.94
总计	74.65	3.82	19.10	1.56	0.87

按在受访企业工作时长划分的新加坡员工来看，如表 10 - 8 所示，在 575 个有效样本中，无论是工作时长少于一年还是一年及以上的员工，普遍认为中国在亚洲的影响力最大，且比例均已超过六成，其中最高的是在受访企业工作四年的员工，比例接近九成（88.37%）。认为美国在亚洲的影响力最大的比例普遍在两成左右，但在受访企业工作四年和六年以上的员工比例略微降低到 6.98% 和 12.93%，而这几个工作时长的员工选择中国在亚洲影响力最大的比例很高，均超过八成以上。说明在这一段工作时长内，中资企业自身在提高员工的认可度上做得相对较好，从而相应地使员工提高了对中国影响力的认可。认为日本在亚洲影响力最大的比例主要在一成左右，但在本企业工作一年和四年的员工选择日本的比例降低为 0% 和 2.33%，而工作六年的员工选择的比例又升至 11.11%，工作六年以上的员工选择的比例又迅速降至 4.08%。在新加坡中资企业工作六年及以上的员工认为美日在亚洲地区的影响力最大的比例迅速减小，对中国影响力最大比例迅速上升，这可能是源于工作时间越长的员工，逐渐认识到中资企业发展存在的优势和潜力，从而影响其对美日发展及其影响力的认可度，使其转而更倾向于选择中国。

表 10 - 8   按在本企业工作时长划分的员工认为哪个国家在亚洲的
影响力最大（$N = 575$）　　　　　　（单位：%）

工作时长	中国	日本	美国	印度	其他
少于一年	67.35	7.14	21.43	4.08	0.00
一年	75.86	0.00	21.55	0.86	1.72
两年	68.75	3.13	26.56	0.00	1.56
三年	64.15	3.77	26.42	1.89	3.77
四年	88.37	2.33	6.98	2.33	0.00
五年	74.07	3.70	22.22	0.00	0.00
六年	62.96	11.11	22.22	3.70	0.00
六年以上	82.31	4.08	12.93	0.68	0.00
总计	74.43	3.83	19.30	1.57	0.87

按工作中是否使用电脑划分的新加坡员工来看，如图 10 - 7 所示，在 577 个有效样本中，工作中使用电脑的员工认为中国在亚洲影响力最大的比例接近八成（78.60%），其次是美国，接近两成（18.24%），再次是日本（2.25%）。而使用电脑的员工选择印度的比例为 0%，仍然是低于选择"其他"选项的员工比例。未使用电脑的员工认为中国在亚洲的影响力最大的比例最高，超过六成（60.90%），认为美国在亚洲的影响力最大的比例超过两成（22.56%），但认为日本在亚洲的影响力最大的比例不到一成（9.02%），高于在工作中使用电脑的员工。因此，可以从侧面说明，日本在普通员工的认知或者实际生活中有一定的影响力，但总体而言，无论工作中是否使用电脑，认为中国在亚洲的影响力最大的比例始终最高，其次是美国、日本，认为印度在亚洲地区影响力最大的比例极小。

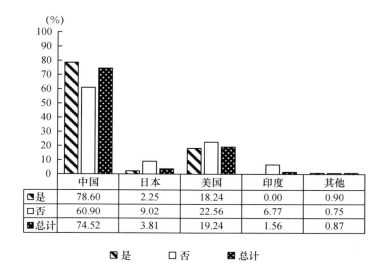

	中国	日本	美国	印度	其他
▨是	78.60	2.25	18.24	0.00	0.90
□否	60.90	9.02	22.56	6.77	0.75
▨总计	74.52	3.81	19.24	1.56	0.87

▨是　　　□否　　　▨总计

图 10 - 7　按工作中是否使用电脑划分的员工认为
哪个国家在亚洲的影响力最大（$N = 577$）

　　按去过其他国家外资企业工作划分的新加坡员工来看，如表 10 - 9 所示，在 124 个有效样本中，均认为中国在亚洲的影响力最大，且比例均超六成以上，但这部分比例过于集中，可能是样本量较小导致的。同时，去过美国企业的员工认为只有中国和美国在亚洲有影响力，这一结论与去过欧盟国家企业的员工结论相一致，仅比例不同。去过印度企业的员工则认为中国对亚洲影响力居于首位，美国和日本在亚洲的影响力则持平。去过日韩企业的员工普遍认为中国在亚洲的影响力最大，均超过六成，其次是美国，值得注意的是，去过韩国企业的员工是所有统计外资企业中唯一认为印度对亚洲有影响力的，虽然这一比例偏低，同时，对日本的国家影响力认可度为 0。相较而言，与上述按照其他标准划分的员工认为亚洲影响力最大国家的排序和比例大致相同。

表 10 – 9   按去过其他国家外资企业工作划分的员工认为
哪个国家在亚洲的影响力最大（多选题）（$N = 124$）   （单位：%）

	中国	日本	美国	印度	其他
美国企业	68.00	0.00	32.00	0.00	0.00
印度企业	66.67	16.67	16.67	0.00	0.00
日本企业	66.67	3.03	30.30	0.00	0.00
韩国企业	68.75	0.00	18.75	6.25	6.25
欧盟企业	80.00	0.00	20.00	0.00	0.00
其他国家企业	65.52	3.45	24.14	3.45	3.45

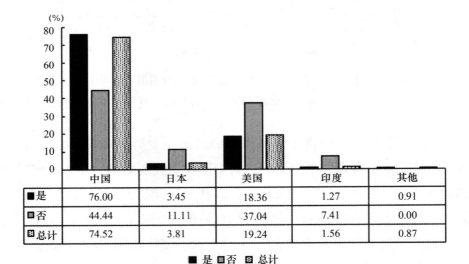

	中国	日本	美国	印度	其他
■是	76.00	3.45	18.36	1.27	0.91
▨否	44.44	11.11	37.04	7.41	0.00
▨总计	74.52	3.81	19.24	1.56	0.87

■是　▨否　▨总计

图 10 – 8　按家庭是否联网划分的员工认为
哪个国家在亚洲的影响力最大（$N = 577$）

按家庭是否联网划分的新加坡员工来看，如图 10 – 8 所示，在 577 个有效样本中，家庭能上网的员工选择中国在亚洲的影响力最大的比例最高，超过七成（76.00%），其次是美国，接近两成（18.36%），而选择日本的只有 3.45%，选择印度的只有 1.27%。因此，可以看出家庭已上网的员工同样还是认为中国在亚洲的影响力最

大。家庭未上网的员工中选择中国的比例最高，占比四成左右
（44.40%），选择美国的居于其后，比例为 37.04%。相较而言，家
庭未上网的员工选择日本的比例比家庭已上网的员工选择日本的比例
稍高，比例为 11.11%。说明员工在没有通过家庭网络接收互联网信
息的情况下，日本的影响力仍深入他们当中。家庭没有上网的员工中
有 7.41% 选择印度。由此可见，按员工家庭是否上网的状况来看，
选择在亚洲地区影响力最大国家的排名都为中国、美国、日本。

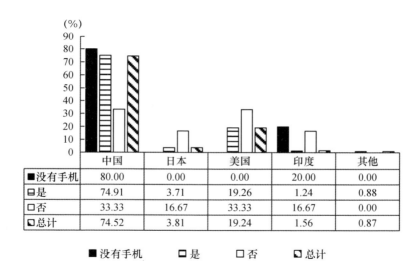

图 10 − 9　按手机是否联网划分的员工认为
哪个国家在亚洲的影响力最大（N = 577）

　　按手机是否联网划分的新加坡员工来看，如图 10 − 9 所示，在
577 个有效样本中，总体而言，认为中国在亚洲影响力最大的比例最
高。没有手机的员工认为中国和日本在亚洲有影响力，但比例差距过
大，中国是日本的 4 倍。在有手机并能上网的员工中认为中国在亚洲
的影响力最大的比例为 74.91%，认为美国在亚洲影响力最大的比例
将近两成（19.26%），认为日本在亚洲影响力最大的比例为 3.71%。
在有手机但手机没上网的员工中，选择中国和美国比例相同，均为

33.33%，同时，选择日本与印度的比例也是持平，均为16.67%。

（二）中美影响力大小比较及正负面效应评价

问卷中还涉及了中美两国对亚洲的正负影响效应的评价。在问卷中具体体现为问题"美国/中国的作为对本地区有正面还是负面影响"，回答的选项包括"负面远多于正面"、"负面为主"、"正面为主"以及"正面远多于负面"。由表10-10可知，认为中国对新加坡本地区的影响正面为主的比例为69.80%，正面远多于负面的比例为22.04%，也就是说，新加坡员工认为中国对新加坡本地区的影响是正面的比例为91.84%。因此可以说绝大多数员工认为中国的发展给地区带来了积极影响。认为中国在本地区的影响负面远多于正面的比例为3.47%，负面为主的比例为4.69%，即认为中国给本地区带来负面影响的比例为8.16%。而认为美国在本地区的影响正面为主的比例为42.22%，正面远多于负面的比例为13.21%，也就是认为，美国在本地区的正面影响力的比例为55.43%。员工认为美国在本地区的影响力负面为主的比例为27.36%，负面远多于正面的比例为17.22%，即认为美国给本地区带来了负面影响的比例为44.58%。大体而言，员工普遍认为中美在亚洲地区的影响都是积极的，但在比例上差距过大，新加坡员工对中美两国对亚洲正面影响的评价比例中国是美国的1.7倍，在中美两国对亚洲负面影响的评价比例美国是中国的5.5倍。说明新加坡员工对中美在亚洲地区的影响力是普遍认可和接受的，但更加排斥美国在亚洲地区的影响力。尤其是看待美国在亚洲地区影响力问题上，新加坡员工明显已不再以意识形态为主，而是更为现实和积极地看待美国的地区影响力。

表10-10　　　　　　　员工对中美在本地区的影响力评价的差异　　　　　　（单位：%）

国家	负面远多于正面	负面为主	正面为主	正面远多于负面
中国（N=490）	3.47	4.69	69.80	22.04
美国（N=424）	17.22	27.36	42.22	13.21

二　对大国未来影响力的评价

（一）新加坡未来发展需要借鉴的国家

通过访问员工新加坡未来发展需要借鉴的国家，可以反映出员工对这些国家发展模式或者路径的认可程度。如图 10 – 10 所示，在 575 个有效样本中，总体而言，员工认为未来需要借鉴的国家有中国、日本、美国和印度，另有超两成（22.61%）的员工选择不清楚。其中中国的比例最高，有超过四成左右（42.78%）的员工认为新加坡未来发展应该学习中国。紧随其后的是日本，比例为 21.22%，约为中国的一半。这说明员工对中国还是很有信心且非常认可的。其次是美国，比例为 12.00%，这说明在员工看来，美国的发展模式未能得到很大程度的认可。认为新加坡未来发展需要借鉴印度的比例仅为 1.39%，虽然比例很小，但能有这样的比例说明这可能与新加坡的民族构成有一定的关联。

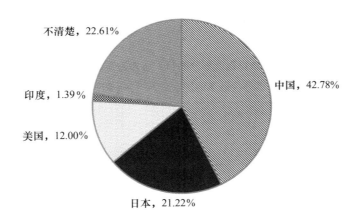

图 10 – 10　员工认为新加坡未来发展需要借鉴的国家分布（N = 575）

（二）外援

问卷中涉及了对新加坡提供援助的问题。根据表 10 – 11 可知，在

599 个有效样本中，按受教育程度划分的新加坡员工来看，未上过学的员工认为中国为新加坡提供外援最多的比例最高，达到七成以上（75.00%），认为美、日、印度等其他国家没有为新加坡提供援助，另有 25% 的不清楚。这说明中国在受教育层次较低员工中的正面形象树立得很成功，但也不排除受教育层次较低的员工样本量有限，导致结果缺乏足够代表性的情况。小学学历的员工认为中国为新加坡提供的外援最多的比例为 23.53%，认为美国为新加坡提供的外援最多的比例未超过两成（17.65%），日本和印度则未对新加坡提供援助，另外，五成以上的员工选择不清楚。中学学历的员工认为中国为新加坡提供的外援最多的比例为 34.33%，认为美国为新加坡提供的外援最多的比例占 10.95%。本科及以上学历的员工选择中美两国为新加坡提供外援最多的前两名，但比例较低，另有超过四成的员工选择不清楚。本项调查中除了未上过学员工类别，选择中国作为新加坡最大援助国的比例最高以外，其余类别员工，都将中国和美国视为对新加坡提供外援最多的国家，但最多的比例选项是"不清楚"，说明员工就外国对新加坡的援助情况缺乏相应的了解。

表 10 - 11　　　　按受教育程度划分的员工认为为新加坡
提供外援最多的国家分布（N = 599）　　　　（单位：%）

最高学历	中国	美国	日本	印度	不清楚
未上过学	75.00	0.00	0.00	0.00	25.00
小学	23.53	17.65	0.00	0.00	58.82
中学	34.33	10.95	1.00	2.99	50.75
本科及以上	31.56	19.89	2.65	0.80	45.09
总计	32.55	16.69	2.00	1.50	47.25

按照管理人员和非管理人员划分，如图 10 - 11 所示，在 601 个有效样本中，管理人员中选择不清楚的有 43.29%，选择中国是对新加坡提供外援最多的国家的比例最高，达 36.80%，其次选择的是美国，比

例为 17.32%，与选择中国的比例有一定差距。在非管理人员中，选择不清楚选项的比例高达近五成（49.73%），说明普通员工对外国援助一类的消息了解得并不多。选择将中国视为新加坡最大的外援国的比例为 29.73%，选择美国的比例为 16.22%。尽管管理人员和非管理人员都选择美国作为最大援助国的比例次于选择中国的比例，但管理人员选择的中美两国之间的差距为 19.48 个百分点，明显大于非管理人员的 13.51 个百分点。

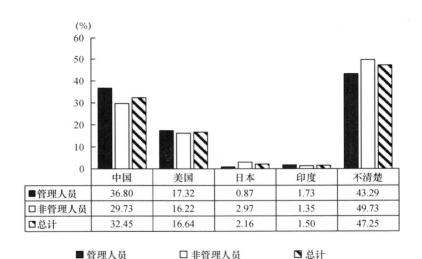

(%)	中国	美国	日本	印度	不清楚
■管理人员	36.80	17.32	0.87	1.73	43.29
□非管理人员	29.73	16.22	2.97	1.35	49.73
▨总计	32.45	16.64	2.16	1.50	47.25

■管理人员　　　□非管理人员　　　▨总计

图 10 – 11　管理人员与非管理人员认为的为新加坡
提供外援最多的国家分布（$N = 601$）

　　按工作是否使用电脑划分的新加坡员工来看，如图 10 – 12 所示，在 604 个有效样本中，根据实际调查的员工来看，工作中使用电脑的员工选择"不清楚"选项的比例为 46.15%，其余剩下的大部分工作中使用电脑的员工选择的是中国，比例为 32.53%，选择美国的比例为 18.24%，选择日本的比例为 2.64% 以及选择印度的为 0.44%。在工作中未使用电脑的员工中，很大部分的员工选择的是"不清楚"，比例超过五成（51.01%），其次选择的是中国，比例为 32.21%，以下依次是美国，比例为 11.41%，印度 4.70%，日本 0.67%。按工作是否使用电脑划分的员工，在使用和未使用电脑的员工中选择日本和印度作为最大的外援国的比例都极小。说明新加坡员工中不了解外援情况的比例最多，其次选择比例的排序为中国和美国。

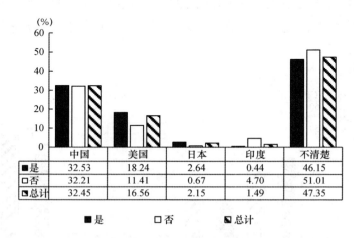

	中国	美国	日本	印度	不清楚
■是	32.53	18 24	2.64	0.44	46.15
□否	32.21	11 41	0.67	4.70	51.01
▨总计	32.45	16 56	2.15	1.49	47.35

■是　　　□否　　　▨总计

图 10 – 12　按工作是否使用电脑划分的员工认为为新加坡提供外援最多的国家分布（$N = 604$）

按新加坡员工去过哪个国家外资企业工作来划分，如表 10 – 12 所示，在 123 个有效样本中，就为新加坡提供外援最多的国家这一问题统计结果，总体来看，在统计的 6 类外资企业中选择不清楚的员工比例较高，最高超五成（53.57%），最低超过三成（31.25%）。具体而言，在印度企业的新加坡员工统计数据中，超三成（33.33%）员工认为美国是新加坡最大的援助国，不到两成（16.67%）员工认为印度是新加坡最大援助国，没有员工认为中国和日本对新加坡提供了援助，另有五成的员工选择不清楚。排除去过印度企业工作新加坡员工的统计数据，去过美国、日本、韩国、欧盟企业和其他国家企业的新加坡员工均认为中国是新加坡最大援助国，美国紧随中国之后。从具体统计数据看，对中国是新加坡最大援助国的看法，去过欧盟企业的新加坡员工对此认可度最高，超过五成（56.25%）排名第一，去过日本企业的新加坡员工认可度超过四成（42.42%）排名第二，去过美国企业的新加坡员工认可度也超过四成（41.67%）排名第三，去过韩国企业的新加坡员工认可度超过三成（37.50%）排名第四，去过其他国家企业的新加坡员工认可度最低，但比例依然达到三成（30.36%）。去过韩国企业和日本企业的新加坡员工认为美国是新加坡最大援助国比例接近均不足两成，分别为18.75%和18.18%，去过其他国家企业的新加坡员工中则有超过一成（12.50%）的员工认为美国是新加坡最大援助国，去过美国和欧盟企业的新加坡员工对美国是新加坡最大援助国认可度均不到一成。去过欧盟企业的新加坡员工中有6.25%认为日本是新加坡最大援助国，仅有3.57%的去过其他国家企业的新加坡员工认为日本是新加坡最大援助国，在美国、日本、韩国企业工作的新加坡员工均不认可日本为新加坡提供了最多援助。

表10-12　　　　　按去过哪个国家外资企业工作划分认为为新加坡
提供外援最多的国家分布（N=123）　　　　（单位：%）

去过的其他外资企业	中国	美国	日本	印度	不清楚
美国企业	41.67	8.33	0.00	0.00	50.00
印度企业	0.00	33.33	0.00	16.67	50.00
日本企业	42.42	18.18	0.00	6.06	33.33
韩国企业	37.50	18.75	0.00	0.00	43.75
欧盟企业	56.25	6.25	6.25	0.00	31.25
其他国家企业	30.36	12.50	3.57	0.00	53.57

按家庭是否联网划分的新加坡员工来看，如图10-13所示，在604个有效样本中，家庭已上网的员工中选择"不清楚"选项的比例最高，为46.25%，选择中国作为新加坡最大的援助国的比例为33.16%，选择美国的比例为17.10%，日本和印度分列最后，分别为2.27%和

1.22%。家庭未上网的员工中，选择最多的选项依然是"不清楚"，比例超过六成（67.74%），选择中国的比例不足两成（19.35%），选择美国和印度的持平，均为6.45%，日本则被认为没有对新加坡提供援助。

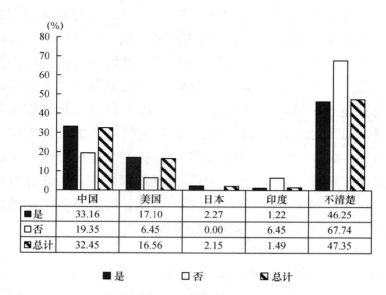

	中国	美国	日本	印度	不清楚
■是	33.16	17.10	2.27	1.22	46.25
□否	19.35	6.45	0.00	6.45	67.74
▨总计	32.45	16.56	2.15	1.49	47.35

■是　　　　□否　　　　▨总计

图 10 – 13　按家庭是否联网划分的员工认为
为新加坡提供外援最多的国家分布（N = 604）

按手机是否联网划分的新加坡员工来看，如图 10 – 14 所示，在604个有效样本中，总体而言，认为中国在亚洲影响力最大的比例最高。没有手机的四成（40.00%）员工认为中国为新加坡提供外援最多国家，美国则为两成（20.00%），另有四成员工选择不清楚，日本与印度则被认为没有为新加坡提供援助。在有手机并能上网的员工中，有超过三成（32.49%）员工认为中国为新加坡提供外援最多国家，美国、日本和印度分列其后，比例分别为16.75%、2.20%和1.35%，同时，有超过四成（47.21%）的员工选择不清楚。在有手机但手机没上网的员工中，超两成（25.00%）员工认为中国为新加坡提供外援最多国家，印度仅次于中国，为12.50%，美国和日本均被认为没有为新加坡提供援助，逾六成（62.50%）的员工选择不清楚。按手机是否上网划分，认为中国在亚洲的影响力最大的比例最大，其次是美国、日本和印度。

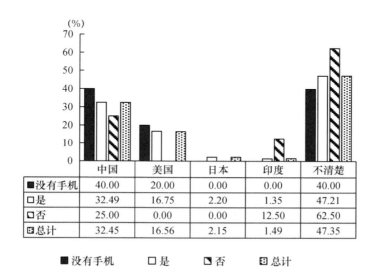

	中国	美国	日本	印度	不清楚
■没有手机	40.00	20.00	0.00	0.00	40.00
□是	32.49	16.75	2.20	1.35	47.21
□否	25.00	0.00	0.00	12.50	62.50
▣总计	32.45	16.56	2.15	1.49	47.35

■没有手机　　□是　　▨否　　▣总计

图 10 - 14　按手机是否联网划分的员工认为
为新加坡提供外援最多的国家分布（N = 604）

小　结

对于除本企业外的中国品牌认知状况，总体上大部分新加坡员工知道除本企业外的其他中国品牌。从性别来看，女性回答知道的比例比男性高一些。从学历来看，除了未受过教育的员工，整体上选择回答是的比例随着教育程度的提高而升高，总体达到80%以上。从人员职位来看，管理人员回答知道的比例和非管理人员回答知道的比例均超过80%，而非管理人员回答不知道的比例是管理人员的1倍以上。从上网频率看，一天之内不同上网频率的员工知道其他中国产品品牌的比例差异不大。其中特殊的是，一天几个小时上网频率的员工知道其他中国产品品牌的比例是一周至少一次上网频率员工的两倍以上。

对于员工印象最深的中国企业分布，无论是性别、上网频率不同的员工，印象最深的中国企业都是手机类品牌。从性别来看，不同性别员工印象最深的中国企业均是华为，其次是小米，OPPO。男性员工选择印象最深中国企业比例与女性员工选择的比例相差不大。无论员工的上网频率如何，华为依然是印象最深的中国企业。除了从不上网的员工外，选择未回答的比例随着上网频率增加而降低，同时选择其他的中国企业比例也大致呈上升趋势。

大部分员工认为本企业做过的援助项目为以钱或实物形式进行公益慈善捐赠，大部分员工认为本企业没有做过的援助项目为修建寺院。对各个援助项目回答不清楚的员工比例大致占30%以上。员工认为公益慈善既是本企业做得最多的事情也是最希望本企业做的事情。在员工最希望企业援助的项目中社会服务设施排在第二位，同时员工也认为社会服务设施企业做得较少，因此，今后企业应该加强在这方面的援助。

大国影响力部分是本章关注的重点，主要是访问员工认为的目前亚洲地区最有影响力的国家，并对中美两国的影响力进行正负面评价。同时还就新加坡未来发展应借鉴的国家以及对新加坡援助最多的国家进行了调查访问。从性别、年龄、受教育程度、族群、在企业工作时长、工作是否使用电脑、去过其他国家外资企业、家庭是否上网和手机是否上网等项目统计数据看，接受访问的七成以上员工认为中国在亚洲地区的影响力最大，且认为中国对新加坡有很大影响。对于美国，员工倾向于认为美国对新加坡有影响，但就影响的程度而言不及中国。同时受访员工对于中美在亚洲地区影响力的评价上，普遍持积极乐观态度，但在比例上差距过大。关于新加坡未来发展需要学习借鉴的对象，排名第一的选择依然是中国，日本第二，但与中国的比例差距非常大，但依然可见日本的发展模式在新加坡有一定的认可度。在选择援助新加坡最多的国家中，按学历划分、管理人员和非管理人员划分、工作是否使用电脑划分，家庭是否上网划分和手机是否上网划分几个选项上看，选择比例最高的是不清楚，其次是中国，再次是美、日等国；按去过哪个国家外资企业工作划分的员工认为为新加坡提供外援最多的国家分布来看，选择比例最高的是中国，再次是美、日等国。

参考文献

一　中文文献

［新加坡］陈玲玲：《新加坡的政党政治：在野党的参政议政空间》，湖南人民出版社 2016 年版。

《风雨独立路——李光耀回忆录（1923—1965）》，外文出版社 1998 年版。

《经济腾飞路——李光耀回忆录》，外文出版社 2001 年版。

《李光耀观天下（精装版）》，北京大学出版社 2017 年版。

《李光耀回忆录：我一生的挑战——新加坡双语之路》，译林出版社 2013 年版。

《李光耀四十年政论选》，新加坡报业控股华文媒体集团 1996 年版。

［新加坡］《联合早报》编：《李光耀 40 年政论选》，现代出版社 1994 年版。

［新加坡］纳丹：《万想不到的征程：新加坡前总统纳丹回忆录》，阮岳湘、王海萍译，湖南人民出版社 2015 年版。

［英］W. G. 赫夫：《新加坡的经济增长：20 世纪里的贸易与发展》，牛磊等译，中国经济出版社 2001 年版。

毕世鸿：《列国志——新加坡》，社会科学文献出版社 2016 年版。

蔡磊：《新加坡共和国经济贸易法律选编》，中国法制出版社 2006 年版。

曹云华：《新加坡的精神文明》，广东人民出版社 1992 年版。

曹云华：《亚洲的瑞士：新加坡启示录》，中国对外经济贸易出版社

1997 年版。

曾玲：《越洋再建家园——新加坡华人社会文化研究》，江西高校出版社 2003 年版。

畅征：《小国伟人李光耀》，学苑出版社 2005 年版。

陈烈甫：《李光耀治下的新加坡》，中国台湾商务印书馆 1982 年版。

陈新民：《反腐镜鉴的新加坡法治主义》，法律出版社 2009 年版。

陈岳、陈翠华编著：《李光耀——新加坡的奠基人》，时事出版社 1990 年版。

范磊：《新加坡族群和谐机制：实现多元族群社会的"善治"》，湖南人民出版社 2016 年版。

郭建军：《新加坡外向型经济全球化进程（1965——2010）》，社会科学文献出版社 2012 年版。

郭俊麟：《新加坡的政治领域与政治领导》，台湾生智文化事业有限公司 1998 年版。

胡伟：《新加坡经济地理》，经济管理出版社 2018 年版。

金鹰达：《世界拼图——新加坡》，南海出版公司 2007 年版。

柯木林主编：《新加坡华人通史》，福建人民出版社 2017 年版。

孔建勋等：《多民族国家的民族政策与族群态度——新加坡、马来西亚和泰国实证研究》，中国社会科学出版社 2010 年版。

黎相宜：《新海丝路上的新加坡与中国》，世界知识出版社 2017 年版。

李健、兰莹编著：《新加坡社会保障制度》，上海人民出版社 2011 年版。

李路曲、肖榕：《新加坡熔铸共同价值观："移民国家"的立国之本》，湖南人民出版社 2016 年版。

李路曲：《新加坡道路》，中国社会科学出版社 2018 年版。

李志强主编：《中国企业赴新加坡、瑞士、德国投融资法律研究》，中国金融出版社 2019 年版。

梁文松、曾玉风：《动态治理——新加坡政府的经验》，中信出版社

2010 年版。

刘建立编译：《20 世纪军政巨人百传：开国元勋——李光耀传》，时代
　　文艺出版社 2003 年版。

刘长昆、项怀诚：《新加坡财政制度》，中国财政经济出版社 1999
　　年版。

龙坚：《新加坡华商之文化资本的积累与转换》，厦门大学出版社 2013
　　年版。

吕元礼、陈家喜、张万坤：《新加坡研究（2016 卷）》，社会科学文献
　　出版社 2017 年版。

吕元礼：《新加坡治贪为什么能》，广东人民出版社 2015 年版。

吕元礼：《亚洲价值观：新加坡政治的诠释》，江西人民出版社 2002
　　年版。

吕元礼等：《鱼尾狮智慧：新加坡政治与治理》，经济管理出版社 2010
　　年版。

孙景峰：《新加坡人民行动党执政形态研究》，人民出版社 2005 年版。

汪慕恒：《当代新加坡》，四川人民出版社 1995 年版。

魏炜：《李光耀时代的新加坡外交研究（1965—1990）》，中国社会科学
　　出版社 2007 年版。

吴元华：《新加坡良治之道》，中国社会科学出版社 2014 年版。

徐歌：《新加坡：阳光照耀鱼尾狮》，广西民族出版社 2006 年版。

许心礼：《新加坡》，上海辞书出版社 1983 年版。

严崇涛：《新加坡发展的经验与教训》，江苏人民出版社 2014 年版。

杨峻编著：《新加坡的骄傲——李光耀》，北京图书馆出版社 1997
　　年版。

杨玉萍：《新加坡：海丝梦的新荣光》，北京联合出版公司 2016 年版。

由民：《新加坡大选：人民行动党为什么总能赢?》，经济管理出版社
　　2013 年版。

张春阳：《新加坡基层组织：政府与人民之间的缓冲力量》，民主与建

设出版社 2015 年版。

张青:《出使新加坡》，中央文献出版社 2002 年版。

张书:《新加坡金融制度》，中国金融出版社 1997 年版。

郑维川:《新加坡治国之道》，中国社会科学出版社 1996 年版。

周溢潢:《李光耀》，浙江人民出版社 1997 年版。

周兆呈:《新加坡公共政策传播策略：政府如何把握民意有效施政》，
民主与建设出版社 2015 年版。

二 外文文献

A. A. Pereira, "The Suzhou Industrial Park Experiment: The Case of China-Singapore Governmental Collaboration", *Journal of Contemporary China*, Volume 13, 2004.

Andrew T. H., "Tan, Singapore's Survival and its China Challenge", *Security Challenges*, Volume 13, Number 2 Del. 2017.

Asad-ul Iqbal Latif, *Between Rising Powers: China, Singapore and India*, Singapore: Institute of Southeast Asian Studies, 2007.

Christopher Tremewan, *The Political Economy of Social Control in Singapore*, London: Macmillan Press, 1994.

Department of Statistics, Ministry of Trade & Industry, Republic of Singapore, *Singapore in Figures* (2013 – 2018), 2014 – 2019.

Department of Statistics, Ministry of Trade & Industry, Republic of Singapore, *Yearbook of Statistics Singapore* (2013 – 2018), July 2014 – 2019.

Edwin Lee Siew Cheng, *Singapore: The Unexpected Nation*, Singapore: ISEAS-Yusof Ishak Institute, 2008.

Evangelos A. Afendras and Eddie C. Y. Kuo, *Language and Society in Singapore*, Singapore: Singapore University Press, 1980.

Federico Caprotti, "Critical Research on Eco-cities? A Walk Through the Sino-Singapore Tianjin Eco-City", China, *Cities*, Volume 36, February 2014.

François Hollande, *France and Singapore：Strategic Partners in a Fast-Changing World*, Singapore：ISEAS-Yusof Ishak Institute, 2017.

George Wong, Woo Jun Jie, "Singapore in 2018：Between Uncharted Waters and Old Ghosts", *Southeast Asian Affairs*, Volume 2019.

Goh Chor Boon, *From Traders to Innovators：Science and Technology in Singapore since 1965*, Singapore：ISEAS-Yusof Ishak Institute, 2016.

Hill, Michael & Lian, Kwen Fee, *The Politics of Nation Building and Citizenship in Singapore*, London：Loutledge, 1995.

Jason Tan S. , Gophinathan and Ho Wah Kam (eds.), *Education in Singapore：A Book of Readings*, Prentice Hall, 1997.

John Lee, *China's Economic Engagement with Southeast Asia：Singapore*, Singapore：Institute of Southeast Asian Studies, 2014.

Jon S. T. Quah, Chan Heng Chee, Seuh Chee Meow (eds.), *Government and Politics of Singapore*, Singapore：Oxford University Press, 1985.

Lee Lai To, "The Lion and the Dragon：A view on Singapore-China Relations", *Journal of Contemporary China*, Volume 10, 2001.

Mei-ChihHua, Ching-YanWu, Tommy Shih, "Creating a New Socio-technical Regime in China：Evidence from the Sino-Singapore Tianjin Eco-City", *Futures*, Volume 70, June 2015, pp. 1-12.

Raj Vasil, "Asianising Singapore：The PAP's Management of Ethnicity", *Heinemann Asia*, 1995.

Saw Swee-Hock, John Wong (ed.), *Advancing Singapore-China Economic Relations*, Singapore：Institute of Southeast Asian Studies, 2014.

Saw Swee-Hock, *Population Policies and Programmes in Singapore* (2nd edition), Singapore：ISEAS-Yusof Ishak Institute, 2016.

Sharon A. Carstens, *Chinese Associations in Singapore Society*, Singapore：Institute of Southeast Asian Studies, 1975.

Singapore Census of Population, 2000 Advanced Data Release No. 4 - Economic Characteristcs of Singapore Resident Population－（SDOS），2000.

Sree Kumar，Sharon Siddique，Yuwa Hedrick-Wong，*Mind the Gaps：Singapore Business in China*，Singapore：Institute of Southeast Asian Studies，2005.

Tilak K. Doshi，*Singapore in a Post-Kyoto World：Energy，Environment and the Economy*，Singapore：Institute of Southeast Asian Studies，2015.

三　网络文献

新加坡政府（http：//www. gov. sg/）。访问日期：2019 年 9 月 28 日。

新加坡统计局（http：//www. singstat. gov. sg/）。访问日期：2019 年 9 月 28 日。

新加坡贸易与工业部（http：//www. mti. gov. sg/）。访问日期：2019 年 9 月 28 日。

新加坡经济发展局（http：//www. edb. gov. sg/）。访问日期：2019 年 9 月 28 日。

新加坡财政部（http：//app. mof. gov. sg/）。访问日期：2019 年 9 月 28 日。

新加坡外交部（https：//www. mfa. gov. sg/）。访问日期：2019 年 9 月 28 日。

中国驻新加坡大使馆经济商务参赞处（http：//sg. mofcom. gov. cn/ index. shtml）。访问日期：2019 年 9 月 28 日。

中国新加坡经贸合作网（http：//www. csc. mofcom － mti. gov. cn/）。访问日期：2019 年 9 月 28 日。

中资企业（新加坡）协会（http：//www. cea. org. sg）。访问日期：2019 年 9 月 28 日。

新加坡中华总商会（Singapore Chinese Chamber of Commerce）（http：// www. sccci. org. sg）。访问日期：2019 年 9 月 28 日。

新加坡中国商会（Singapore-Chinese Business Association）（http：// www. scbworld. com）。访问日期：2019 年 9 月 28 日。

新加坡国际商会（Singapore International Chamber of Commerce）（http：//www. sicc. com. sg/）。访问日期：2019 年 9 月 28 日。

通商中国（http：//www. businesschina. org. sg/en. php）。访问日期：2019 年 9 月 28 日。

新加坡纺织服饰商会（Singapore Textile & Fashion Federation）（http：//www. taff. org. sg）。访问日期：2019 年 9 月 28 日。

新加坡银行业协会（Association of Banks in Singapore）（http：//www. abs. org. sg）。访问日期：2019 年 9 月 28 日。

新加坡普通保险协会（General Insurance Association）（http：//www. gia. org. sg/）。访问日期：2019 年 9 月 28 日。

新加坡保险代理人协会（http：//www. asia. org. sg/）。访问日期：2019 年 9 月 28 日。

新加坡《联合早报》网（http：//www. zaobao. com/）。访问日期：2019 年 9 月 28 日。

新加坡《联合晚报》网（https：//www. wanbao. com. sg）。访问日期：2019 年 9 月 28 日。

新加坡《新报》网（https：//www. tnp. sg/）。访问日期：2019 年 9 月 28 日。

新加坡《新明日报》网（https：//www. shinmin. sg/）。访问日期：2019 年 9 月 28 日。

Asiaone（http：//www. asiaone. com）。访问日期：2019 年 9 月 28 日。

新加坡《海峡时报》网（http：//www. straitstimes. com）。访问日期：2019 年 9 月 28 日。

南洋视界（http：//www. nanyangpost. com/）。访问日期：2019 年 9 月 28 日。

Channel NewsAsia（http：//www. channelnewsasia. com）。访问日期：2019 年 9 月 28 日。

《商业时报》（http：//business-times. asiaone. com/）。访问日期：2019

年9月28日。

All Singapore Stuff（http：//www. allsingaporestuff. com）。访问日期：
2019年9月28日。

新加坡《每日新闻报》 （http：//www. beritaharian. sg）。访问日期：
2019年9月28日。

随笔南洋（http：//www. sgwritings. com/）。访问日期：2019年9月
28日。

新加坡宗乡会馆联合总会（Singapore Federation of Chinese Clan Associa-
tion）（https：//www. sfcca. sg/）。访问日期：2019年9月28日。

新加坡广东会馆（Singapore Kwangtung Huikuan）（http：//sfcca. org. sg/
kwangtungclan）。访问日期：2019年9月28日。

新加坡潮州八邑会馆（http：//www. teochew. org. sg）。访问日期：2019
年9月28日。

新加坡华族文化中心（http：//www. singaporeccc. org. sg）。访问日期：
2019年9月28日。

新加坡晚晴园（http：//www. wanqingyuan. org. sg/SYCPortal/）。访问日
期：2019年9月28日。

新加坡华裔馆（http：//chc. ntu. edu. sg/Pages/index. aspx）。访问日期：
2019年9月28日。

新加坡华社自助理事会（http：//www. cdac. org. sg/）。访问日期：2019
年9月28日。

后　记

　　"一带一路"倡议最早由中国国家主席习近平于 2013 年提出，旨在重振古老的陆地和海上丝绸之路，其将可能重塑全球经济格局。自"一带一路"倡议提出以来，得到了世界各国的响应，越来越多国家加入共建"一带一路"行列。秉持"和平合作、开放包容、互学互鉴、互利共赢"的丝路精神和"共商、共建、共享"的合作理念，中国与"一带一路"沿线国家的合作在不断地加强与深化。作为以服务国家发展战略和地方经济社会发展为重要宗旨的综合性大学以及"双一流"建设高校，云南大学积极响应，以及主动服务和融入国家"一带一路"倡议，并在校内设立了以"一带一路沿线国家综合数据调查"为主题的专项"双一流"项目，成立了"中国海外企业经营环境及企业劳动力素质调查"课题组，旨在为中国"一带一路"建设和研究提供一套完整的跨国比较调查数据。

　　为了推动这一重大课题的顺利开展，由本人担任新加坡国别组组长，邀请校内国际关系研究院、缅甸研究院、经济学院（发展研究院）、民族学与社会学学院、外国语学院等相关师生组成调研组，于 2019 年 6 月 15 日至 7 月 8 日对新加坡的中资企业开展了密集的实地调研，全面深入地了解新加坡的基本国情、在新加坡的中资企业的建立与引资情况、中资企业生产经营状况、本地化发展的问题与困难、中资企业在新加坡的形象树立、职业经历、对中国企业的看法和期待、对中国国家形象的认知、对中国软实力的认可、中新关系、"一带一路"与中新合作等。在新加坡实地调研的基础上，就中央和地方各相关部门在"一带一路"倡议下如何进一步支持不同类型的中资企业"走出去"新加坡提出政策建议，同时为企业如何更好地融入新加坡当地社会提供调研报告。

在调研和访谈过程中，根据商务部对新加坡投资企业备案名单，课题组从问卷的设计到样本抽取都严格按照社会调查的科学标准，以电子问卷和一对一访谈的方式进行，确保调查数据的真实可靠，具有较强的说服力和科学性。通过为期24天紧锣密鼓的实地调研，课题组克服种种困难，最终完成访问企业总量68家，完成员工样本总量614份，行业涉及金融、保险、贸易、能源、航空、航海、建筑、教育咨询、科技、新闻、旅行餐饮、驻新商务代表处等领域，圆满地完成了调研任务，达到了课题组事先设定的调研目标。在"一带一路沿线国家综合数据调查"项目办技术组和后勤等各组的高效保障之下，同时吸收借鉴了有关专家学者的宝贵意见，课题组成员对新加坡实地调研所得数据做了详细分析，积极撰写研究成果，适时调整原定的研究框架，继而形成了本书这一最终成果。

本书写作具体分工如下：

李涛：负责全书结构框架的设计，第一章第三、四节的撰写，指导第二、五、十章的写作，以及全文的统稿、修改、更新、完善和校对。

徐秀良：第一章的第一、二节。

代杭辛：第二章的初稿撰写。

温林：第五章的初稿撰写。

陈园：第十章第一、二节的初稿撰写。

李福军：第十章第三节的初稿撰写。

杨雨：第三章。

戎雪：第四章。

朱复明：第六章。

周一迪：第七章与第八章。

刘文宇：第九章。

一路走来，新加坡调研组得到了诸多单位（人）的帮助与支持，尤其是要衷心感谢受访的中资企业中新两国热心人士，以及中国驻新加坡大使馆政治新闻处第伟成主任、大使馆经济商务处钟曼英公参和孙圆圆秘书，新加坡南洋理工大学的刘宏教授、李明江副教授，新加坡国立大学东亚所前所长郑永年教授，新加坡尤索夫伊萨东南亚研究院黎良福博士，新加坡中资企业协会副会长吴野先生、秘书杨维迅女士，新加坡中小企业协会王俭先生，新加坡广东商会会长胡爱民先生，云南驻新加坡商务代表处李丽芳女士、尹瑜女士等，没有他们给予的大力支持与协助，调研任务难以圆满完成，本书也难以付梓发行。但囿于课题组成员理论、知识水平结构的局限，本书尚有诸多缺陷和不足之处，有待于方家进行批评指正。

李　涛

2020 年 9 月